Diandong Qiche Dongli Dianchi Guanli Xitong Sheji

电动汽车动力电池管理系统设计

谭晓军 著

中山大学出版社
SUN YAT-SEN UNIVERSITY PRESS

·广州·

版权所有　翻印必究

图书在版编目（CIP）数据

电动汽车动力电池管理系统设计/谭晓军著. —广州：中山大学出版社，2011.11
ISBN 978 - 7 - 306 - 04061 - 9

Ⅰ.①电… Ⅱ.①谭… Ⅲ.① 电动汽车—蓄电池—系统设计　Ⅳ.①U469.720.3
②TM912.15

中国版本图书馆 CIP 数据核字（2011）第 216252 号

出 版 人：	王天琪
策划编辑：	陈文杰
责任编辑：	钟永源
封面设计：	林绵华
责任校对：	杨文泉
责任技编：	黄少伟
出版发行：	中山大学出版社
电　　话：	编辑部 020 - 84111996，84113349，84110171
	发行部 020 - 84111998，84111981，84111160
地　　址：	广州市新港西路 135 号
邮　　编：	510275　传　真：020 - 84036565
网　　址：	http://www.zsup.com.cn　E-mail: zdcbs@mail.sysu.edu.cn
印 刷 者：	广州市友盛彩印有限公司
规　　格：	787mm×1092mm　1/16　10.25 印张　256 千字
版次印次：	2011 年 10 月第 1 版　2023 年 6 月第 6 次印刷
印　　数：	9011-10010 册　定　价：35.00 元

如发现本书因印装质量影响阅读，请与出版社发行部联系调换

前　言

时间转眼到了 2011 年，中国的电动汽车发展进入了关键时期。电动汽车对于缓解能源危机以及环境保护的意义得到了广泛的认可及重视。

与传动内燃机驱动的汽车相比，电动汽车需要解决一系列与"电"有关的技术问题，例如驱动电机问题，动力电池问题，电辅助系统问题，等等。这一系列的技术点将构成新的属于电动汽车的技术族。本书所涉及的电池管理技术，从属于电动汽车的动力电池系统，融合了电子、自动控制以及通信网络等相关技术，重点解决动力电池的监测、安全保护以及优化管理问题。

本书是笔者依据过去五年在电动汽车相关领域工作的一点积累所编写的。笔者在从事动力电池管理系统研究的初期，也非常希望能参考到一本类似的技术文献，但当时国内外几乎没有类似的出版物。随着电动汽车的研发越来越热，从事这一行业工作的工程技术人员越来越多，笔者认为有必要把这几年的一点体会与同行们进行分享。希望能实现两个目的：其一，系统地阐述一下动力电池管理系统设计与实现的要点，供新入门的同行参考，避免走弯路；其二，抛砖引玉，希望引起更多的同行朋友对这一技术领域的重视，多出版一些参考文献，供大家分享，共同促进电动汽车核心技术的快速发展。为了方便同行进行交流，笔者注册了电子邮箱（sysubms@163.com）以及博客（blog.163.com/sysubms）欢迎加入讨论。

本书的主要技术工作，源于中山大学工学院电动汽车研究中心以及东莞中山大学研究院电动汽车工程中心从事电动汽车相关科研工作的同志们的辛勤劳动，正是整个团队的坚持才得以有今天的成果。

作者
2011 年 8 月 于康乐园

序

能源危机、环境污染以及能源安全等诸多因素再一次将电动汽车推上历史舞台，成为全世界关注的焦点。我国也将电动汽车产业列为重点发展的新型战略产业，希望通过发展电动汽车来促进我国汽车产业的结构调整和技术进步，最终实现汽车产业的"弯道超车"。

在国家政策指导下，各级地方政府、汽车企业以及社会各界纷纷加大投入，积极开展电动汽车技术攻关和产品开发，电动汽车产业发展形势一片大好。但是，电动汽车并不是一个全新的系统，其历史甚至比燃油汽车还长，在 100 多年的历史长河中，电动汽车经历了"三起三落"的曲折，虽然近 10 年是电动汽车技术发展最为迅速，受重视程度最高的 10 年，但是，电动汽车市场却一直处于"千呼万唤始出来，犹抱琵琶半遮面"的窘况，电动汽车市场尚未起动，等待观望气氛浓厚。到目前为止，我国现在还没有成熟的纯电动汽车和混合动力汽车面世，电动汽车技术还不成熟，电动汽车产业化的模式仍未形成，发展电动汽车产业面临严峻挑战。

纯电动汽车产业化进程中面临以下四大核心问题：(1) 电池有效储能密度不到燃油的十分之一，且短期内这种状态不会有根本性改变。(2) 在相当长的一段时期内，电动汽车市场小、产量小，不具备大规模生产条件。(3) 在相当长的一段时期内，电池价格不会大幅降低，电动汽车成本会持续居高不下。(4) 电池充电时间长，一定没有燃油车加油方便。

以上四个问题，只要有一个不能解决，电动汽车产业化都难于实现。因此，电动汽车产业发展必须开展技术创新、生产模式创新、商业模式创新和应用模式创新，只有系统创新，电动汽车才能实现真正的产业化。

经过多年的摸索，我们认为要成功开发纯电动汽车，必须改变传统的"让电池适应汽车"的传统思维，而采取"让汽车适应电池"的新思路，在技术创新层面，应该走"三化"技术路线——车身轻量化、驱动高效化、电池高能化。通过车身轻量化降低电动汽车行驶过程中的能源消耗，从而减少对能源的需求，通过驱动高效化提高能源的传递与转化效率，将电池储存的宝贵能量尽可能多地传递到轮胎上做有用功，通过电池高能化提高电池的储能总量、提高制动能量回收比例。"三管齐下"可以有效提高纯电动汽车的能源使用效率。

近年来，我的同事们，即中山大学电动汽车研究中心、东莞中山大学研究院的多位青年教师为电动汽车的发展做出了艰苦努力，也积累了一定的技术经验。我希望这些经验能逐渐被总结并发表出来，与全国各地的学者与工程技术人员分享，为我国电动汽车的发展贡献出一份微薄的力量。

电池管理系统是我单位进入电动汽车领域之初就重点予以研究发展的方向，由于目前的动力电池在能量密度、一致性、安全性等方面均未完全尽如人意，因此，电池管理系统对于电动汽车而言具有重要的意义，它能够在单体电池性能一定的前提下，尽可能提高电源的利用率及可靠性，实现储能高能化。我们团队的谭晓军同志负责该领域的工作，通过一系列的项目支持，对电池管理系统的诸多理论和应用问题进行了独立思考和开发实践，大部分的系统在中山大学自主开发的多款整车平台上进行了应用考核，取得了宝贵经验。现将这些工作进行整理并编著成书，不仅有利于梳理存在的问题、明确下一步的发展思路，同时有助于和同行交流，可以帮助一些新进入电动汽车领域的同志尽快了解和掌握电池管理系统的相关技术，对于该行业的发展是不无裨益的。

书中的许多工作项目得到了广东省科技厅和中山大学的多个重大项目的立项支持，本人也借此机会代表中山大学电动汽车团队对广东省科技厅和中山大学表示真诚的感谢。发展电动汽车产业是一项重大的历史使命、同时也是一个难得的历史机遇，我希望作者和团队所有成员能够不断进取、虚心学习、继续团结协作，为发展电动汽车这一崇高的事业做出新的、更大的贡献。

宗志坚

2011 - 10 - 24

目　　录

第一章　磷酸铁锂电池用作电动汽车动力电池 …………………………（1）
　　1.1　电动汽车 ……………………………………………………………（1）
　　1.2　动力电池 ……………………………………………………………（2）
　　1.3　磷酸铁锂动力电池 …………………………………………………（2）

第二章　电动汽车电池管理系统的基本功能 …………………………（4）
　　2.1　电池状态监测 ………………………………………………………（4）
　　2.2　电池状态分析 ………………………………………………………（4）
　　2.3　电池安全保护 ………………………………………………………（5）
　　2.4　能量控制管理 ………………………………………………………（6）
　　2.5　电池信息管理 ………………………………………………………（7）
　　2.6　基本功能定义难以统一原因分析 …………………………………（8）

第三章　动力电池管理系统开发的基本问题 …………………………（10）
　　3.1　动力电池管理系统的拓扑结构 ……………………………………（10）
　　3.2　通用的电池管理系统与定制的电池管理系统 ……………………（12）
　　3.3　动力电池管理系统开发的一般流程 ………………………………（15）

第四章　动力电池的特性测试 …………………………………………（17）
　　4.1　针对电池管理系统开发的电池测试 ………………………………（17）
　　4.2　容量及充放电效率测试 ……………………………………………（22）
　　4.3　放电倍率特性测试 …………………………………………………（25）
　　4.4　充放电平衡电势曲线及等效内阻测试 ……………………………（26）
　　4.5　动力电池的循环测试 ………………………………………………（31）
　　4.6　循环过程中的阶段性评估 …………………………………………（40）

第五章　动力电池状态的实时监测 ……………………………………（48）
　　5.1　关于实时与同步的讨论 ……………………………………………（48）
　　5.2　电池电压监测 ………………………………………………………（52）
　　5.3　电池电流监测 ………………………………………………………（59）
　　5.4　温度监测 ……………………………………………………………（63）

第六章 动力电池的建模与仿真 …………………………………………… (67)
    6.1 面向电池管理系统的动力电池建模 ………………………………… (67)
    6.2 现有模型的不足 ……………………………………………………… (68)
    6.3 磷酸铁锂动力电池的外特性及分析 ………………………………… (72)
    6.4 一种针对磷酸铁锂动力电池的新型模型 …………………………… (76)
    6.5 模型的实现及仿真 …………………………………………………… (86)

第七章 电池剩余电量(SOC)评估 ………………………………………… (95)
    7.1 剩余电量的一些相关概念及其理解 ………………………………… (95)
    7.2 几种经典的评估方法 ………………………………………………… (99)
    7.3 剩余电量评估的困难 ……………………………………………… (103)
    7.4 剩余容量评估需要考虑的实际问题 ……………………………… (108)
    7.5 基于电池模型及扩展Kalman滤波器的评估方法 ………………… (110)

第八章 动力电池的均衡控制 ……………………………………………… (118)
    8.1 均衡控制管理及其意义 …………………………………………… (118)
    8.2 均衡控制管理的分类 ……………………………………………… (123)
    8.3 两种耗散型的均衡控制管理 ……………………………………… (128)
    8.4 基于能量转移的均衡控制管理 …………………………………… (133)

第九章 动力电池的信息管理 ……………………………………………… (142)
    9.1 电池信息的显示 …………………………………………………… (142)
    9.2 系统内外信息的交互 ……………………………………………… (145)
    9.3 电池历史信息存储与分析 ………………………………………… (149)

第十章 总结与展望 ………………………………………………………… (155)

参考文献 ……………………………………………………………………… (156)

第一章 磷酸铁锂电池用作电动汽车动力电池

1.1 电动汽车

电动汽车（Electric Vehicle，简称EV），是指以车载电源为动力，用电机驱动车轮行驶的车辆，是新能源汽车的重要组成部分。以下是与本书相关的一些新能源汽车的概念。

1. 新能源汽车

新能源汽车是指采用常规车用燃料以外的能量源作为动力来源（或使用常规的车用燃料，但采用新型车载动力装置），综合车辆的能源控制和驱动控制的先进技术，形成的技术原理先进、具有新技术、新结构的汽车。新能源汽车包括有：混合动力汽车（HEV）、纯电动汽车（BEV）、燃料电池汽车（FCEV）、氢发动机汽车以及燃气汽车、乙醇汽车，等等。

2. 混合动力汽车

混合动力汽车是指那些采用传统车用燃料，同时配以电动机辅助发动机来改善低速动力输出和燃油消耗的车型。按照燃料种类的不同，主要又可以分为汽油混合动力和柴油混合动力两种。此外，近年来还出现了有增程式的混合动力汽车以及插入式（plug-in）混合动力汽车，这些混合动力汽车的共同之处，就是汽车上同时配备了传统的汽（柴）油和动力电池两套能源供给系统。

3. 纯电动汽车

纯电动汽车顾名思义就是纯粹采用电力驱动的汽车，其能量来源是电网上的电能。一般地，纯电动汽车直接采用电机驱动，有一部分车辆把电动机装在发动机舱内，也有一部分直接以车轮作为四台（或仅后轮的两台）电动机的转子。纯电动汽车通常搭载电池组以存储来自于电网的电能量，因此，在外文文献中常被称作 Battery Electric Vehicle。纯电动汽车技术相对简单成熟，行驶过程中没有尾气排放、噪声小。但其当前的不足之处是续航里程短，能量补充速度慢。

4. 燃料电池汽车

燃料电池汽车是指以氢气等为燃料，通过化学反应产生电流，依靠电机驱动的汽车。其电池的能量是通过氢气和氧气的化学作用，而不是经过燃烧，直接变成电能的。燃料电池的化学反应过程不会产生有害产物，因此，燃料电池车辆也属于无污染汽车。

本书所讨论的电动汽车所涉及的范围包括使用动力电池的纯电动汽车、油－电混合电动汽车。另外，当前有部分电动汽车采用超级电容作为能量源，而电池管理与超级电容管理存在很多相似之处，因此，本书的部分内容同样适用于使用超级电容的纯电动汽车及油－电混合电动汽车。

1.2 动力电池

近年来,在研究新型电池产品时,人们习惯将电池分为"储能电池"与"动力电池"。一般而言,"储能电池"强调电池的能量密度,而"动力电池"强调电池的功率密度,但两者之间也没有非常严格的区分界限。一般而言,储能电池的充、放电倍率较小(如小于1C),而动力电池的充、放电倍率较大,一般动力电池可实现2~3C以上的放电,某些电动汽车用的动力电池可承受10C甚至是30C的放电倍率。

这里出现了电流倍率(C Rate)这个概念,本书后面会大量使用这个概念,此处有必要对这个术语进行一点说明。所谓的电流倍率,有时候也被称作放电倍率(Discharging Rate)或者充电倍率(Charging Rate)。工程上用于描述电池的工作电流相对于电池容量的关系的一个概念。如果一个电池的容量是 X 安时(Ah)而放电电流是 I 安培(A),那么其放电倍率为 I/X(C)。近年来动力电池得到了比较广泛的应用,涉及电动工具、电动自行车、电动摩托车、电动汽车、电力设备等。不同的应用场合,对于电池管理系统的功能需求不尽相同。与其他电池管理系统相比,电动汽车所使用动力电池管理系统将考虑以下问题:近年来动力电池得到了比较广泛的应用,涉及电动工具、电动自行车、电动摩托车、电动汽车、电力设备等。不同的应用场合,对于电池管理系统的功能需求不尽相同。与其他电池管理系统相比,电动汽车所使用动力电池管理系统将考虑以下问题:

(1) 放电电流较大,对于器件有特殊要求;
(2) 具有能量管理功能;
(3) 要考虑制动能量回收;
(4) 工作电流波动性较大,具有峰、谷效应;
(5) 电动汽车的工作环境恶劣,需考虑热管理、防尘、防潮等问题;
(6) 电动汽车使用的大功率电机会引起电磁干扰,要进行抗干扰设计。

1.3 磷酸铁锂动力电池

磷酸铁锂电池指的是正极材料是磷酸铁锂($LiFePO_4$)的锂离子电池,属于锂离子电池家族中较为年轻的成员。与以往的锂离子电池(例如 $LiCoO_2$、$LiMn_2O_4$、$LiNiMO_2$ 等)相比,在安全性能与循环寿命等方面具有明显优势,这些优势使得磷酸铁锂电池成为电动汽车动力电池的主要选择对象之一。因此,本书所讨论的电池管理系统在很大程度上针对磷酸铁锂动力电池,而且许多实验数据均由该类电池的样品获得。

然而,相对于其他许多电池而言,磷酸铁锂电池的管理具有更大的挑战性,例如,图1-1 所示为三种动力电池的电动势特性曲线,(a)、(b)、(c)依次为铅酸电池、锰酸锂电池和磷酸铁锂电池的电动势曲线,其中横坐标为电池的归一化容量(SoC),纵坐标为相应的电动势(EMF)。

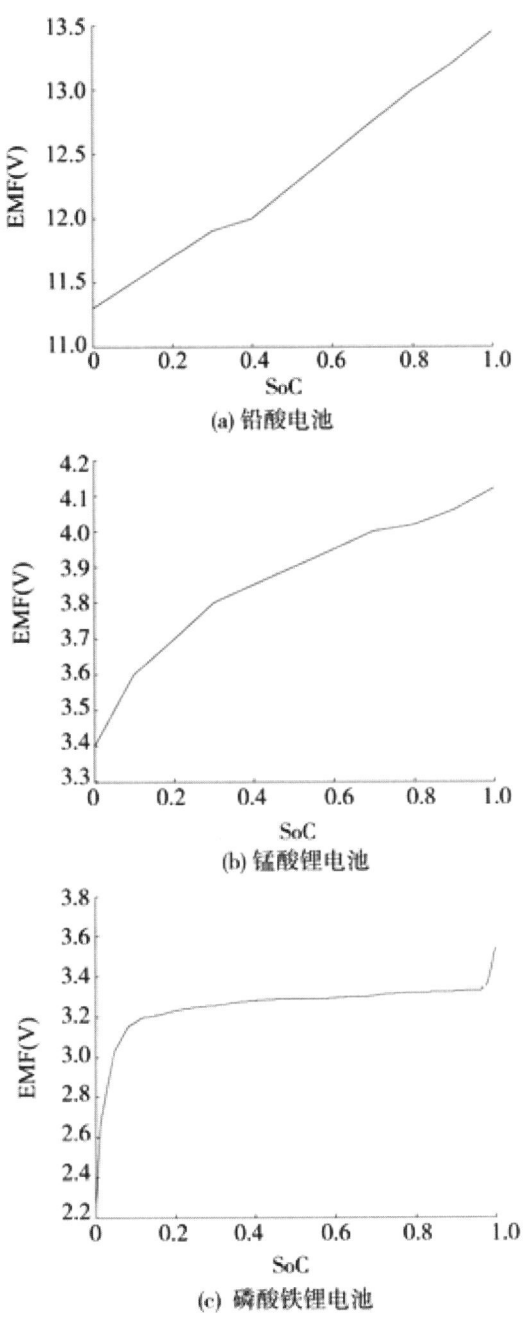

图 1-1 三种不同种类电池的电动势曲线

由图中可知,若电压传感器精度一定,则利用电动势来进行磷酸铁锂电池的容量估算比利用相同的方法进行其他类型电池的容量估算误差更大。更多细节将在本书第七章(电池剩余电量(SoC)评估)中详细讨论。

第二章 电动汽车电池管理系统的基本功能

针对不同的应用场合,电池管理系统应具有不同的功能,电动汽车的电池管理系统也是如此。但有许多的基本功能是不同的应用案例所共有的,例如:电压的监测、剩余容量的估算、安全保护等。

图2-1就是某电动汽车动力电池管理系统所具备的基本功能框图。

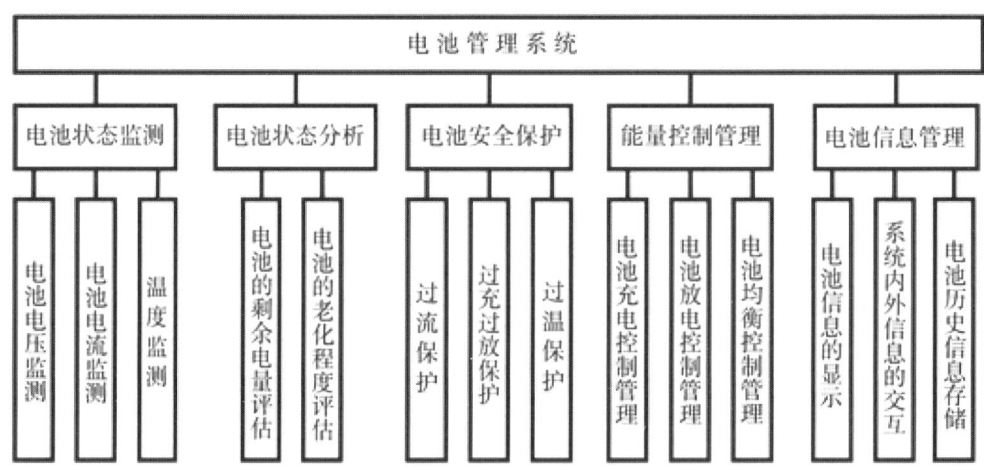

图2-1 某动力电池管理系统的基本功能

以下将针对该图对各类基本功能加以说明。

2.1 电池状态监测

电池状态监测一般是指对电压、电流、温度等三种物理量的监测。细心的读者将会发现,与电压、电流监测不同,图2-1中的"温度监测"功能并没加上"电池"作为定语。这是因为,对于温度的监测,除了针对电池本身,还应对环境温度、电池箱的温度等进行监测,这将对于电池的剩余容量的评估,安全保护等方面具有非常重要的意义。

电池状态监测是一个电池管理系统最基本的功能,它是其他各项功能的前提与基础。本书的第五章将对电池状态监测问题进行更为详细的讨论。

2.2 电池状态分析

电池状态分析包括电池的剩余电量评估及电池老化程度评估两部分,即所谓的 SoC (State of Charge) 评估及 SoH (State of Health) 评估。

2.2.1 剩余电量评估

就像传统汽车驾驶员常常需要留意车上剩余的油量还有多少一样，对于一个电动汽车的驾驶员而言，需要知道剩余的电量还剩余有百分之几，这就是电池管理系统剩余电量评估模块所需要完成的功能。SoC 状态除了用百分比来反映以外，还常常被换算为等效时间或等效里程来表示，让驾驶员获得更为直观的信息，当然，这些都是估算值，带有一定的误差。

在本书的余下部分，读者将会了解到剩余容量（SoC）评估是电池管理系统的一项重要功能，同时也是最有挑战性的功能。近年来，在电池管理系统领域超过一半的研究工作都是围绕 SoC 评估进行的，本书的第七章将对剩余容量评估的方法进行讨论。

2.2.2 老化程度评估

另一个电池状态分析的重要功能就是对电池老化状态的评估，这一状态也常用一个百分比来反映。也就是说，如果一个电池在"新"（刚出厂）的时候的最大容量为1，那么经过多次循环以后，电池所能装载的最大容量相对于"新"的时候的百分比，就反映了电池的老化状态。对于电动汽车的动力电池，通常在经过 500 个周期的深充电、深放电（深充放）循环使用以后，SoH 仍可以达到 80% 以上。（许多电池厂家声称 2000 次深充放以后，SoH 仍有 80% 以上，但这是对于充放电流恒定的单体电池而言的，根据笔者的工作经验，当前电动汽车上所使用的成组的动力电池，在使用 500 次深充放循环以后已有接近 20% 的衰减了。）

应该指出，SoH 受动力电池使用过程中的工作温度、放电流的大小等因素的影响，需要在使用过程中不断进行评估和更新，以确保驾驶员获得更为准确的信息。

2.3 电池安全保护

电池安全保护无疑是电动汽车管理系统首要的、最重要的功能。之所以把这一功能放置在第三位是因为这一功能常常以前面"状态监测"、"状态分析"这两项功能为前提。"过流保护"、"过充过放保护"、"过温保护"是最为常见的电池安全保护的内容。

2.3.1 过流保护

过流保护，有时也被称为过电流保护，指的是在充、放电过程中，如果工作电流超过了安全值，则应该采取相应的安全保护措施。

动力型的磷酸铁锂电池一般都支持 1C 倍率持续充放电，例如，一个标称 100 Ah 的磷酸铁锂电池，允许持续使用 100A 的电流对其进行充电或放电。大多数的磷酸铁锂动力电池都支持短时间的过载放电，能在汽车起步、提速过程中提供较大的电流以满足动力性能的要求。但不同厂家、不同型号的动力电池所支持的过载电流倍率、过载持续时间都是不一致的，例如，某型号的动力电池支持不超过一分钟的 3C 过载电流，这正是电池管理系统的过流保护功能所必须考虑的。

2.3.2 过充过放保护

另一项电池安全保护的基本功能就是过充过放保护。其中,过充保护指的是在电池的荷电状态为 100% 的情况下,为了防止继续对电池充电造成的电池损坏,而采取切断电池的充电回路的保护措施。在另一方面,在电池的荷电状态是 0 的情况下,若继续对电池进行放电,也会对电池造成损坏,此时应采取措施,切断电池的放电回路,这就是过放保护。当然,在电动汽车行车过程中突然切断电源是非常不安全的。因此,一种较为实用的手段是在电源容量不足(例如小于 5%)的时候,就对驾驶员发出警告,提示电量不足,同时逐渐减小电池的放电电流,使车辆逐渐减速或者使车缓慢地停下来。当然,这样的功能严格来说应该归入"能量控制管理"的范畴,其实现通常也需要电机控制器、整车控制器等电池管理系统以外的部件来共同完成。

在实际操作过程中,过充过放保护有一种简单的实现方式,即设定充、放电的截止保护电压,即如果检测到的电池电压高于或者低于所设定的门限电压值,则及时切断电流回路以保护电池。

应该指出,在电动汽车的实际应用中,电池往往串联在一起构成电池组,电池组中只要有一个电池低于放电的门限电压,就要对整个电池组进行保护,此时电池组内的其他电池往往还带有一定量的剩余电荷,从而造成了一定程度的隐性浪费,因此,有必要对电池进行"均衡管理",这属于"能量控制管理"的范畴。

2.3.3 过温保护

过温保护,顾名思义就是当温度超过一定限制值的时候对动力电池采取保护性的措施。动力电池是一种化工产品,在高温下工作可能引起难以控制的化学反应,轻则损伤电池,严重时将会引起交通事故,造成人员伤亡。

正如"电池状态监测"功能所述的那样,过温保护需要考虑环境温度,电池组的温度以及每个单体电池本身的温度。由于温度的变化需要一个过程,温度控制往往也具有滞后性,因此,温度保护往往要考虑一些"提前量"。例如,若检测到环境温度或者电池箱温度过高,接近使电池损坏的门限值,则应采取相应的保护措施。或者,某个单体电池的温度突然快速上升,虽然还没有达到安全门限值,但仍应采取一定的保护措施,例如,通过仪表对驾驶员进行警告。

2.4 能量控制管理

能量控制管理常被归入电池"优化管理"的范畴,即它不属于电池管理系统基本的、必备的功能,以往有许多电池管理系统并不参与电池的充、放电管理,也不具备均衡控制管理的功能。

2.4.1 电池的充电控制管理

电池的充电控制管理,是指电池管理系统在电池充电过程中对充电电压、充电电流等参数进行实时的优化控制,优化的目标包括充电时长、充电效率以及充电的饱满程度等。

2.4.2 电池的放电控制管理

电池的放电控制管理，是指在电池的放电过程中根据电池的状态对放电电流大小进行控制，这一项功能在以往某些系统中常被忽视，在这些简单的系统中，电池包被认为只需要提供电能，不产生安全问题即可。然而，在一个较为先进和完善的系统中，加入了放电控制管理的功能，可以使动力电池组发挥更大的效能。例如，在动力电池组剩余容量小于10%的状态下，如果能适当地限制电池组的最大放电电流大小，尽管会对汽车的最高速度产生影响，但这有利于延长车辆的续航里程，更为重要的是，这有利于延长动力电池组的寿命。

另外，制动能量回收常常也是能量控制管理的重要内容之一。例如，在某些混合动力汽车中，需要通过充放电控制管理把电池的荷电状态维持在60%~80%，以腾出足够的电荷容量空间来接收来自于制动而回收的能量。这样做的另外一个考虑就是使电池工作在等效内阻较小的一个区间，从而使充放电的效率更高。

2.4.3 电池的均衡控制管理

电池的均衡控制管理，是指采取一定的措施尽可能降低电池不一致性的负面影响，以达到优化电池组整体放电效能，延长电池组整体寿命的效果。

由于受生产工艺不稳定等"先天"因素或者在使用环境不一致等"后天"因素的影响，电池组内的各个单体电池总存在一定程度的不一致性。正如前面"电池安全保护"部分所提到的那样，电池组中只要有一个电池的电压低于放电的门限值，就要对整个电池组进行保护，但此时电池组内其他电池往往还带有一定量的剩余电荷，因此，对电池进行均衡管理有利于把剩余电荷利用起来，从而提高电池组的放电效能。

就均衡的时机而言，电池的均衡可以分为充电均衡和放电均衡。就均衡的手段而言，可以分为能量耗散型的均衡和能量转移型的均衡。本书的第八章将对电池的均衡管理进行更为详细的讨论。

2.5 电池信息管理

由于电动汽车动力电池组中电池的个数往往较多，每秒钟都将产生大量的数据，这些数据，有些需要通过仪表告知驾驶员，有些需要通过通信网络传送到电池管理系统以外（如整车控制器、电机控制器等），也有一些需要作为历史数据被保存到系统中。

2.5.1 电池信息的显示

电池管理系统通常通过仪表把电池状态信息显示出来，告知驾驶员或汽车维修人员。需要显示的信息通常包括以下三类：

第一，实时电压、电流、温度信息。由于汽车上的电池个数较多，因此，不需要将每个电池的信息都进行显示，通常只需要把整个电池组的总电压、总电流、最高电池电压、最低电池电压、最高电池温度、最低电池温度等信息反映在仪表上。

第二，电池剩余电量信息。这好比传统汽车上的油量表，反映电池剩余电量的百分比。为了使驾驶员获得更为直观的感受,通常也会把剩余行驶里程的估算值显示在仪表上。

第三,告警信息。当电池组存在安全问题或即将发生安全问题的时候,需要及时通过仪表通知驾驶员。此时,往往还需要配合声音告警等多种其他手段来引起驾驶员的及时注意。

2.5.2 系统内外信息的交互

先进的电动汽车控制,离不开车载信息通信网络。对于电池管理系统而言,往往同时具有"内网"和"外网"两级网络。其中,内网用于传递电池管理系统的内部信息,例如,在一个分布式电动汽车电池管理系统中,所有的动力电池先被划分为若干个"小组",各小组由一块电路板进行管理,各小组的电路板通过内网将每个电池的具体信息传至电池管理系统的主电路板。同时,外网用于电池管理系统与整车控制器、电机控制器等其他部件交互信息。外网应该是双工(支持双向通信)的。一方面,电池管理系统需要将电压、电流、温度等信息发送给其他部件;另一方面,整车控制器也需要将"是否有充电机接入"、"是否允许进行充电"等信息发送给电池管理系统。

2.5.3 电池历史信息存储

历史信息存储并非电池管理系统所必需的功能,但在先进的动力电池管理系统中往往考虑这项功能。信息存储从时效上具有两种方式,即"临时存储"与"永久存储"。其中临时存储是利用 RAM,暂时保存电池信息,例如,暂存上一分钟估算所得的剩余电量及在过去一分钟内电流的变化信息,以便估算出此时此刻电池的剩余容量值;永久存储可利用 EEROM、Flash Memory 等器件来实现,可保存时间跨度较大的历史信息。

进行电池历史信息存储具有以下几个方面的意义:

第一,数据缓冲,提高分析估算的精度。例如,由于存在干扰,实时监测到的电压、电流的数值存在错误,利用历史数据,有助于对可能存在错误数据进行滤波,以得到更精确的数据。

第二,有助于电池状态分析。特别是能根据一段时间电池的历史数据,对电池的老化状态等进行评估。

第三,有助于故障分析与排除。电池历史信息存储功能类似于飞机的黑匣子,当电动汽车发生故障以后,可以通过对历史数据的分析发现故障原因,利于故障排除。

2.6 基本功能定义难以统一原因分析

尝试枚举电池管理系统的所有功能,或者说对电池管理系统的所有基本功能给出定义是困难的,原因在于以下三个方面。

1. 电池管理系统的功能根据不同的应用场合有所差别,难以统一

如前所述,图 2-1 只是一个电池管理系统的某些典型的功能而不是全部功能,根据不同的应用,电动汽车电池管理系统还可以配备更多功能。例如,除了图中所示的五大类功能以外,还可以加入"热管理与控制"功能,"通信失效识别"功能,"故障诊断与处理"功能等。另外,在图中的"电池安全管理"功能方面,还可以加入"漏电检测与保护"、"高压强电安全控制"等内容。此外，图 2-1 中的功能也不是所有电池管理系统所必须具备的。

2. 不同种类的功能之间存在相互依赖关系

例如，电池的剩余电量（SoC）评估是电池管理系统的重要功能，它首先依赖于"电池状态监测"中的电压、电流、温度的实时监测，如果这些"一手数据"不准确，则剩余电量评估也难以精确。其次，剩余电量评估有时也依赖于历史信息，一种常用的估算方法就是通过上一次的剩余电量减去本次行车的累计放电量，从而估算出当前电池的剩余容量。

与此同时，电池的剩余电量（SoC）评估也将被其他功能所依赖。例如，"能量控制管理"功能就在很大程度上依赖于剩余电量估算，其中的充电控制管理、放电控制管理、均衡控制管理都是以电池剩余容量的估算值作为根据的。

由于存在这样的相互依赖关系，在功能划分时，把这些功能视作"并列关系"有时也受到异议。尽管如此，本书仍认为这样的并列划分是可行的，有利于在实现过程中用"模块化"的思想来指导编程，而所述的依赖关系可利用函数调用或参数传递来实现。

3. 某些功能可以定义在电池管理系统之内，也可定义在电池管理系统之外

例如，"能量控制管理"是电池优化管理的重要内容，其中包含的"充电控制管理"对于提高电池的充电效率、缩短充电时间有着重要意义。然而，"充电控制管理"的执行依赖于电池管理系统以外的充电机、电机（许多电机在汽车制动过程中能把动能转化为电能，为动力电池组充电），因此，有不少人也认为"充电控制管理"的功能可以定义在整车控制器里面，电池管理系统只是通过"信息交互"功能把电池组的状态信息传递出去，而不直接参与充电的控制管理。

第三章 动力电池管理系统开发的基本问题

3.1 动力电池管理系统的拓扑结构

与小型电子设备（如手机、便携式电脑等）不同，电动汽车所需要用到的电池数量通常较多。例如，一台设计时速为 120km/h 的五座纯电动乘用车可能搭载一台工作电压为 300V 以上的电动机，相应地需要配置一个由 100 块左右的磷酸铁锂电池所组成的电池组（这里仅考虑电池串联的情况，如果再考虑并联，则电池数量还应该更多），此时就有必要对电池管理系统的拓扑结构进行研究。在电池管理系统中，硬件电路通常可被分为两个功能模块，即电池监测回路（Battery Monitoring Circuit，简称 BMC）和电池组控制单元（Battery Control Unit，简称 BCU）。研究电池管理系统的拓扑结构，需要分两个层面来进行：其一，BMC 与各个单元电池之间的拓扑关系；其二，BCU 与 BMC 之间的拓扑关系。

3.1.1 BMC 与单元电池的关系

BMC 与各个单元电池之间的拓扑关系可分为以下两种。

1. 一个 BMC 对应一个单元电池

在实际工作中，可以为每一个单元电池配置一块单独的监控电路板，对电池的电压、电流、温度等物理量进行监测，如图 3-1 所示。

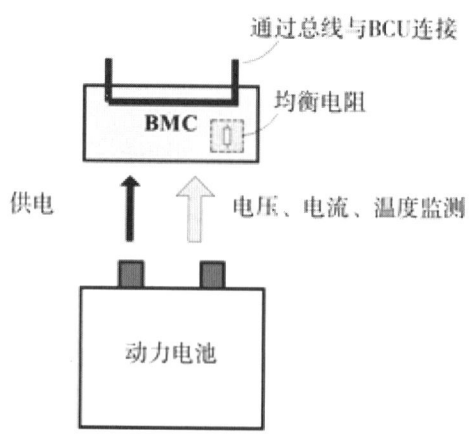

图 3-1 一个 BMC 监测一个单元电池的结构

图中，BMC 电路板负责对电池的电压、温度、电流等信息进行监测。根据需要，可以在 BMC 中加入通信及均衡控制功能，以便向 BCU 报告有关信息，并通过旁路电阻的方式对所管辖的单元电池实施能量耗散型的均衡管理。

有时候，可以把这样的 BMC 电路板封装到动力电池单元内部构成"智能电池"，即单元电池本身具备一定的自治功能。这种"一对一"的拓扑结构的好处在于：BMC 与单元电池的距离较短，在一定程度上能减少采集线路的长度及复杂度，采集精度高，抗干扰性好。然而，其缺点为电路板的相对成本较高；同时，由于电池管理系统的工作电源往往由被监控的动力电池所提供，因此，可能使得整个电池管理系统的能耗相对更大。

2. **一个 BMC 对应多个单元电池**

与"一对一"方式相对，另一种电池监测的拓扑结构为一个 BMC 管理多个动力电池，如图 3-2 所示。

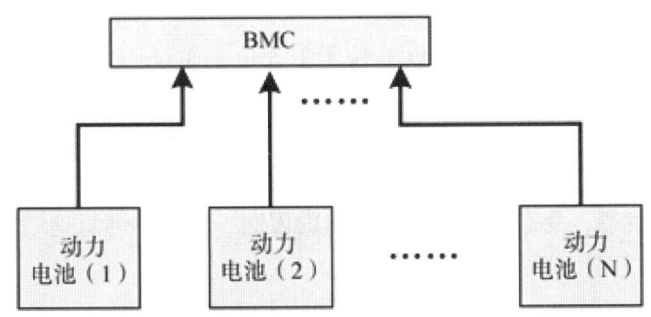

图 3-2　一个 BMC 监测多个单元电池的结构

图中，一块 BMC 电路板负责对多个单元电池的信息进行监测。这种结构与"一对一"方式相比，由于电路板由多个动力电池所共享，因此平均成本较低。然而，从图中可见，由于采集线路较长，可能导致连线的复杂度较高，抗干扰性相对较差。同时较长的采集线路有可能降低了电压采集的精度，并且由于线材的成本也会导致这种结构的实际成本增加。

3.1.2　BCU 与 BMC 的关系

BCU 与 BMC 的拓扑结构关系可以分为以下三种。

1. **BCU 与 BMC 共板**

在某些电动汽车的应用案例中，由于动力电池的个数较少，电池管理系统的规模相对较小，BCU 与 BMC 可以设计在同一块电路板上，对车上的所有动力电池进行统一管理。在某种特殊的情况下，BCU 和 BMC 的功能甚至可以合并到同一块集成电路芯片中完成。采用这种拓扑结构的电池管理系统相对成本较低，但不适用于电池数量较多、规模较大的电动汽车应用场合。

2. **星型**

相对于第 1 种结构，其他的拓扑关系都属于 BMC 与 BCU 分离的方式，必然需要解决 BMC 与 BCU 之间的相互通信问题。一般地，其相互通信都会采用特定的通信协议来进行。然而，通信总线的物理连接可以采用不同的拓扑结构组合。其中，第一种可能的连接就是星型连接，如图 3-3 所示。

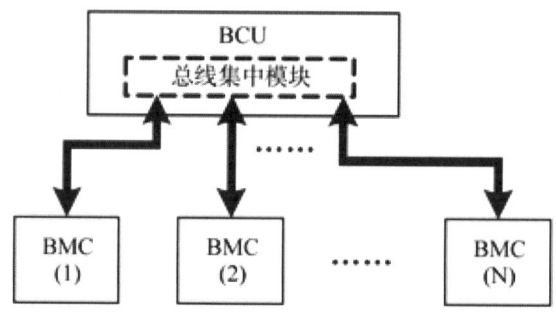

图 3-3　BCU 与 BMC 以星型方式连接

星型的连接方式从外观上来看，BCU 位于中央位置而每一个 BMC 模块均以线束与之相连，通常 BCU 中还带有一个总线集中模块，使得多个 BMC 能共享通信信道。星型连接方式的优点是便于进行介质访问控制；同时，某个 BMC 的退出或者故障不会对其他 BMC 的通信造成影响。这种连接方式的缺点在于两个方面：其一，通信线路的长度较长，难维护；其二，可扩展性差，受总线集中模块端口的限制，不能够随意地增加多个 BMC 单元。

3. 总线型

如图 3-4 所示，为 BCU 与 BMC 以总线型的方式进行连接。

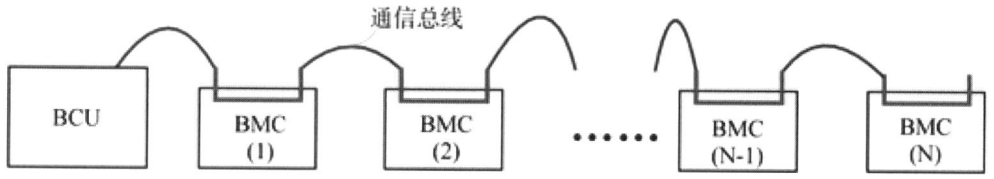

图 3-4　BCU 与 BMC 以总线型方式连接

从图中可见，每块电路板都是通信总线的一部分，与前面的星型连接相比，用于通信信道的线材开销相对较少，连接方式更为灵活，可扩展性强。若电池组内需要增加电池及相应的 BMC 的数量，只需要增加一小段通信线材即可；反之，若某一个 BMC 需要退出整个系统，则只需要把相邻的通信线路稍作延长即可。总线型的连接方式最突出的缺点就是通信线路的相互依赖性，即第 N 块电路板要与 BCU 通信，需要利用前面 N-1 块板子，若其中某一块电路板出故障，则后续的 BMC 与 BCU 之间的通信则会立即受到影响。

值得一提的是，无论采用星型或者是总线型的物理连接方式，都指的是其拓扑形式，而从通信网络的角度看，两种方式都存在"介质访问竞争"，BCU 与 BMC 之间常用总线通信协议进行信息交互，需要进行隔离设计。关于隔离设计的内容，将在本书的 5.2 节进行更为详细的讨论。

3.2　通用的电池管理系统与定制的电池管理系统

从用户的角度而言，较为理想的一种情况是能像购买一个充电机一样，购买到一个"通用"的电池管理系统。然而，电池管理系统的情况通常要复杂得多，例如它需要考虑电池的特性、使用环境、工作条件等。本节的主要内容，就是要对电池管理系统的通用性进行讨论。

3.2.1 理想的情况

一种非常理想的情况是这样的：第一，所开发的电池管理系统能适应不同种类的电池，在更换了电池以后，所开发的电池管理系统能很快自动适应新电池；第二，所开发的电池管理系统能适应不同的汽车动力系统，能在各类的混合动力电动汽车、纯电动汽车甚至汽车以外的能源系统上使用。

然而，这样的理想情况在当前阶段难以实现，原因在于以下几个方面：

第一，不同种类的电池具有不同的工作特性。例如铅酸电池、镍氢电池、锂离子电池等，它们在电池充放电保护的门限电压、均衡措施的实现方式等方面具有较大的差异性。

第二，尽管电池种类相同，但是，不同厂家的电池产品或者同一厂家不同批次的电池产品存在一定的差异性。这就造成了在电池剩余电量评估算法、均衡管理策略的不一致。

第三，动力电池组可能面临不同的使用环境、工作条件。例如，就均衡管理而言，即使采用相同的均衡策略，但在不同的环境条件也需要有不同的考虑。大功率的均衡电路均衡速度快、均衡效果好，但是会带来较大的体积、较大的发热量、较高的生产成本，如果不进行定制开发，可能造成资源浪费，甚至会由于均衡时发热量过大而导致电池管理系统无法正常工作。因此，要根据不同的环境、条件确定均衡电路的硬件，从而确定电池管理系统的最终设计方案。

3.2.2 可行的解决办法

既然现阶段无法设计出一种功能强大并且具有较好的通用性的电池管理系统，在实际工作中，通常的解决办法有以下两个途径。

1. 设计通用的简单保护板

由于二次动力电池往往在过充电、过放电或者过大电流使用的条件下会导致安全事故，因此，可以为动力电池加上具有基本保护功能的电路板。这样的电路板上，为充、放电设定了电压的上、下限值，通过电压比较，一旦发现电池的工作电压超过或者低于门限值，则切断电流回路。同理，可以为工作电流、工作温度设定相应的门限值，在超过门限值的情况下切断电池的供电回路，从而保证电池组的安全。

在这种电路板的保护下，可以对动力电池安全地进行充电和放电操作。然而，由于缺少了对电压、电流等信息的监测，用户无法知道动力电池此时的状态，也无法评估电池组剩余电量以及剩余里程的多少。就好比普通家用的手电筒，电池用到没有电的时候会自然熄灭，但某个随机时刻很难预知剩余电量的多少以及还能使用多长时间。

2. 为特定电池定制较为复杂的解决方案

由于磷酸铁锂动力电池的电动势特性曲线平缓，再加上电动汽车的工作状况复杂，因此需要针对不同型号的电池，不同的应用场合对电池管理系统进行量身定做。本书所讨论的电池管理系统的设计，正是根据动力电池特性以及应用需求进行电池管理系统功能定制的思路。大致可以分为以下几个步骤。

第一，根据厂家提供的数据以及前期对电池样本评测的记录，掌握相关型号的动力电池的工作特性；

第二，确定动力电池管理系统的基本设计方案，包括：
a. 选择一种合适的拓扑结构形式；
b. 确定电池的安全保护策略；
c. 建立动力电池模型，设计剩余电量评估算法；
d. 确定均衡管理策略、能量控制策略。

第三，根据以上方案设计相应的软、硬件系统并进行可靠性验证。

根据以上步骤所开发的动力电池管理系统是针对电池、针对应用场合进行量身定做的，精度高。但在进行基本方案设计之前要对动力电池的性能进行充分的测试、评测，前期工作量较大。

3.2.3 关于通用性的讨论

近年来在电动汽车行业的一个讨论热点是："电池管理系统应该交给谁去开发？究竟是应该由汽车生产企业负责，还是应该由动力电池生产企业负责，还是应该交给第三方去开发？"一般认为，如果由电池生产企业开发，则电池管理系统具有通用性，即不同的汽车都可以使用这样的电池管理系统，但未必能根据汽车的使用工况进行优化；如果由汽车生产企业负责开发，电池管理系统失去了通用性，即所开发的电池管理系统只适用于该企业的车型，同时汽车企业需要花费大量时间去了解、掌握动力电池的特性，生产成本随之上升；如果交由第三方开发，则所得到的结果可能介于以上两者之间。

但是，无论交给谁去开发，都应该考虑电池的使用环境和工作条件（这一点似乎应该由汽车生产企业考虑），以及电池的工作特性（从这一点出发似乎又应该由电池生产企业负责）。就前面两个小节的内容，可能得到一个初步的结论：简单的保护电路具有一定的通用性，但是功能有限；定制的电池管理系统能够有较为完善的功能，但工作量较大，需要较多的人为干预。作为电池管理系统的研发工程师，近期内可以从以下一些方面进行努力：

1. 优化硬件设计

硬件保护电路（接触器、电流切断器等），均衡电路，电池组加热、散热设施等属于电动汽车动力电池组必须要考虑的硬件设施，需要根据汽车的特点进行优化配置，要综合体积、重量、成本等多方面的因素来考虑。

2. 软件系统的自适应性

一方面，软件系统能根据不同厂家或者同一厂家不同批次的电池，进行自适应调整，能在汽车的正常使用过程中自适应地获得特性参数，减少开发过程中因为大量电池特性测试所需要的工作量。同时，具备较为智能化的算法，能对 SoC、SoH 等进行较为精确的评估。

3. 低功耗设计

电池管理系统的工作本身需要消耗能量，而某一台电动汽车的闲置时间往往又是难以预测的，因此电池管理系统必须要进行低功耗设计。低功耗的设计需要从软件和硬件两个方面来努力。

3.3 动力电池管理系统开发的一般流程

如图 3-5 所示，为一个包含管理系统的动力电池组的整体设计、实现流程。

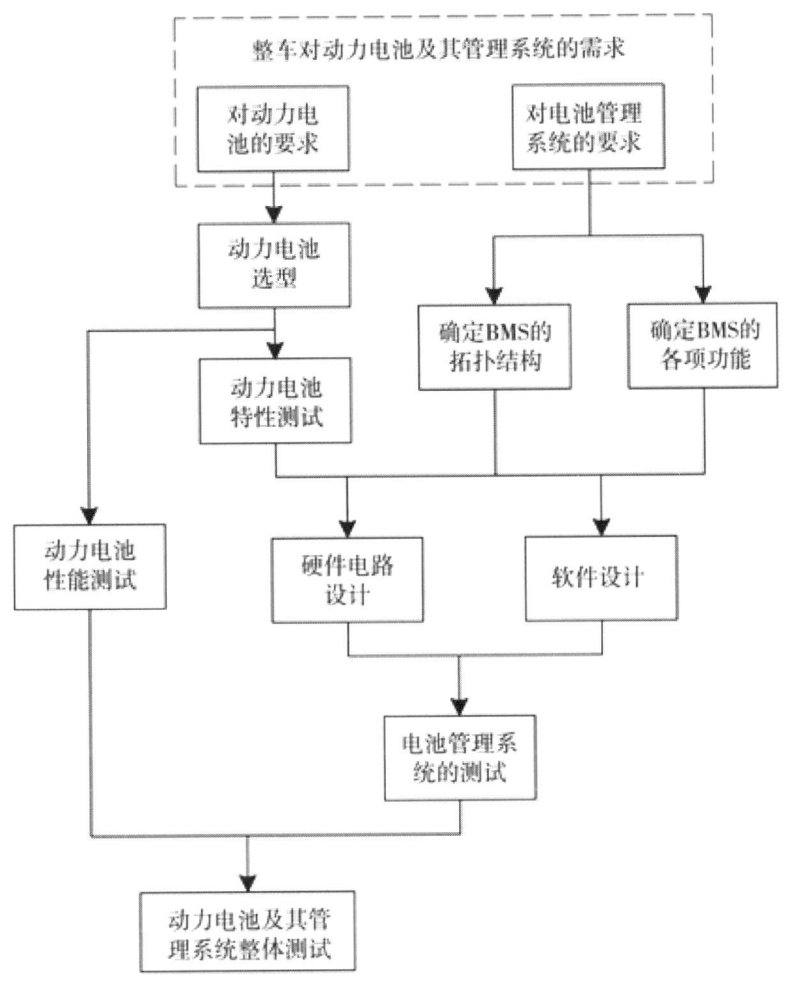

图 3-5 包含管理系统的动力电池组的整体设计、实现流程

从图中可见，动力电池管理系统的设计和实现与整个动力电池组的设计和实现是密不可分的。主要体现为两个方面：

第一，动力电池管理系统的设计依赖于动力电池的特性，不同的电池类型、不同的电池特性对应着不同的电池管理系统的软硬件设计；

第二，电池管理系统要与动力电池组结合起来进行整体测试。

当然，图 3-5 中也省略了一部分关于机械方面的内容，例如防水、防尘、抗震、安装固定、散热等方面的设计与测试，这些因为不属于本书讨论的重点，所以暂且略去。

3.3.1 动力电池管理系统开发的前期工作

从上述图 3 - 5 中可见,动力电池管理系统的开发过程是从"确定 BMS 的拓扑结构"、"确定 BMS 的各项功能"、"动力电池特性测试"这三项工作开始的。分别说明如下:

1. 确定 BMS 的各项功能

指的是根据整车对动力电池及其管理系统所提出的需求,选定第二章所述的各项基本功能的一部分或者全部,确定系统的全部功能,编写功能说明书。

2. 确定 BMS 的拓扑结构

指的是根据整车对动力电池及其管理系统所提出的需求,根据 3.1 节的思路,确定 BCU、BMC 与所有单元电池之间的拓扑关系,绘制电池管理系统的拓扑结构图。

3. 动力电池特性测试

这是一个在电池管理系统开发过程中常被忽视的重要环节。实际上,在进行 BMS 的软硬件设计之前,必须要对动力电池的充放电特性、容量特性、内阻特性等进行测试,以便相应地进行硬件保护电路设计、SoC 评估算法设计以及能量管理策略设计等。关于动力电池特性测试的内容将在第四章进行详细论述。

3.3.2 动力电池管理系统软硬件设计及实现

软硬件设计及其实现是动力电池管理系统开发的主体工作,软件的开发与硬件的开发工作是相辅相成的,即进行软件开发的时候需要兼顾到各部分硬件的可执行力,而进行硬件设计的时候需要充分考虑到软件算法复杂度。

1. 硬件设计及实现

在进行 BMS 硬件设计的过程中,除了实现传统意义上的电路板设计及元器件选型等工作以外,还需要特别注意耐压绝缘设计、抗电磁干扰设计、电磁兼容设计、通风散热设计以及通信隔离设计等五项工作,因为这些内容对于电动汽车而言有着非常特殊的重要意义。

2. 软件设计及实现

动力电池管理系统的软件设计实际上是由许多个功能模块的详细设计组合而成的。这些功能模块包括:安全保护策略、(充放电)能量控制策略、电池均衡控制策略、SoC 评估算法、SoH 评估算法等。除此以外,还要为通信及智能故障诊断机制留有足够的资源以及保证足够快的响应时间。

3.3.3 BMS 单元测试及动力电池组整体测试

在完成动力电池管理系统硬件设计、制作以及软件系统的编程、调试以后,所制订的动力电池管理系统的各项基本功能就可以实现了。接下来需要做的就是大量的测试工作,其中包含 BMS 本身的单元测试以及整个动力电池组的整体测试。

1. BMS 的单元测试

BMS 的单元测试,主要包括各项功能测试,即要测试 BMS 的各项策略、功能是否满足设计要求。此外,还需要进行 BMS 的电磁兼容性测试、抗电磁干扰测试等。

2. 动力电池组整体测试

从根本上说,电池管理系统的可靠性、稳定性等需要与动力电池组的整体测试联合进行。

第四章 动力电池的特性测试

电池特性测试是开发一个电池管理系统的重要环节，以往经常被忽视。然而，电池特性的测试内容非常丰富，本章将选取几个具有代表性的测试项目进行描述。需要说明的是，动力电池特性测试与现有的国家行业标准以及国际标准化组织所规定的产品测试并不完全等同。行业标准的测试项目的主要目的是为了验证电池产品是否合格，能不能在市场上销售，而本章所讨论的电池特性测试，目的在于了解掌握所要"管理"的动力电池的特点，以便设计出一个实用的管理系统。

4.1 针对电池管理系统开发的电池测试

4.1.1 测试项目及目的

本章所讨论的动力电池特性测试与一般意义上的性能测试既有联系又有区别：一方面，有许多特性测试项目与性能测试项目重合；另一方面，两者出发点和意义有所区别，即性能测试着重于评判一个动力电池的性能"好"还是"不好"，而特性测试则是在已经选定了动力电池的类型及型号以后，针对电池管理的对象进行的测试，其目的侧重于了解电池的特点，便于电池管理系统的软硬件开发工作的进行。本章所讨论的特性测试包括许多方面的内容，以下是一些可能的测试项目。

1. **实际容量测试**

指的是电池实际能放出电荷的多少。电池生产厂家在产品出厂时提供了电池的额定容量，这一容量是根据有关标准以特定的放电倍率在特定的温度条件下测得的。在进行电池管理系统开发之前，应当选取电池样品，测量其在不同温度及不同放电倍率下的实际容量，从而使得 BMS 中的 SoC 估算算法能在不同工况、不同环境温度下适用。不仅如此，这一特性测试，对于电池的均衡管理、电池的充放电能量控制等其他方面，都有非常重要的意义。

2. **充放电效率测试**

指的是从能量的角度，测量一个动力电池所能有效放出的能量与充入能量的比例。同样地，在不同温度、不同的放电倍率的前提下，这一指标有所区别，应该分别进行测试。此项测试，对于 SoC 评估及充放电能量控制都有重要意义。

3. **放电倍率特性测试**

指的是测试一个动力电池在正常工作中，所能放出的最大电流的特性。所能放出的最大电流与工作环境温度及电池的剩余容量相关。一般来说，环境温度越高，电池内的物质的活性越大，最大放电电流越大；同样，若电池的剩余电荷越多，所能放出的最大电流也越大。这一特性测试，对于电池的安全保护功能及充放电能量控制具有重要的意义。

4. 电动势曲线及等效内阻测试

对于一个动力电池而言，电动势与内阻是影响其外特性表现的重要因素，这些因素与电池剩余容量及工作环境温度相关。在实际工作过程中，这两个项目的测试可以同时进行。在进行电池剩余容量评估的过程中，常常需要利用电池的开路电压或电动势来对电池的剩余容量进行估算，因此，获得电池电动势与剩余容量之间的函数关系即（SoC - EMF）曲线对于动力电池的剩余容量估算非常重要。

4.1.2 特性测试的标准化问题

国内外都有专门为动力电池制定的测试标准，这些标准大体上可以分为两类。一类是针对电池制造商，用来检验电池生产商所生产的电池是否合格，是否可以进入市场；另一类是针对电动汽车制造商，用来帮助电动汽车制造商检验其选择的动力电池是否能满足其制造的电动汽车的性能要求。这两类测试标准虽然目的不同，但测试项目并非完全不同，相反，两者的测试项目有很大的交集。但由于测试目的不同，对于相同的测试项目，会有不同的测试方法，对测试结果的评价指标也会大有不同。例如，两类测试都会涉及电池容量和循环寿命的测试，面向电池制造商的测试标准更注重检验特定温度、恒定放电倍率下，容量和循环寿命是否能达到其标称值，而针对电动汽车生产厂的测试标准则偏重于在各种极限温度下测试电池经受实际行驶工况的性能。

本节列举四个与电动汽车动力电池相关的测试标准，其中第一个可以归类为针对电池制造商的测试标准，后三个可以归类为针对电动汽车制造商的测试标准。

1. 中国汽车行业标准 QC/T 743—2006——电动汽车用锂离子蓄电池

该行业标准是 2006 年 3 月由国家发改委发布，2006 年 8 月正式实施，适用于电动汽车的、标称电压为 3.6V 的单体锂离子蓄电池及由此类电池组成的"n×3.6V"的蓄电池模块。

该标准分别描述了如何对单体电池和多个电池构成的电池模块做测试。测试项目涵盖了电池的外观、极性、尺寸质量、放电容量、荷电保持能力与容量恢复能力、循环寿命和安全性能测试。该测试标准对蓄电池模块还特意设置了能反映电池模块是否匹配电动汽车性能的简单模拟工况测试和耐振测试。QC/T 743—2006 标准中，明确给出了各测试项目的具体步骤，并制订了电池及电池模块在各测试项目中所应达到的指标。

2. SAE J1798——电动车辆蓄电池组性能评价的推荐规程

SAE（Society of Automotive Engineers，美国机动车工程师学会）成立于 1905 年，是国际上最大的汽车工程学术组织。SAE 所制订的标准具有权威性，广泛地为汽车行业及其他行业所采用，并有相当部分被采用为美国国家标准。

SAE J1798 列出了一系列电池性能指标的测试实验，包括静态容量测试、荷电保持能量测试、充电接受能力测试、峰值功率能力测试和动态容量测试。该标准还规定了测试模块的选取、测试条件、测试温度、传感器位置、采样频率、测量精度等细节问题，是非常严谨的测试标准。

3. IEC 的 61982 -3——标准道路电动汽车用二次电池第三部分：性能和使用寿命测试

IEC 是国际电工委员会（International Electrotechnical Commission）的缩写，该委员会成立于 1906 年，是世界上成立最早的国际性电工标准化机构，负责有关电气工程和电子工程领域中的国际标准化工作。

IEC 61982-3 标准的测试对象为城市用小型低速电动汽车上的电能储存系统，该标准不适用于特殊用途车辆比如公共交通工具、垃圾收集车辆、摩托车和大型商业用车的电能储存系统测试。

该标准是根据测试对象车辆所要求的性能来制定的验证性测试。主要包括三个基础性试验：容量测试、功率性能测试和使用寿命测试。另外，还有一些可选的测试项目，如最大功率测试、电池电阻测试、充电测试、工作电压范围测试等。该测试标准，可以帮助电动汽车生产商判断所测电池能否满足待开发电动汽车的性能需求，并为电动汽车生产商在多个品牌的动力电池之间进行比较筛选提供依据。

4. PNGV 电车测试手册

该测试标准是美国 Idaho 国家工程与环境实验室（INEEL, Idaho National Engineering and Environmental Laboratory）为美国新一代汽车合作计划（PNGV, Partnership for a New Generation of Vehicles）制定的电池测试标准。

PNGV 计划针对功率辅助型和双模混合动力电动汽车分别制定了其能量储存系统性能目标。该标准所设计的电池测试，旨在验证待测电池是否能够满足 PNGN 计划制定的汽车性能目标。

该标准定义了静态容量测试、混合脉冲功率特性测试、可用能量测试、自放电测试等项目。与其他测试标准不同的是，该标准除了定义上述测试项目的测试方法外，还详尽地给出了测试应该记录的数据，应该得到的结果并对结果作了一些分析。所以，这不仅是一个标准测试，也是一本讲述电池特性及原理的参考书。

以上仅仅给出了四个测试标准的简单介绍，有兴趣的读者可以参阅原文。通过对这几个测试标准的介绍，不难看出，虽然目前国内外有很多电池测试方面的标准，但它们不是针对电池制造商就是针对电动汽车生产商，几乎还没有专门针对电池管理系统开发人员而设计的电池测试标准。正因为如此，当电池管理系统开发人员需要一些电池的工作特性测试，例如电池的平衡电势测试、电压回弹特性测试、电动势滞回特性测试等时，就应该在参考现成测试标准的基础上，设计实用的测试方法。

一般地，电池管理系统开发人员所需的电池特性测试可以按照以下三点思路进行：

（1）根据电池管理系统开发的实际进行测试。

相对于铅酸电池、镍氢电池等类别的动力电池，磷酸铁锂动力电池产品的历史相对较短，从这几年见刊的论文及研究报告来看，其特性还未完全被人们了解。此外，磷酸铁锂动力电池的产品性能还不甚稳定，不同厂家之间产品特性有所区别，产品存在一定的非一致性。这些都要求在研发电池管理系统的过程中，需要对作为被管理对象的动力电池进行各种特性测试。

（2）尽可能参照已有标准。

由于电池特性测试的部分项目与电池行业、汽车行业已有的测试项目重合，对于这些项目，尽可能采用已有的测试标准，避免重复开发。

（3）尽快制订特性测试的统一标准有着重要的意义。

尽管动力电池的特性测试是针对电池管理系统开发而言的，但是，尽快制订统一的测试标准有着较为重要的意义。

首先，电动汽车及其零部件开发单位内部需要统一标准。在动力电池选型、电池管理系统开发等环节，需要对不同厂家、不同批次的电池样本进行评测，制订统一的测试标准，既可以节约测试成本，又可以使得测试的结果具有可比性。

其次，不同的研发单位之间若采用统一的测试标准，将有利于电池管理系统这一新兴汽车零部件的产业化发展。

再次，统一的测试标准有利于测试设备的生产和制造。当前，国内就汽车用动力电池的测试设备功能差异较大，质量也比较参差不齐，许多设备都是从传统的非车用电池的测试中延伸过来的，并不能完全满足车用动力电池特性测试的需求。

4.1.3 与特性测试相关的一些问题

1. 特性测试应该由谁完成

根据过去几年的工作经验，在电动汽车电池管理系统开发环节，由谁来进行性能测试、特性测试，确实存在一定的争议。一方面，电动汽车开发者、电池管理系统开发者都期望动力电池生产厂商提供足够的测试数据，以支持电池管理系统的开发；另一方面，许多动力电池生产厂商并不具有电动汽车及电池管理系统的开发经验，也没有配备足够的动力电池测试设备，因此无法提供各类必须的测试数据。在相当一段时间内，国内市场上甚至缺少各种必要的动力电池测试设备，许多电池特性测试无法进行，从而制约了国内动力电池管理系统开发工作的开展。

那么，动力电池特性测试到底应该由谁负责进行？此问题与上一章所讨论的"电池管理系统应该由谁负责开发"的问题类似，很难在当前阶段有明确的答案。但有一点是肯定的，因为特性测试与电池管理系统的开发直接相关，所以，电池管理系统的开发者有必要在进行具体软硬件设计之前获得足够的测试数据。

2. 测试步骤的优化

对动力电池的特性测试进行测试步骤的优化是必要的，这指的是尽可能利用一个测试步骤流程得到多个测试项目的结果。例如，在本章第4.2节中，动力电池的容量测试与充放电效率通过同一个测试流程完成；而在第4.4节中，电动势曲线测试与等效内阻测试也是通过同一个测试流程而获得的。

这样做的好处是显而易见的：

第一，可以节约测试样本的数量。大功率动力电池的价格通常较高，节约被测电池的数量相当于节约了测试成本。

第二，可以节约测试时间。许多特性测试项目是比较耗费时间的，如果能够把不同的项目合并到同一个测试步骤进行，则在较大程度上节约了时间，也相对于缩短了动力电池管理系统的开发周期。

第三，可以提高设备的利用率。许多测试项目往往需要独占一台设备，提高单台设备的利用率，可以减少实验室所需配置的设备的数量。

3. 温度与充放电倍率的设定

许多特性测试项目都需要确定温度及充放电倍率的大小。从理想的角度来说，测试应该尽可能遍历各温度点及充放电倍率点，但这样将使得所需的测试时间量非常巨大。因此，在实际工作中，有些时候也可以选取有代表性的温度点及充放电倍率点来进行测试。

以下给出笔者的两点建议：

第一，选取少量的样本，进行大范围、高密集度的测试，以精确了解某一类别的电池随温度、充放电倍率变化的规律。例如，就温度而言，可以从 -40℃ ~ 60℃，每隔5℃进行一次测试，总共有 21 种可能；就充放电倍率而言，从 0.1C ~ 1.0C，每隔 0.1C 进行一次测试，总共有 10 种可能。根据以上两个条件的组合，总共要进行 210 次测试，这样的测试所需要的成本及时间代价较大，但从中可以清晰地了解电池在不同工况条件下的特性变化规律，从而为后续的 BMS 开发工作提供充分的依据。

第二，选取某些具有代表性的工况点，进行日常测试。有些实验并不需要遍历所有的工况点。例如，在进行电池的循环特性测试时，若以 0.1C 的倍率进行深充、深放循环，则循环过程较慢，可能 1 年时间也完成不了 500 个循环的测试，因此，通常可以选定 1C 充放电倍率进行循环测试。又例如，针对不同批次的电池产品，需要抽取一定样本，测试其温度特性，以检验不同批次的电池之间是否存在较大的性能差异，这些温度点的选取可以是一些有代表性的值。根据国家发改委公布的 QC/T 743—2006 标准，这样的温度点可以是 -20℃、20℃ 和 55℃。但无论如何，一旦选定了这样的测试工作点，就应该作为实验室内部规范固化下来，从而使得不同时期的测试结果具有可比性。

4. 如何对电池进行充满

在动力电池测试的过程中，经常需要对电池进行充满，以便能检测电池的最大放电性能。对于充满，较为通俗的理解就是："在不损坏电池的前提下，电池充得不能再充了。"而较为抽象的定义就是："电池内部所有能参与充电化学反应的物质均已充分进行反应。"然而，以上两种理解在实际过程中，均不具有可操作性。因此，一般采用电气方面的指标来进行定义，就是在规定的上限电压的条件下，充电电流趋近于零。然而，"趋近于零"很难量化，因此在许多测试标准中，都规定了一个较小的电流值，如果充电电流小于这个规定值，就认为电池已经充满了。例如，在我国行业标准 QC/T 743—2006 中就规定了充电电流小于 0.033C 就认为电池已被充满。

为了节约充电时间并同时保证把电池充满，一般可以采用"两段法"对电池充电。其中，第一阶段采用恒流充电，即可以利用生产商规定的最大充电电流值对电池进行充电，直到电池两极的电压差达到截止电压；之后，第二阶段采用恒压充电，即在保持充电电压值为生产商规定的上限值的前提下进行充电，此时，充电电流将会根据电池的内阻变化自动调节。第二阶段将会在充电电流值低于上述的"设定的较小值"的时候结束。

5. 如何对电池进行放空

相应地，在动力电池测试的过程中，经常需要对电池进行放空，以便对电池所储存的电荷量进行评估。从定性的角度理解，所谓放空，就是在电池不过放的前提下，电池内部的放电化学反应已充分进行，即电池正极上的 $LiFePO_4$ 中所有的锂离子 Li^+ 均已脱嵌。同样地，以上化学状态难以判断，因此，一般采用电气方面的指标来进行定义，就是以非常小的放电电流对电池进行放电，直到电池电压达到生产商规定的电压下限值。在实际操作中，需要对这个"非常小的放电电流"进行规定，例如，本书的测试方法中，采用 0.02C 的小电流对电池进行放空。

4.1.4 本章其他部分的内容

本章的其余部分所讨论的内容将按以下思路进行:

(1) 4.2~4.4 节列举一些常用的、针对电池管理系统开发的动力电池特性测试项目,并针对每一个项目描述其测试步骤并给出测试结果的示例。需要说明的是,动力电池的特性测试项目比较丰富,本章所列举的只是一些可能的项目,研发人员可以根据具体工作的需要,选取其中一部分或者制订其他更多的测试方法和步骤。

(2) 4.5~4.6 节讨论的是如何对电池的循环特性进行评判。其中,4.5 节着重讨论如何通过深充放循环获得老化后的电池;4.6 节指出每完成一定的循环周期以后,如何利用 4.2~4.4 节所讨论的测试项目对老化后的电池进行性能评估。4.6 节还尝试对测试项目所需的时间进行估算。

4.2 容量及充放电效率测试

本节所讨论的内容涉及两个测试项目:

其一,测试电池的实际容量,即选取电池样品,测量其在不同温度及不同放电倍率下的实际容量。一方面可以与电池生产厂家提供的额定容量进行对比;另一方面为剩余容量估算、电池的均衡管理、电池的充放电能量控制等提供依据。

其二,在不同温度、不同的放电倍率的前提下,测试电池的充放电效率。

4.2.1 测试方法

本节所给出的是研发过程中,在实验室内部进行容量及充放电效率测试的参考方法。在实际工作过程中,各研发单位可以根据自身实际对测试中的一些参数如温度、放电倍率等进行修改。具体操作如下。

(1) 测试的温度应分别控制为 T = {0℃, 20℃, 40℃},测试的充、放电倍率应分别控制为 r = {0.2C, 0.5C, 1.0C},根据排列组合,在不同的温度及放电倍率下总共需要进行 9 次测试。

(2) 在测试过程中,被测电池周围的环境温度需要保持恒定,这可以利用一个大小合适的恒温箱来实现。在测试过程中,电池的放电电流需要保持恒定,这可以利用一个具有恒流放电功能的电子负载来实现。

(3) 每个测试将按照以下步骤进行:

第四章 动力电池的特性测试   23

a) 第一次充满
以 4.1.3 节第（4）点所定义的充电方法对电池进行充满，充电截止电压为 3.6V（或由制造商指定）

b) 第一次暂停
保持电池在不充、放电状态，直到电池负极柱的温度与指定的测试温度 T 相差不超过 2℃

c) 放电
以 r 为放电倍率对电池放电。当电池电压达到 2.2V 时停止放电（或由制造商指定）

d) 第二次暂停
保持电池在不充、放电状态，直到电池负极柱的温度与指定的测试温度 T 相差不超过 2℃

e) 第二次充满
以 4.1.3 节第（4）点所定义的充电方法对电池进行充满，充电截止电压为 3.6V（或由制造商指定）

(4) 记录在每一秒测得的电压、电流和温度数据。
(5) 用下列公式计算放出电荷总量

$$Q_d = \frac{1}{3600}\int_0^{t_d} I_d(\tau) \cdot d\tau \text{ (Ah)} \tag{4-1}$$

其中，$I_d(\tau)$ 表示放电过程中所监测到的实时电流的大小。t_d 表示放电所需要的时间。由于测试过程中采用恒流放电，因此，也可以这样计算放电的电荷值

$$Q_d = \frac{I_d \cdot t_d}{3600} \text{ (Ah)} \tag{4-2}$$

(6) 用下列公式计算放电总能量

$$W_d = \int_0^{t_d} I_d(\tau) U_d(\tau) \cdot d\tau \text{(J)} \tag{4-3}$$

其中，$U_d(\tau)$、$I_d(\tau)$ 分别表示充电过程中所监测到的实时电压、电流值的大小，t_d 表示放电所需要的时间。由于测试过程中采用恒流放电，因此，也可以这样计算放电的总能量

$$W_d = I_d \int_0^{t_d} U_d(\tau) \cdot d\tau \text{ (J)} \tag{4-4}$$

(7) 用下列公式计算充电总能量

$$W_c = \int_0^{t_c} I_c(\tau) U_c(\tau) \cdot d\tau \text{ (J)} \tag{4-5}$$

其中，$U_c(\tau)$、$I_c(\tau)$ 分别表示充电过程中所监测到的实时电压、电流值的大小。t_c 表示第二次充满电所需要的时间。

(8) 用下列公式计算充放电效率

$$\eta = W_d/W_c \times 100\% \tag{4-6}$$

4.2.2 测试报告范例

（1）测试之后可以得到电池在不同温度、不同倍率下的充放电容量及充放电效率表，如表4-1、表4-2所示（测试样本为某厂商生产的100Ah动力电池）：

表4-1 不同温度不同放电倍率下电池的放电容量（单位：Ah）

		充放电倍率（C）		
		0.2	0.5	1
温度（℃）	0	100.49	97.61046536	101.9931171
	20	107.6312459	107.8673678	107.890404
	40	108.633324	108.3568886	107.804018

表4-2 不同温度不同放电倍率下的电池能量及充放电效率

		充放电倍率（C）								
		0.2			0.5			1		
		W_d (J)	W_c (J)	η（%）	W_d (J)	W_c (J)	η（%）	W_d (J)	W_c (J)	η（%）
温度（℃）	0	1947600	2088803	93.24	1864800	2156835	86.46	1900800	2280230	83.36
	20	2152800	2267537	94.94	2113200	2307994	91.56	2066400	2330438	88.67
	40	2181600	2274158	95.93	2131200	2303004	92.54	2084400	2318318	89.91

（2）作为本测试的一个副产品，还可以得到电池在不同放电倍率下的工作电压曲线，如图4-1所示：

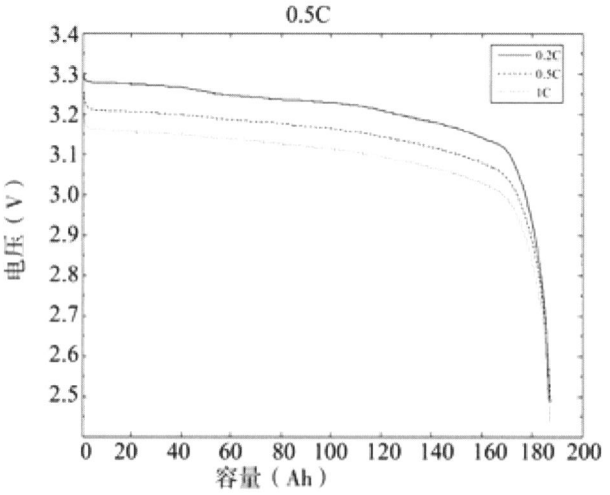

图4-1 单体电池在不同放电倍率下放电电压与容量关系曲线

4.3 放电倍率特性测试

本节所述的，是测试一个动力电池在不同温度条件下，电池所能放出的最大电流与其剩余电量之间的关系。一般来说，环境温度越高，电池内物质的活性越大，相同剩余电量条件下所能放出的电流越大。同时，在相同的温度条件下，电池的剩余电荷越多，电池电动势越高，内阻越小，所能支持放出的最大电流也越大。

4.3.1 测试方法

（1）测试的温度应分别控制为 T = {0℃，20℃，40℃}。

（2）在测试过程中，被测电池周围的环境温度需要保持恒定，这可以利用一个大小合适的恒温箱来实现。在测试过程中，电池的放电电流随着剩余电量的减少而有规律地减少，这可以利用一个放电电流可调的电子负载来实现。

（3）每个测试将按照以下步骤进行：

a）设定初始放电倍率为 r
r 为本次测试的最高放电倍率，可根据电动汽车实际工作电流峰值设定，或由电池制造商指定

b）将被测电池充满
以 4.1.3 节第（4）点所定义的充电方法对电池进行充满，充电截止电压为 3.6V（或由制造商指定）

c）暂停
保持电池在不充放电状态，直到电池负极柱的温度与指定的测试温度 T 相差不超过 2℃

d）高倍率放电
在 r 放电倍率下对电池进行恒电流放电，放电 30 秒；若 30 秒内电池电压低于 2.2V（或制造商指定最低电压门限值）时，进入步骤 f，否则进入步骤 e

e）暂停
保持电池在不充放电状态，直到电池负极柱的温度与指定的测试温度 T 相差不超过 2℃，返回步骤 d

f）暂停且减小放电倍率
保持电池在不充放电状态，直到电池负极柱的温度与指定的测试温度 T 相差不超过 2℃，之后设置 r = r − 1

g）判断是否继续循环
若 r>0，则回到步骤 d，否则继续进行步骤 h

h）释放剩余
以 4.1.3 节第（5）点所定义的方法对电池进行放空

（4）记录在每一秒测得的电压和电流数据。

4.3.2 测试报告范例

(1) 测试之后可以得到电池在不同温度下的放电倍率特性,如表 4-3 所示：

表 4-3 某 100Ah 电池在不同温度下的放电倍率特性

电量累积 (Ah)	温度 (℃)					
	0		20		40	
	放电倍率(C)	最大电流(A)	放电倍率(C)	最大电流(A)	放电倍率(C)	最大电流(A)
97.5	3	300	3	300	3	300
95	3	300	3	300	3	300
…	…	…	…	…	…	…
27.5	3	300	3	300	3	300
25	2	200	2	200	2	200
22.5	2	200	2	200	2	200
20	2	200	2	200	2	200
17.5	2	200	2	200	2	200
15	2	200	2	200	2	200
12.5	2	200	2	200	2	200
10	1	100	2	200	2	200
7.5	-	-	1	100	2	200
5	-	-	-	-	1	100
2.5	-	-	-	-	1	100

注：以上测试中 r 的初始值设为 3(C)。

(2) 将表 4-3 绘制成曲线,如图 4-2 所示：

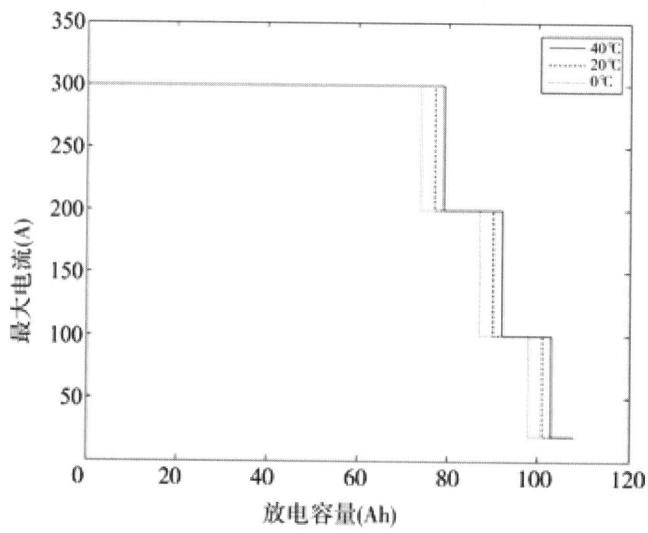

图 4-2 某 100Ah 电池在不同温度下的放电倍率特性曲线

4.4 充放电平衡电势曲线及等效内阻测试

本节所讨论的测试项目包括电池电动势曲线测试及电池的等效内阻测试,即测量电池在不同温度、不同剩余容量情况下的电动势的值以及等效内阻谱。将此两个项目合并在一起进行可以节约测试的时间和成本。

如后面第六章所述,由于动力电池的开路电压存在滞回效应,且充、放电过程中所对应的等效内阻可能有差异,因此,所进行的测试将按照充电过程和放电过程分别进行。

4.4.1 放电过程电动势曲线及等效内阻的测试方法

(1) 每个测试的温度应分别控制为 T = {0℃, 20℃, 40℃}。

(2) 在测试过程中,被测电池周围的环境温度需要保持恒定,这可以利用一个大小合适的恒温箱来实现。在测试过程中,电池的放电电流需要保持恒定,这可以利用一个具有恒流放电功能的电子负载来实现。

(3) 每个测试将按照以下步骤进行:

a) 充满
以 4.1.3 节第 (4) 点所定义的充电方法对电池进行充满,充电截止电压为 3.6V(或由制造商指定)

b) 暂停
保持电池在不充放电状态,直到电池负极柱的温度与指定的测试温度 T 相差不超过 2℃

c) 大电流放电
以 0.5C 的放电倍率对电池进行恒电流放电,放电 300 秒;若 300 秒内电池电压低于 2.2V (或制造商指定最低电压门限值) 时,进入步骤 e,否则进入步骤 d

d) 暂停
保持电池在不充放电状态,持续 3600 秒。之后回到步骤 c

e) 涓流放电
以 0.01C 的放电倍率对电池进行恒电流放电,放电 300 秒;若 300 秒内电池电压低于 2.2V (或制造商指定最低电压门限值) 时,进入步骤 g,否则进入步骤 f

f) 暂停
保持电池在不充放电状态,持续 600 秒。之后回到步骤 e

g) 测试结束

(4) 记录在每一秒测得的电压和电流数据。

(5) 将每次步骤 c 最后一秒 (例如第 300s, 4200s, 8100s…) 的放电电压记为放电工作电压 U_{dn} ($n = 1, 2, 3, …$),将每次步骤 d 最后一秒 (例如第 3900s,第 7800s,第 11700s…的放电电压记为放电开路电压 U_{ocvdn} ($n = 1, 2, 3…$)。用下列公式计算电池等效放电内阻:

$$R_{idn} = (U_{ocvdn} - U_{dn})/I_d (\Omega) \tag{4-7}$$

(6) 用下列公式计算工作电压 U_{dn} （$n=1, 2, 3\cdots$）时放出电荷量

$$Q_{dn} = \frac{1}{3600}\int_0^{t_{dn}} I_{dn}(\tau) \cdot d\tau \qquad (4-8)$$

其中，$I_{dn}(\tau)$ 表示放电过程中所监测到的实时电流的大小。t_{dn} 表示放电所需要的时间。由于测试过程中采用恒流放电，因此，也可以这样计算放电的电荷值

$$Q_{dn} = \frac{I_{dn} \cdot t_{dn}}{3600} \text{（Ah）} \qquad (4-9)$$

(7) 绘制放电过程平衡电势曲线。

以电池放出电荷量为横轴，电压为纵轴，绘制放电过程平衡电势曲线。以电池放出电荷量为横轴，内阻为纵轴，绘制放电过程等效内阻谱曲线。

4.4.2 充电过程电动势曲线及等效内阻的测试方法

(1) 每个测试的温度应分别控制为 T = {0℃, 20℃, 40℃}。

(2) 在测试过程中，被测电池周围的环境温度需要保持恒定，这可以利用一个合适大小的恒温箱来实现。在测试过程中，电池的充电电流需要保持恒定，这可以利用一个具有恒流充电功能的充电机来实现。

(3) 每个测试将按照以下步骤进行：

---

a) 放空

以 4.1.3 节第 (5) 点所定义的充电方法对电池进行放空，放电截止电压为 2.2V（或由制造商指定）

b) 暂停

保持电池在不充放电状态，直到电池负极柱的温度与指定的测试温度 T 相差不超过 2℃

c) 大电流充电

以 0.5C 的充电倍率对电池进行恒电流充电，充电 300 秒；若 300 秒内电池电压高于 3.6V（或制造商指定最高电压门限值）时，进入步骤 e，否则进入步骤 d

d) 暂停

保持电池在不充放电状态，持续 3600 秒。之后回到步骤 c

e) 小电流充满

以 0.01C 的放电倍率对电池进行恒电流充电，充电 300 秒；若 300 秒内电池电压高于 3.6V（或由制造商指定的充电电压上限值），进入步骤 g，否则进入步骤 f

f) 暂停

保持电池在不充放电状态，持续 600 秒。之后回到步骤 e

g) 测试结束

---

(4) 记录在每一秒测得的全部电压和电流数据。

(5) 将每次步骤 c 最后一秒（例如第 300s，4200s，8100s…）的充电电压记为充电工作电压 U_{cn}（$n=1, 2, 3, \cdots$），将每次步骤 d 最后一秒（例如第 3900s，第 7800s，第

11700s…）的充电压记为充电开路电压 U_{ocvcn} （$n = 1, 2, 3\cdots$）。用下列公式计算电池等效充电内阻：

$$R_{icn} = (U_{ocvcn} - U_{cn})/I_c (\Omega) \quad (4-10)$$

（6）用下列公式计算工作电压 U_{cn}（$n = 1, 2, 3\cdots$）时充入电荷量

$$Q_{cn} = \frac{1}{3600} \int_0^{t_{cn}} I_{cn}(\tau) \cdot d\tau \quad (4-11)$$

其中，$I_{cn}(\tau)$ 表示充电过程中所监测到的实时电流的大小。t_{cn} 表示充电所需要的时间。由于测试过程中采用恒流充电，因此，也可以这样计算充电的电荷值

$$Q_{cn} = \frac{I_{cn} \cdot t_{cn}}{3600} \text{ (Ah)} \quad (4-12)$$

（7）绘制充电过程平衡电势曲线。

以电池充入电荷量为横轴，电压为纵轴，绘制充电过程平衡电势曲线。以电池充入电荷量为横轴，内阻为纵轴，绘制充电过程等效内阻谱曲线。

4.4.3 关于测试方法的讨论

这个测试中的许多细节是值得讨论的。首先是关于放电倍率，即不同的放电倍率对电动势的测量是否有影响。许多实验之中，这个电动势的测量常常用"滴定法"来进行的，也就是说用非常小的放电倍率进行放电。然而这样的话，测量的周期会比较长，不适合用于对不同产品批次的检定。而且，从电化学理论而言，在不损害电池的前提下，电池的电动势只与电池的剩余电量和温度相关，而与放电倍率无关，因此，只要在安全的放电倍率范围内，以任何倍率对电池进行放电都是可以的。这里，我们推荐 0.5C 的放电倍率，主要是考虑到散热。因为在电池放电的过程中，电池内部会发热，从而影响了测试的温度条件。根据实际工作经验，利用 0.5C 的放电倍率进行放电，可以使得电池在测试的过程中，所产生的热量能够快速散去，使得电池的温度维持在与所设定的测试环境温度相接近的值。

其次是关于静置时间。本测试需要获得的是电池的电动势。从定义而言，所要测量的电动势，应该是所有极化电容中所携带的电荷均释放完成。那么，在操作中可以这样定义：如果电池的开路电压在持续一个小时内不再变化，则认为电池的极化电容中的电荷已经释放完，此时开路电压等于电池的电动势，可以进行下一个阶段的测试。根据实际工作经验，根据这样的定义进行操作，每次静置时间需要 2 个小时以上，有的文献认为应该静置 24 个小时，有的文献认为应该静置 8 个小时以上。这里，笔者的意见是：静置 1 个小时。然而，静置 1 个小时实际上并不一定足够，也就是所测量的开路电压并不等于电池的电动势。但是，通过仔细分析电池的电化学微观机理，可以发现，实际上电池在静置过程中电压的回弹可以等效为一个三阶阻容网络，因此，可以利用 1 个小时内的电压数据点，利于数学工具来拟合出电池的电动势值，从而节约了测试的时间。这一点将在本书第六章关于动力电池建模部分继续讨论。

4.4.4 测试报告范例

图 4 - 3（a）~（d）所示，为某厂商所生产的 100Ah 动力电池在不同温度下的平衡电势曲线与等效内阻曲线。

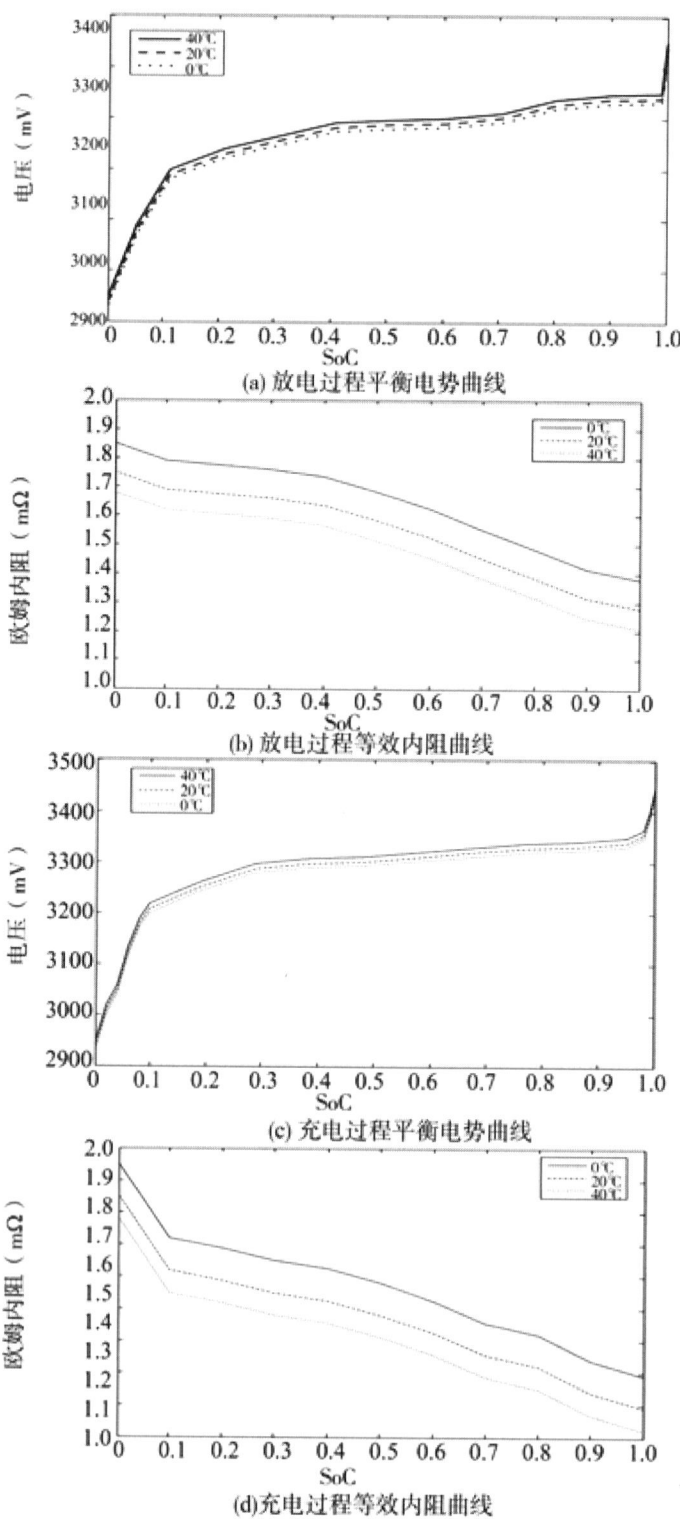

图 4-3 某动力电池在不同温度下的充放电平衡电势曲线和等效内阻曲线

4.5 动力电池的循环测试

4.5.1 动力电池循环测试的特点

循环测试是通过重复执行电池的充、放电周期，获得电池在不同生命阶段的性能、特性的一种测试，这是动力电池各项测试之中比较特殊的一项，原因在于以下几个方面：

（1）耗费的时间较长。

前面所述的几种测试项目都只需要一两个深充、深放循环就可以完成，而动力电池的循环测试通常需要经历上千个周期的深充、深放循环才可以完成。通常一个测试项目执行起来需要好几个月甚至超过一年的时间。因此，此项测试对于测试设备的稳定性，测试程序的可靠性都具有相对较高的要求。

（2）每个样本的测试具有一定的不可逆性。

理想的状况是，我们能够获得动力电池在不同温度下进行充放电循环的特性。然而，不难想象，当一个电池样本用 20℃ 的温度进行了 500 次深充放循环以后，再想获得电池在 0℃ 或者 40℃ 的特性就只能利用另外一个电池的样本了。

（3）放电倍率的选择。

从电池管理系统开发者的角度，我们常常希望获得动力电池在不同放电倍率下进行循环的特性，然而，选择较小的放电倍率是不现实的。例如，选择 0.1C 的倍率进行充、放电循环测试，则充电过程和放电过程分别最少需要 10 个小时，则完成一次充放电循环几乎需要 1 天的时间，那么，一年 365 天不足以完成 500 个循环的测试，这样所进行的循环测试的意义就不大了。因此，在实际操作过程中，常常用两种方法来进行循环测试，一种是固定倍率法，另外一种是工况法，以下将分别对这两种测试方法进行说明。

4.5.2 基于固定倍率的循环测试方法

以下所讨论的是动力电池基于固定倍率的循环测试方法，即选取电池样本，在恒定的温度下以固定的倍率对其进行充放电循环测试，考察电池在循环使用过程中的一般特性，绘制容量变化特性，内阻变化特性以及充电效率变化特性曲线，这些测试结果将为剩余容量估算、电池的均衡管理、电池的充放电能量控制等提供依据。

（1）每个循环测试的温度应控制为 $T = 20℃$。

（2）在测试过程中，被测电池周围的环境温度需要保持恒定，这可以利用一个大小合适的恒温箱来实现。在测试过程中，电池的充电、放电电流需要保持恒定，这可以利用一个具有充电功能的开关电源和一个具有恒流放电功能的电子负载来实现，也可以利用同时具备恒流充放电功能的专门的循环测试仪来实现。

（3）循环测试将按照以下步骤进行：

a) 设定测试的循环次数
   设定本次测试的循环次数 n
b) 充电
   以 4.1.3 节第（4）点所定义的充电方法对电池进行充满，其中恒电流充电阶段按 1C 倍率进行，充电截止电压为 3.6V（或由制造商指定）
c) 暂停
   保持电池在不充放电状态，直到电池负极柱的温度与指定的测试温度 T 相差不超过 2℃
d) 放电
   以 1C 的放电倍率对电池进行恒电流放电，当电池电压达到 2.2V 时停止放电（或由制造商指定）
e) 暂停
   保持电池在不充放电状态，直到电池负极柱的温度与指定的测试温度 T 相差不超过 2℃。循环次数 $n = n-1$
f) 判断是否继续测试
   若 $n > 0$，则回到步骤 b，否则测试结束

（4）记录在每一秒测得的全部电压、电流和温度数据。

（5）用下列公式计算第 $n(n = 1,2,3\cdots)$ 个循环充电总能量

$$W_{cn} = \int_0^{t_{cn}} I_{cn}(\tau) U_{cn}(\tau) \cdot d\tau \ (J) \tag{4-13}$$

其中，$U_{cn}(\tau)$、$I_{cn}(\tau)$ 分别表示充电过程中所监测到的实时电压、电流值的大小。t_{cn} 表示第 n 次充满电所需要的时间。

（6）用下列公式计算第 $n(n = 1,2,3\cdots)$ 个循环放出电荷总量

$$Q_{dn} = \frac{1}{3600} \int_0^{t_{dn}} I_{dn}(\tau) \cdot d\tau (Ah) \tag{4-14}$$

其中，$I_{dn}(\tau)$ 表示放电过程中所监测到的实时电流的大小。t_{dn} 表示放电所需要的时间。由于测试过程中采用恒流放电，因此，也可以这样计算放电的电荷值

$$Q_{dn} = \frac{I_{dn} \cdot t_{dn}}{3600} \ (Ah) \tag{4-15}$$

（7）用下列公式计算第 $n(n = 1,2,3\cdots)$ 个循环放电总能量

$$W_{dn} = \int_0^{t_{dn}} I_{dn}(\tau) U_{dn}(\tau) \cdot d\tau \ (J) \tag{4-16}$$

其中，$U_{dn}(\tau)$、$I_{dn}(\tau)$ 分别表示充电过程中所监测到的实时电压、电流值的大小，t_{dn} 表示放电所需要的时间。由于测试过程中采用恒流放电，因此，也可以这样计算放电的总能量

$$W_{dn} = I_{dn} \int_0^{t_{dn}} U_{dn}(\tau) \cdot d\tau \tag{4-17}$$

（8）用下列公式计算第 n (n＝1，2，3…) 个循环充电效率

$$\eta_n = W_{dn}/W_{cn} \times 100\% \tag{4-18}$$

4.5.3 基于标准工况的循环测试方法

以下所讨论的是动力电池基于标准工况的循环测试方法，即选取电池样本，在恒定的温度下利用标准工况对其进行放电循环测试，考察电池在标准工况下循环工作的特性，绘制容量变化特性、内阻变化特性以及充电效率变化特性曲线，容量变化特性，将为剩余容量估算、电池的均衡管理、电池的充放电能量控制等提供依据。

1. 标准工况测试与固定倍率测试的异同

从前面 4.2～4.4 节的叙述可知，动力电池有放电倍率特性，有内阻特性，在电动汽车实际运行的过程中，电池的性能都会受到这些特性的制约和影响，这些都应该接受工况循环的考验，从而得知电池能否满足电动汽车实际运行的需要。另外，如果使用固定的充、放电倍率来进行循环测试，则不能得知汽车实际运行过程中电流波动对电池寿命的影响；毕竟在电动汽车的工作过程中，电池充满电了以后，实际上是以变化的倍率放电（有时候还会因为有制动能量回收会产生短暂的充电过程）而不是以恒定的倍率放电的。

这好比传统汽车的油耗测试，有等速法，也有工况法。其中，等速法就类似与用固定的放电倍率对电池进行放电；而工况法就类似于汽车在特定工况下的油耗。这两种测试方法所得到的结果不尽相同，也具有不同的参考意义。

总结起来，本小节所述的标准工况测试与 4.5.2 小节所述的固定倍率循环测试既有相同之处又有差异，其中相同之处体现在以下两个方面：

第一，充电过程大致相同。虽然在工况变化的前提下，基于标准工况的循环测试在放电过程中，电流是变化的，但是在充电过程中，工况测试所进行的基本上还是"恒流－恒压"两阶段充电，这与基于固定倍率的循环测试的充电过程完全一致，与电动汽车的实际工作状况也是相符的。之所以采用两阶段充电，是为了使得在每个循环的过程中，都能保证电池达到完全充满，从而保证了每个循环的充放电深度都能达到极限，从而可以测试出电池在该循环中所能表现出的最大性能。

第二，都需要对整个测试过程中电池的工作温度作出限制。如前所述，温度对于动力电池的工作特性有着重要的影响，因此，无论基于固定倍率的循环测试还是基于工况的循环测试，都需要在一定的温度条件下进行。不同的温度下所得到的测试结果也有所不同。

以上所述的是两种循环测试的相同之处，其区别之处在于以下两个方面：

第一，利用标准工况对电池进行循环测试的过程中，可以加入一些短暂的充电过程，以模拟车辆行驶过程中的制动能量回收。目前，大部分的电动汽车所使用的电机都具有制动能量回收功能，也就是说，在电动汽车从高速减为中速的过程中，有一部分动能将会转化为电能，相当于在整个循环周期的放电过程中，夹杂了很短暂的充电环节，而在固定倍率的循环测试，放电过程之中是不可能夹杂有充电环节的。

第二，固定倍率的循环测试方法，每一秒钟的（充）放电电流的大小都是固定的，从头到尾都不改变；而基于标准工况的循环测试方法，每一秒钟的（充）放电电流的大小由"功率谱"来确定，可能与上一时刻相同，也可能不一样。这样一来，两种循环测试方法对设备的要求就不尽相同。固定倍率的循环测试，只需要设备提供恒定的充放电电流，控制端只需要负责切换电流的工作方向。而基于工况法的循环测试，需要设备支持变电流的充放电。一般设备对控制指令都有一个响应过渡时间，电流变化幅度不能过大，切换频度不能过于频繁,一般选择1秒钟为控制指令的执行周期是可行的。

2. 汽车工况与电池工况

汽车行驶工况是针对某一地区交通特点,某一类型车辆的"时间-速度"历程。是对特定类型车辆经过实际行驶状况调查,并对数据经过分析处理建立起来的。目前,比较有代表性的汽车行驶工况有美国的FTP-75工况,欧洲的ECE+EUDC工况以及日本的Japan10.15工况等,我国在相关领域的标准制订稍为落后,在一些测试中也利用到了GB/T 18386—2005工况。

典型的GB/T 18386—2005工况,如图4-4所示:

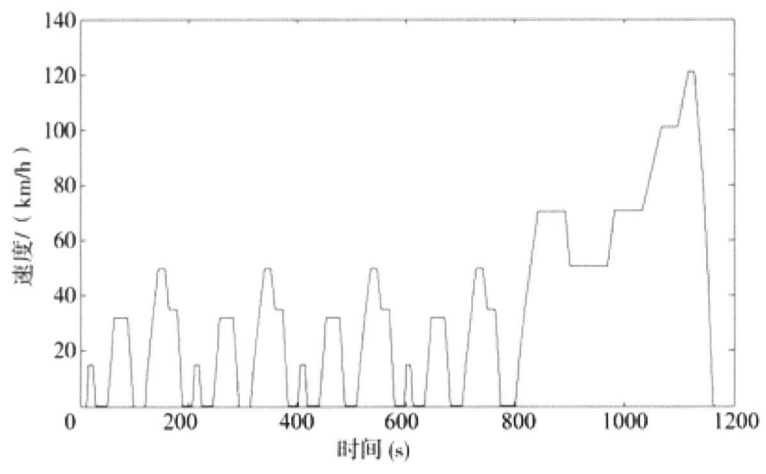

图4-4 GB/T 18386—2005工况循环

每个GB/T 18386—2005工况循环,由4个基本市区循环和1个基本城郊循环组成。从图4-4中可知,一个典型的GB/T 18386—2005汽车行驶工况规定了时间与速度的关系,当然,也可以推算出时间与位移、加速度的关系。因此,工况可以被离散化,生成以下的一张表格,如表4-4所示。

表 4-4 离散化的 GB/T 18386—2005 工况循环

时间（s）	加速度（m/s²）	速度（m/s）	单程位移（m）
1	0	0	0
2	0	0	0
…	…	…	…
13	1.04	1.04	1.5808
14	1.04	2.08	4.2016
15	1.04	3.12	7.8624
16	1.04	4.16	12.563
…	…	…	…
1156	-1.39	7.35	11195
1157	-1.39	5.96	11202
1158	-1.39	4.57	11208
1159	-1.39	3.18	11212
1160	-1.39	1.79	11215
1161	-1.39	0.4	11216
…	…	…	…

然而，以上的都是机械工况，而实际电池测试的时候需要的是电气工况。也就是说，对于电池测试而言，需要获得的是并非每秒钟汽车行驶的速度，而是每秒钟电池的输出电功率。简而言之，汽车行驶工况所对应的是"速度谱"，而电池测试需要的是一份"功率谱"。需要注意的是，严格而言，"功率谱"对应的并非孤立的每秒钟的电压、电流信息，也不是电池的消耗功率，而是电池的"输出电功率"。因为每个电池无可避免地存在有内阻，因此，对于汽车而言，"速度谱"对应的是电池的不包括电池内阻自身消耗功率的对外输出功率。

获得电气工况的途径有两种。

第一种方法是通过标准的汽车工况根据电动汽车的实际参数生成电气工况。例如，对于一部实际的电动汽车，如果其总体重量、风阻系数、轮胎摩擦系数、机械传动损耗、电机工作效率等均已确定，则可以根据标准工况计算出每一秒钟所需要的动力电池组的输出功率；如果将此功率除以电池的个数，就可以近似地得到单体电池测试所需的输出功率谱。以下就是根据某车型在 GB/T 18386—2005 工况下所生成的单体动力电池的功率谱，并根据电池在某一秒钟的实际电压值，求解得工作电流值。详见表 4-5 所示。

表4-5　某车型在 GB/T 18386—2005 工况下所生成的单体动力电池的功率谱

时间（s）	功率（W）	电压（V）	电流（A）
1	0	3.345	0
2	0	3.345	0
…	…	…	…
13	14.819	3.345	4.430194
14	29.639	3.33	8.900601
15	44.462	3.328	13.35998
16	59.29	3.327	17.82086
…	…	…	…
1156	-110.85	3.367	-32.9225
1157	-89.911	3.34	-26.9195
1158	-68.957	3.338	-20.6582
1159	-47.991	3.328	-14.4204
1160	-27.017	3.325	-8.12541
1161	-6.0375	3.322	-1.81743
…	…	…	…

注：表中的电压、电流值为某次测试过程中的数据，不具有通用性。

需要再次强调的是，以上测试每一秒钟所需要控制的是电池的输出功率，由于实际工作中电池的电压是不确定的，因此，需要根据实时测量的电压来推算出每秒的工作电流。

第二种方法是直接利用已有的电气标准工况，对电池进行循环测试。其中，IEC 61982-3-2001 标准中就对电池循环测试的电气工况作出了规定，如表4-6所示。

表4-6　IEC 61982-3-2001 标准采用的电池循环测试的电气工况

步骤	持续时间（s）	电池组功率（%）	电池组功率（kW）	单体电池功率（kW）
1	16	0	0	0
2	28	-12.5	-6	-0.06
3	12	-25	-12	-0.12
4	8	+12.5	6	0.06
5	16	0	0	0
6	24	-12.5	-6	-0.06
7	12	-25	-12	-0.12
8	8	+12.5	6	0.06
9	16	0	0	0
10	24	-12.5	-6	-0.06
11	12	-25	-12	-0.12
12	8	+12.5	6	0.06
13	16	0	0	0
14	36	-12.5	-6	-0.06
15	8	-100	-48	-0.48

续上表

步骤	持续时间（s）	电池组功率（%）	电池组功率（kW）	单体电池功率（kW）
16	24	-62.5	-30	-0.3
17	8	+25	12	0.12
18	32	-25	-12	-0.12
19	8	+50	24	0.24
20	44	0	0	0

3. 具体的测试操作

需要注意的是，基于标准工况的循环测试在测试步骤上以及数据处理方法上与基于固定倍率的循环测试几乎是完全一致的。例如，都要选择循环测试的温度条件（如 T = 20℃），都要对每个循环的电荷、能量、充放电效率等进行统计。

整个测试操作中唯有两点与基于固定倍率的循环测试有所区别。

第一，在循环测试步骤中的第 d 步，是对一个已经充满了的电池进行放电，对于基于固定倍率的循环测试，其放电电流保持不变，直到电池电压达到下限值。而对于基于标准工况的循环测试，其放电电流则要根据测试需要而变化。

为明确起见，现将基于标准工况的循环测试的步骤详细列举如下：

a) 设定测试的循环次数
   设定本次测试的循环次数 n

b) 第一次充满
   以 4.1.3 节第（4）点所定义的充电方法对电池进行充满，充电截止电压为 3.6V（或由制造商指定）

c) 暂停
   保持电池在不充放电状态，直到电池负极柱的温度与指定的测试温度 T 相差不超过 2℃

d) 放电
   以符合标准工况的工作电流对电池进行循环放电，其中每一秒钟的放电功率，由预先规定的标准"工况表"查表得到，若要进行制动能量回收测试的电池，则在表中放电电流为负数的时刻点对电池实施充电。当到达"工况表"最后一条记录以后，又重新回到该表的第一条记录，如此反复，直到电池电压达到 2.2V（或由制造商指定）时停止进行

e) 暂停
   保持电池在不充放电状态，直到电池负极柱的温度与指定的测试温度 T 相差不超过 2℃。循环次数 $n = n - 1$

f) 判断是否继续测试
   若 $n > 0$，则回到步骤 b，否则测试结束

第二，在进行数据处理的时候，除了按照 4.5.2 节所列的公式进行统计以外，还应该

加入两个处理环节。首先是根据以上步骤 d 的持续时间，计算出该次循环电池充满电以后所能完成的标准工况的次数。若某个标准工况的持续时间为 T_d 在进行第 n 个循环的测试过程中，d 步骤总共持续时间为 t_{dn}，则该次循环完成的工况次数为

$$C_n = t_{dn}/T_d \qquad (4-19)$$

其次，计算等效行驶里程数。可以用以下两个式子的其中之一来计算第 n 个循环的等效行驶公里数。（其中 L 为标准工况的等效里程数，单位为 km）

$$R_n = L \cdot C_n \qquad (4-20)$$

$$R_n = L \cdot t_{dn}/T_d \qquad (4-21)$$

4.5.4 测试报告范例

（1）循环测试数据表。

如表 4-7 是基于固定倍率循环测试所得到的数据表的范例，其中，依次为循环次数序号、该次循环电池所能放出的容量、电池释放的能量、充入的能量以及放电相对于充电的能量效率。

表 4-7 电池循环测试充放电能量及效率表

循环次数	容量（Ah）	放电 W_d（J）	充电 W_c（J）	效率 η（%）
1	105.93	1225400	1222800	99.05
2	104.6	1211200	1221700	98.91
3	104.33	1203400	1217200	98.71
…	…	…	…	…

需要说明的是，表 4-7 所给出的测试报告范例中的数据是对某个品牌的电池进行固定倍率循环测试所获得的；实际上，基于标准工况的循环测试所得到的测试报告的格式与表 4-7 是完全一致的，只不过由于循环条件不一样，同样的动力电池所得到的测试结果数据有所差别。

（2）基于固定倍率的循环测试所得的曲线图。

如图 4-5 所示，对某个标称为 100Ah 的电池用 0.3C 的倍率进行了 600 次循环所得到的容量曲线图，横坐标表示循环次数，纵坐标为每次循环中电池的最大放电容量。从图中可以看出，随着循环次数的增加，电池容量单调衰减。此外，从图 4-5 中还可以看出，该电池在前 200 个循环测试中的容量衰减速度要比 200 次循环以后的衰减速度大。

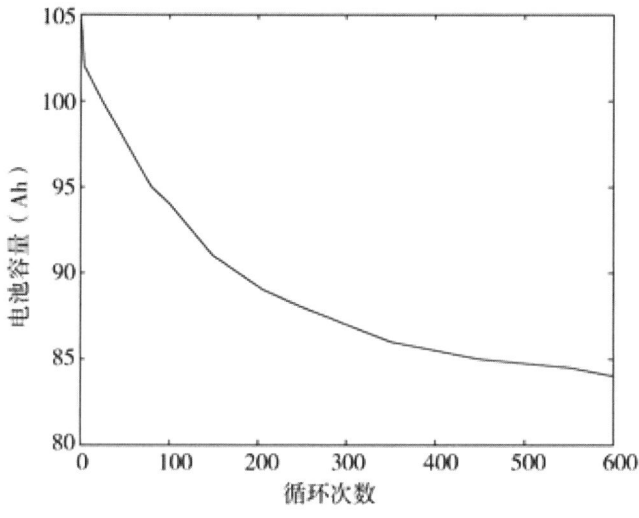

图 4-5 电池循环测试的容量曲线

图 4-6 与图 4-5 是相对应的,所反映的是该动力电池在每次循环中的充放电效率。从图中可以看出,该电池的充放电效率也在单调下降。其内在机理是,随着动力电池的老化,电池内部的欧姆电阻不断增大,导致了效率下降。

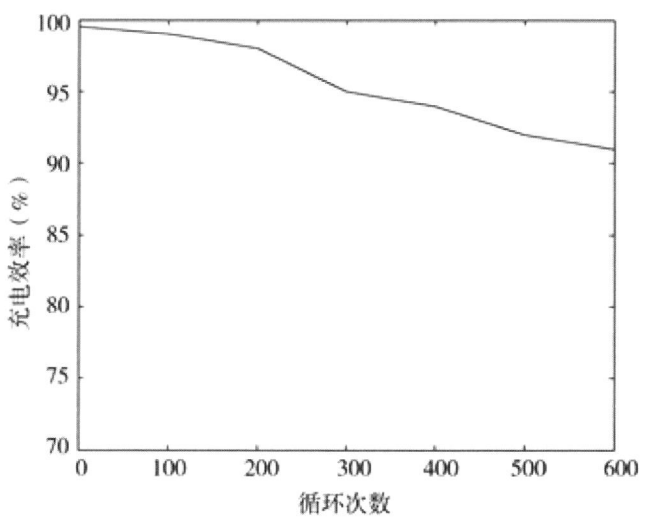

图 4-6 电池循环测试充放电效率曲线

(3) 基于标准工况循环测试所得的曲线图。

如图 4-7 所示,为基于 GB/T 18386—2005 工况对动力电池进行循环测试所得到的结果。其中,图 4-7 (a) 所反映的是在每次循环过程中,电池所能完成的工况的次数,而图 4-7 (b) 则是根据工况折算的电动汽车的等效续航里程数。

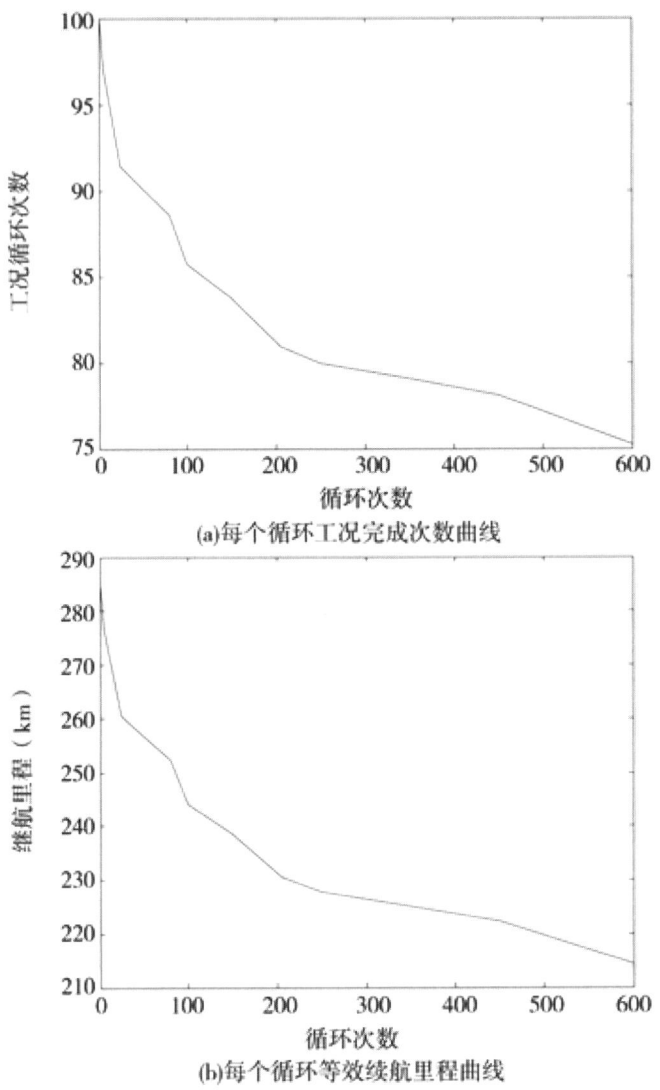

图 4-7 基于标准工况循环测试的部分结果示例

4.6 循环过程中的阶段性评估

以上 4.5 节所述的是如何在一定的温度、电流条件下对电池进行老化循环。对于每次循环，都需要对电池的充放电电荷、能量及其效率进行测试。然而，这样的测试并不能获得电池所有的性能特性，因此，每做一个阶段的循环测试，就需要暂停下来，对电池当前的状况进行评估，以得到电池经过一个阶段循环以后的性能和特性。

4.6.1 评估的方法

本小节将对电池循环过程中进行阶段性评估的一些细节问题进行讨论。

1. 如何划定循环的阶段

阶段性评估主要是为了掌握经过一段时间的电池老化循环以后，电池特性所发生的变化。那么，每隔多少个循环需要进行一次阶段性评估测试呢？回答这个问题将面临一对矛盾：一方面，如果评估次数过少、间隔过大（例如每隔 500 个循环才作一次评估），将导致数据缺失，不能全面掌握电池在循环老化测试过程中各个阶段的特性；另一方面，如果阶段性评估过于频密，次数过多（如每隔 20 个循环就进行一次评估），则会影响循环老化测试的效果。因此，要根据不同电池厂家提供的电池循环使用次数这一特性参数进行合理安排。例如，厂家提供的电池循环使用次数是 1000 次，则在电池进行循环老化测试时，每 100 次循环加入一次评估测试是比较适宜的。同理，如果厂家提供的电池循环使用次数是 500 次，则每 50 次循环加入一次评估性测试为宜。

2. 阶段评估需要进行的测试项目

阶段性评估需要掌握电池在循环老化以后的一般特性。为尽可能减少因阶段性评估对循环老化周期的影响，在选择评估测试项目的过程中要尽量谨慎，所进行的测试项目不能太多。4.2～4.4 节描述了如何对电池的容量、充放电效率、放电倍率特性、平衡电势曲线、等效内阻等进行测试，基本上涵盖了电池的各类基本特性，因此，阶段性评估测试可依照该三节所述的内容来进行。

3. 阶段评估需要进行的测试的参数选择

然而，4.2～4.4 节所述的测试项目中，对温度、充放电倍率等测试参数并没有做严格限定，如果按照不同温度、充放电倍率等分别进行测试的话，则需要进行的测试过多，从而影响了循环老化测试的效果。同时，为了保证阶段性评估的可比性，则需要对每次评估的测试参数进行限定，同类的评估测试，应该在同一温度、同一充放电倍率的条件下进行。

例如，可以作出以下规定：对于 4.2 节所规定的电池的容量及充放电效率测试，取 $T=20℃$，充放电倍率 $r=1.0C$；对于 4.3 节所规定的放电倍率特性测试，取 $T=20℃$；对于 4.4 节所规定的充放电平衡电势曲线及等效内阻测试，取 $T=20℃$，充放电倍率 $r=1.0C$。

4.6.2 测试时间的估算

循环测试是非常耗费时间的，一般都通过可编程的自动控制系统来完成。对于测试时间的估算是必要的，这样的估算可以帮助测试员预计循环测试的结果将会在什么时候获得。如前所述，在测试过程中的，需要合理地划定循环阶段。下面以固定倍率的循环为例，如果选择 $n=100$ 为一个循环阶段，则每一个循环步所进行的操作如表 4-8 所示。

表4-8 循环测试操作说明表

循环步	操作类别	操 作
1	阶段性评估项目1	电池的容量及充放电效率测试
2	阶段性评估项目2	放电倍率特性测试
3	阶段性评估项目3	充电过程电动势曲线及等效内阻测试 and 放电过程电动势曲线及等效内阻测试
4~100	97个循环阶段性评估	基于固定倍率的循环测试
101	阶段性评估项目1	电池的容量及充放电效率测试
102	阶段性评估项目2	放电倍率特性测试
103	阶段性评估项目3	充电过程电动势曲线及等效内阻测试 and 放电过程电动势曲线及等效内阻测试
104~200	97个循环阶段性评估	基于固定倍率的循环测试
201	阶段性评估项目1	电池的容量及充放电效率测试
202	阶段性评估项目2	放电倍率特性测试
203	阶段性评估项目3	充电过程电动势曲线及等效内阻测试 and 放电过程电动势曲线及等效内阻测试
204~300	97个循环阶段性评估	基于固定倍率的循环测试
…	…	…

上表中,阶段性评估项目3虽然包括2个测试项目,但其中一个是充电测试,另外一个是放电测试,2个测试项目刚好构成一个循环步。上表的操作是针对(以)固定倍率的循环为例,以下分别对各步测试操作所需要耗费的时间进行估算。

1. 电池的容量及充放电效率测试时间估算(根据4.2.1,充放电倍率 $r = 1.0C$)

电池的容量及充放电效率测试时间估算,如表4-9所示。

表4-9 电池容量及充放电效率测试时间估算

操作	时间估算(单位:小时)	备 注
第一次充满	2	恒流阶段1小时,恒压阶段1小时
第一次暂停	0.5	按照经验,0.5小时温度恢复
放电	1	
第二次暂停	0.5	
第二次充满	2	

以上小计:6小时。

2. 放电倍率特性测试（根据4.3.1，最大放电倍率3C）

放电倍率特性测试时间估算，如表4-10所示。

表4-10 放电倍率特性测试时间估算表

操作	时间估算（单位：小时）	备注
充满	2	恒流阶段1小时，恒压阶段1小时
第一次暂停	0.5	按照经验，0.5小时温度恢复
3C倍率放电	0.66	0.33×2（每放电30s，停止30s）
第二次暂停	0.5	
2C倍率放电	1	0.5×2
第三次暂停	0.5	
1C倍率放电	2	1.0×2
第四次暂停	0.5	
释放剩余	1	

以上小计：8.66小时。

3. 充电过程电动势曲线及等效内阻测试时间估算（根据4.4.2，充放电倍率r=1.0C）

充电过程电动势曲线及等效内阻测试时间估算，如表4-11所示。

表4-11 充电过程电动势曲线及等效内阻测试时间估算表

操作	时间估算（单位：小时）	备注
放空	2	恒流阶段1小时，涓流放电阶段1小时
第一次暂停	0.5	按照经验，0.5小时温度恢复
大电流充电	22	$2+20*1$（0.5C恒流充电，2小时充满，分20次充入，每次暂停1小时，20次为经验值）
小电流充电	5	0.25×20 （0.01C恒流充电300秒，暂停600秒，共0.25小时，分20次充入，20次为经验值）

以上小计：29.5小时。

4. 放电过程电动势曲线及等效内阻测试时间估算（根据4.4.1，充放电倍率r=1.0C）

放电过程电动势曲线及等效内阻测试时间估算，如表4-12所示。

表4-12 放电过程电动势曲线及等效内阻测试时间估算表

操作	时间估算（单位：小时）	备注
充满	2	恒流阶段1小时，恒压阶段1小时
第一次暂停	0.5	按照经验，0.5小时温度恢复
大电流放电	22	2+20×1（0.5C恒流放电，2小时放完，分20次放出，每次暂停1小时，20次为经验值）
小电流放电	0.25*20	0.25×20（0.01C恒流放电300秒，暂停600秒，共0.25小时，分20次放出，20次为经验值）

以上小计：29.5小时。

5. 固定倍率的循环测试单步时间估算（根据4.5.2，充放电倍率 r=1.0C）

固定倍率的循环测试单步时间估算，如表4-13所示。

表4-13 固定倍率的循环测试单步时间估算表

操作	时间估算（单位：小时）	备注
充满	2	恒流阶段1小时，恒压阶段1小时
第一次暂停	0.5	按照经验，0.5小时温度恢复
放空	2	恒流阶段1小时，涓流放电阶段1小时
第二次暂停	0.5	

以上小计：5小时。

6. 固定倍率的循环测试，进行100次循环的总时间估算（含阶段性评估）

根据以上表4-10至表4-13的估算结果，可以得到表4-14。

表4-14 每100次固定倍率循环测试的时间估算表

操作顺序	操作	时间估算	备注
1	电池的容量及充放电效率测试	6	
2	放电倍率特性测试	8.66	
3	充放电过程电动势曲线及等效内阻测试	59	29.5×2
4~100	固定倍率的循环测试	485	5×97

以上总计：558.66小时，约为23.3天。

即完成一个阶段，100次循环测试（含阶段性评估）需要23.3天。以上的估算，是针对固定倍率的循环测试的。对于基于标准工况的循环测试，需要对单步循环时间进行重新估算，限于篇幅，这里不赘述。

4.6.3 测试报告范例

经过阶段性评估,可以用数据表的形式反映电池的效率、容量等方面的性能衰减情况,如表 4-15 和表 4-16 所示,表中只列举了三次诊断的结果作为示意,分别对应于新电池阶段、100 次循环以后、200 次循环以后的诊断性测试。

表 4-15 容量 (J) 及充放电效率诊断

	W_d (J)	W_c (J)	η (%)
新电池	1105400	1116200	99.03
100 次循环后	1024800	1048000	97.78
200 次循环后	965630	999580	96.60
…	…	…	…

表格 4-16 容量 (Ah) 诊断

	容量 (Ah)
新电池	95.507
100 次循环后	88.991
200 次循环后	84.607
…	…

如图 4-8 所示,为对电池容量进行诊断性测试所反映的电池容量衰减情况,图中的曲线是经过拟合以后得到的。

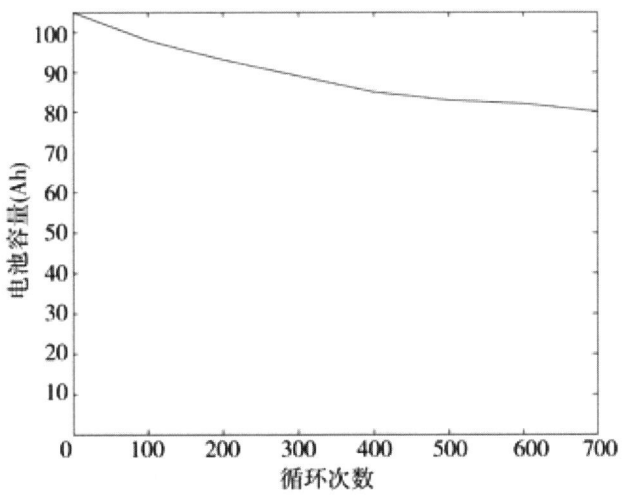

图 4-8 放电容量诊断测试曲线
(放电倍率 1.0C,温度 T = 20℃)

如图 4-9 所示，为对电池充放电效率进行诊断性测试所得到的结果，图中的曲线是经过拟合以后得到的。

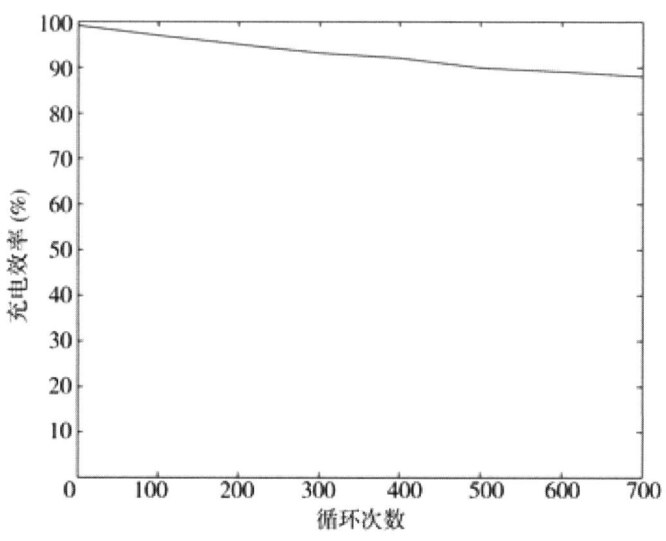

图 4-9　充电效率诊断测试曲线（T = 20℃）

如图 4-10 所示，为对电池的放电倍率特性进行诊断性测试所得到的结果。

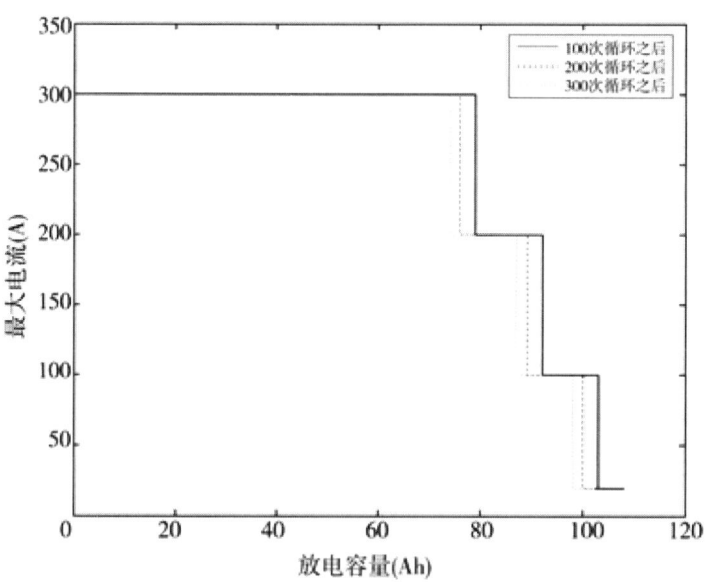

图 4-10　有效容量诊断测试曲线（T = 20℃）

如图 4-11 所示,为对电池的放电平衡电势进行诊断性测试所得到的结果。

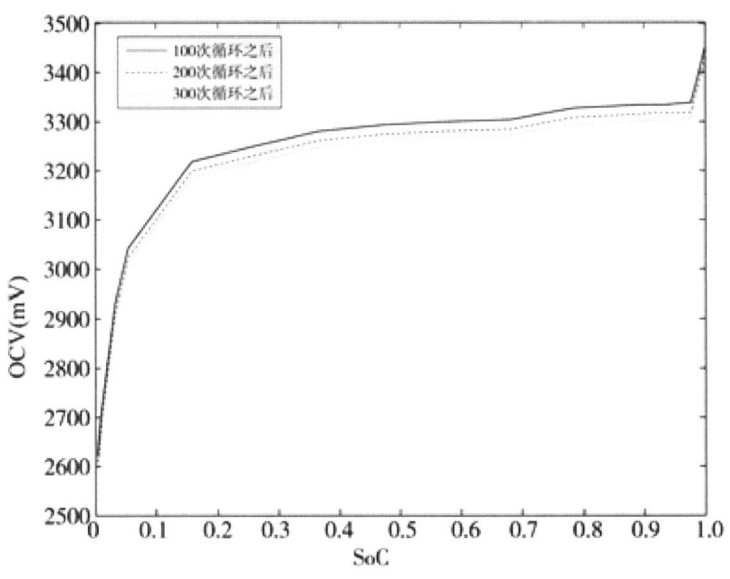

图 4-11　放电平衡电势诊断测试曲线（T=20℃）

如图 4-12 所示,为对电池的等效内阻进行诊断性测试所得到的结果。

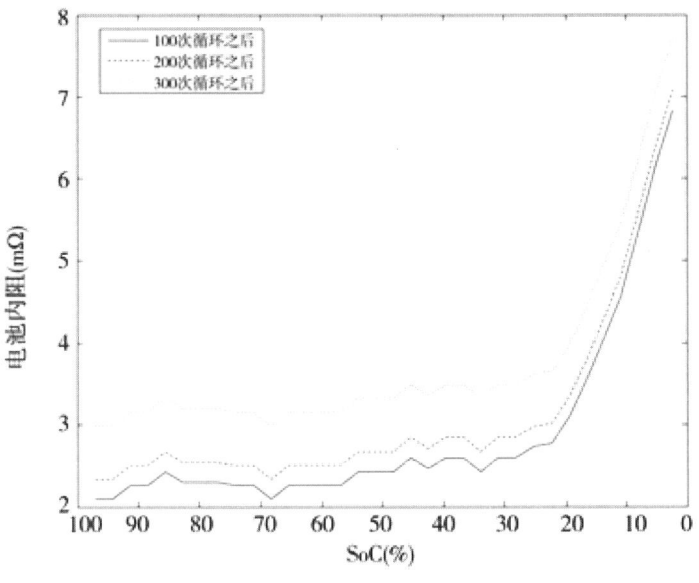

图 4-12　内阻诊断测试曲线（T=20℃）

第五章　动力电池状态的实时监测

电池状态监测通常被视作一个电池管理系统最基本的功能,因为它是其他各项功能的前提与基础。本书后面所要谈到的电池状态分析、电池安全管理、能量控制管理、电池信息管理等,都是基于实时状态监测的数据的。数据的采集、数据的处理都存在一定的滞后,因此数据的实时性是相对而言的,本章的第一节将围绕"实时"的问题进行讨论。电池状态监测一般是指对电压、电流、温度等三种物理量的监测,本章的其余三节将分别探讨这三个物理量的监测问题。

5.1　关于实时与同步的讨论

在电池状态监测的问题上,状态信息的采集环节、信息的传递环节、信息的处理环节总会或多或少地存在着时延,因此"实时"是相对而言的。本节将从电池管理系统中可能引起时延的因素着手,分析造成状态监测过程中非实时、非同步现象的原因,并说明其负面影响,进而提出一些解决问题的思路。

5.1.1　造成时延的几个因素

在动力电池状态监测过程中,有几个环节会造成状态信息的时延:电池监测回路(BMC)的信息采集环节,通信网络的信息传递环节以及负责总体决策的电池控制单元(BCU)的信息处理环节。

1. BMC 造成的时延

BMC 是与所采集的物理量最接近的芯片及其辅助电路,根据不同的应用场合前端芯片可以是单片机、模数转换器以及某些专为电池管理系统而设计的芯片,它们负责把电池电压等模拟信号转成数字信息,造成时延的主要原因也就是模/数转换所需要的时间。通常对一个信号进行 8bit 的模/数转换大概需要 100us 的时间,随着转换位数的增大,电压采集的时延随之增大。

2. 通信网络造成的时延

如果电池管理系统中采用了总线网络来传递信息,那么,通信网络所造成的时延就不可忽视了。通信网络的时延与通信的控制方式以及通信波特率的设置相关。

下面以电动汽车动力电池管理系统中常被采用的 CAN 总线网络为例进行说明。假设 CAN 总线采用 250kbps 的波特率,BCU 与 BMC 之间采用询问/应答机制,假设 BCU 向 BMC 所发出的询问帧为 2 个字节,BMC 回复 BCU 的应答帧为 8 个字节,那么,一次询问、应答所需要的时间是

$$(2+8)\times 8/250000 = 0.32(\mathrm{ms}) \tag{5-1}$$

如果通信总线里面还有其他的节点,那么,因为总线竞争而造成的时延将会更大。

3. BCU 造成的时延

BCU 内含有在电池管理系统中执行最高决策的芯片，包括安全管理、能量管理、均衡管理等功能均由主芯片负责实施。在较为简单的电池管理系统中，BCU 和 BMC 往往没有明显的界限，有时一个芯片既负责状态监测又负责安全和能量管理。然而，在电动汽车的实际应用中，由于电池数量较多，位置分散，甚至需要采用分级管理，即 BCU 与 BMC 分离，因此，存在 BCU 与 BMC 之间的协调问题。BCU 造成的时延比较复杂，以下是几种可能的情况：

第一，BCU 与 BMC 之间往往是一对多的关系。例如，某电动汽车的电池组里面，电池个数为 96，由 8 块子板负责管理（每块子板上的前端芯片负责监测 12 个电池的信息），BCU 与 BMC 之间构成了一个 1 对 8 的关系。此时，BCU 往往采用依次轮询每块 BMC 子板的方式进行管理，当 BCU 与某一 BMC 进行信息交互的过程中，其他 7 个 BMC 的实时数据将被延迟处理。

第二，进程调度造成的时延。主芯片不仅要与各前端芯片交换信息，还要同时处理电池管理系统的其他多项功能，例如充电管理功能，均衡控制功能，信息显示功能，信息存储功能等，这样的多任务系统一般都要采用多进程技术来实现，而进程之间的调度，不可避免地造成时延。

第三，BCU 中主芯片的外围器件造成的时延。在 BCU 主芯片的外围，不可避免地存在着一些外围器件，以执行主芯片的各项控制功能，这些功能的执行有时候需要消耗一定的时间，因此会造成时延。例如，在第九章动力电池历史信息管理一节，我们需要用到一些存储器件来保存电池的历史信息，假设需要把某一时刻电池组的最高单体电压、最低单体电压、最高温度、最低温度、瞬时充放电流等合共约 8 个字节的数据写入一张 flash 卡中，大概需要 0.2ms 时间，在这个过程中，如果没有更高优先级的事件发生的话，主芯片将不能处理其他任务而直到这些数据被保存完。

5.1.2 同步性问题

由于存在时延，"实时"是相对的，而"同时"也是相对而言的。在某个电动汽车的电池管理系统中，8 块 BMC 子板负责采集 96 个动力电池的电压信息，（每块 BMC 子板负责 12 个电池，）并通过 CAN 总线把数据传递到 BCU，总线速率为 250kbps，由于存在时延，即使 BMC "全力"地、不间歇地采集每个电池的电压信息，并立刻传递出去，第一块单体电池的信息与最后一块单体电池的信息仍有 90ms 左右时间的差异（此时需要同时考虑模数转换的时延和通信时延）。因此，看似"同时"采集到的 96 个电池的"实时"信息，实际上是既不同时也不实时的。

如果 BMC 中所带的芯片是可控制、可编程的，则同步问题在采集时机上可以获得一定程度的改善，例如，可以由 BCU 通过总线向各 BMC 子板同时发出"开始采集"的指令，并约定 BMC 子板收到这一指令后马上开始进行信息采集，这样就可以在最大程度上减小采集不同步而造成的负面影响。然而，并不是所有的用于 BMC 的芯片都是可编程或者可以进行同步控制的，因此，同步问题并不一定能在采集环节中被消除。

5.1.3 非实时与非同步问题的负面影响

如前所述，电池管理系统的其他许多功能都是依赖于电池状态信息的实时监测的，如果这些信息存在过大的时间延迟，或者从不同单体电池之间所采集的信息不同步，则有可能影响电池管理系统其他功能的实现。

例如，电池的均衡管理的依据是电池的一致性，而电压一致性往往又是反映电池一致性的重要依据之一。然而，由于电压采集时机的不同步，导致同一"时刻"不同电池的"实时"电压差异较大，就会影响电池均衡的效果。

又例如，在快速充电过程中，何时减小或切断充电电流所依据的就是电池组内每个单体电池的电压值，由于充电电流很大，到了快速充电的后期，电池电压变化很快，如果数据采集、处理不够"实时"，错过了电流调控的最佳时机，轻则影响电池充电效果，重则会损伤电池甚至会造成安全事故。

再例如，本书第七章将要讨论到的电荷累积法（CC法，有时也称电流积分法）是计算电池剩余电量的常用重要方法之一，主芯片将依据每个时刻所采集到的电流的实时信息，通过积分或求和的方法累积起来，估算出电池累计放出的电荷并据此评估剩余电量。然而，如果忽视了非实时性的存在，电流采样跟不上电动汽车运行过程中电流变化的频率，又或者电流采样时刻不均匀，都将影响电池剩余电量评估的准确性。

从以上例子可以看出，非实时问题与非同步问题影响着电池状态监测的效果，忽视其负面作用将影响整个电池管理系统的其他各项功能。

5.1.4 解决问题的建议

通过前面的分析可知，在电池状态监测的过程中，非实时与非同步的问题不容忽视，否则，将会出现一些难以预料的状况。解决这一问题的思路可以从必要性和可行性两个方面着手。首先，就必要性而言，就是要根据不同应用场合的需求，分析信息延迟的可容忍范围，明确对状态数据监测的实时性、同步性的要求，确定设计指标。然后，从可行性而言，就是根据设计指标的要求，综合成本、可靠性等因素来选择合适的拓扑结构、核心器件、网络参数等，进而得到一个合理的解决方案。以下根据以往的工作经验提出解决问题的几点建议。

（1）分析状态信号的特征，选择采样频率。

根据奈奎斯特采样定理，在进行模拟/数字信号的转换过程中，当采样频率大于信号中最高频率的2倍时，采样之后的数字信号完整地保留了原始信号中的信息。在实际应用中，一般需要保证采样频率为信号最高频率的5~10倍。

例如，在前面所述的要确定电流信号采样的问题中，为了确定所需要的采样频率，应该先对电动汽车运行过程中电流信号特征进行研究，可以通过实际现场采样或后向仿真分析，得到可能的工作电流"谱"，通过对电流曲线的全面分析，特别是"油门"踏板刚刚踩下、松开等瞬间电流的频域分析，确定信号的频谱范围，再根据采样定理得出电流采样频率的设计指标。

（2）对不同的物理量设置不同的采样频率。

电流、电压、温度是电池状态监测的三个主要指标。

由于动力电池往往采用串联结构，工作电流相同，因此在某个时刻，整个电动汽车的电池组只需要采集一个电流值。而且，如前所述，电流采样频率越高，利用电量累积法来进行剩余电量评估的准确性就越高，所以"电流"这个物理量的采样频率应该设得最大。

电压的采样频率的设置要从需求着手。电池的安全管理、充电管理、均衡管理都需要依据每个单体电池的电压值。可以先针对不同功能的需求确定电压采集频率的下限值。电动汽车上动力电池的个数通常较多，过于频繁的电压采集将耗费较多的系统资源（例如会占用主芯片的处理时间）。而且，由于每个电池电压采集的时机可能不同步，过高的电压采样频率也是不必要的。

温度的采样频率应该是三种物理量之中最低的，因为温度测量的滞后性较大，误差也较大，高频率的采集意义不大。但这并非意味着温度监测不重要，因为电池是化工产品，其工作温度往往与安全性密切相关，为了弥补采样频率低可能造成的安全隐患，可以采取降低告警门限，提高预警的敏感度等手段。

（3）充分考虑仪表显示、历史存储、通信负荷等多方面的因素。

电池组的实时信息的一部分需要通过仪表告知驾驶员，仪表上状态信息的刷新率也是实时监测所需要考虑的因素，过快或者过慢的刷新频率都是不合适的。如果刷新频率过快，将会造成屏显数字跳跃或指针抖动，导致驾驶员无法看清状态信息；反之，如果刷新频率过慢，则将会导致显示的信息严重滞后于实际操作，例如驾驶员控制汽车加速2秒以后，才看到仪表上的电流数字上升，这样的仪表显示无法正确辅助驾驶员对车辆进行最优控制。

有些系统需要把历史数据进行存储，例如保存每一次电压、电流监测值以便于进行精确的SoC估算，又或是保存历史数据以便于故障诊断或事后分析等，这都是选择实时状态监测采样速度所要考虑的因素。如果采样频率过低，无法满足数据保存的需求，反之，采样速度过快，来不及保存，这样也失去了意义。

如果电池状态信息是通过总线网络传递的，这就要考虑通信网络的负荷情况了。因为在电动汽车动力电池组中电池个数多，管理子板往往也比较多，信息量大，过高的采样频率将会导致网络为状态监测而承担的开销过大，可能导致电池管理系统的其他功能的实时性降低。例如在安全管理方面，通信网络往往还要为"告警"、"紧急切断"等操作保留一定的负荷余量，因此状态监测所占用的带宽资源不能过高。在某些电动汽车应用中，电池管理系统甚至与电机控制系统、整车控制系统共享通信总线，在这种情况下，更需要控制由于实时状态监测而造成的网络负荷。

一种常用的降低网络负荷的策略就是分级管理，即将电池管理系统的BCU的部分权责下放到子板中去，以减少从子板上传到主芯片的状态信息总量。在这种系统中，子板仅将那些与SoC评估、仪表显示、历史存储相关的必要信息以合适的速率上传，而将子板权限范围内的实时数据在子板内部自行处理掉。当然，这种策略有时也故意设置一定级别的信息冗余，从而提高系统的安全性和信息的可靠性。关于电池管理系统的冗余设计，属于更深入的研究课题的范畴，限于篇幅，这里不再赘述。

5.2 电池电压监测

在电压、电流、温度三种监测对象之中我们首先讨论电压的监测问题。这是因为：首先，电压相对于其他两种监测对象而言信息量最大；其次，电流和温度在进行模数转换之前会被转化成电压信号，先讨论电压监测问题具有参考意义。

5.2.1 精度问题

电池电压监测环节首先要确定电压采集的精度指标。从理论研究的角度而言，采集精度自然是越高越好的，然而在工程实践中，情况并非如此。一方面，精度高的器件自然会对应着较高的成本，不利于产业化。另一方面，采集精度越高，对应的时延相对也越大，将会影响电池电压监测的实时性与同步性。由此看来，电压采集的精度并非越高越好的。

电池电压采集的精度需求，往往是与电压数据的服务对象相关的，也就是说，要看所采集到的电压数据是用来做什么的。如果电压数据是用于过压保护的，由于磷酸铁锂电池的电压平台区在 3.2~3.3V 附近，而高压保护门限在 3.6V 以上，因此对电压采样的精度要求相对较低。如果电压数据是用于显示的，那么精度要求也不高，因为"3.32V"和"3.33V"的差别对于驾驶员而言并不太大。在电池管理系统的各种功能中，对电压采集精度要求较高的，应该是剩余电量（SoC）估算环节了。在第七章的内容中可以看到，剩余电量估算的其中一种方法就是开路电压法（也称电动势法，OCV 法）。图 5-1 是根据 4.4 节的方法测得的某厂家 100Ah 动力电池在 25°C 温度下的 EMF-SoC 曲线。

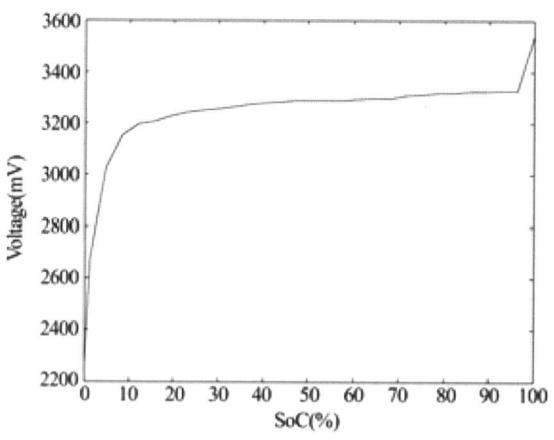

图 5-1 某磷酸铁锂电池的 EMF-SoC 曲线（25°C）

从图中可以看出，电池的 SoC 与其电动势（近似可以理解为开路电压）之间存在着对应关系，可以根据电池的开路电压求得电池的 SoC 值。那么，在这种情况下，对电压采集精度的要求就可以转化为对 SoC 估算精度的要求了。图 5-1 所反映的 EMF-SoC 关系可以等价地用下面的表 5-1 来反映。从表中可以看出，$\Delta SoC=5\%$ 所对应的最小电动势差值为 $\Delta EMF = 0.0019V$。由此可见，若系统要求 SoC 的评估误差要求小于 5%，则电压监测的误差应小于 0.0019V，即大概相当于 2mV。

表 5-1 EMF-SoC 关系

SoC（%）	EMF	SoC（%）	EMF	SoC（%）	EMF
100	3.4495	65	3.2990	30	3.2549
95	3.3280	60	3.2921	25	3.2457
90	3.3239	55	3.2899	20	3.2288
85	3.3219	50	3.2875	15	3.2043
80	3.3180	45	3.2856	10	3.1725
75	3.3137	40	3.2785	5	3.0356
70	3.3040	35	3.2689	0	2.3478

在确定了电压采集的精度指标以后，就需要选择合适的电压采集方式和模/数转换器件来实现了。

5.2.2 电压采集方式

在电动汽车的电池管理系统中，常用的电压采集方式有以下几种：

1. 为每个动力电池分别配置电压采集前端的方式（单电池单 ADC 方式）

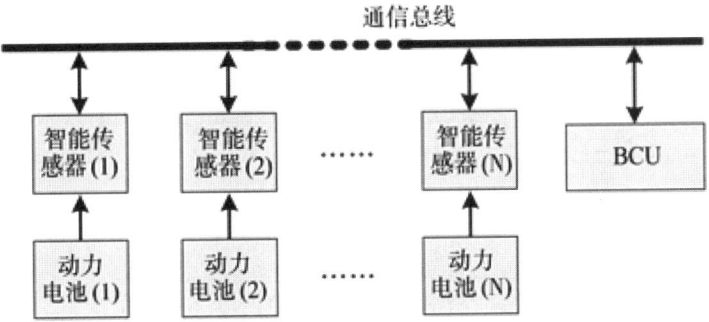

图 5-2 为每个电池配置 ADC 的采集方式

如图 5-2 所示，为每一个动力电池配置一个前端芯片，对电池的电压进行 A/D 转换，并把转换后的数据信息通过总线发送给主芯片。例如，MAXIM 公司所生产的 DS-2782 芯片可以以这种方式作为动力电池的前端芯片。除此之外，前端芯片还可以用一个有 A/D 转换功能的单片机担当，表 5-2 所列举的就是可以满足这种要求的几种单片机的比较。

表 5-2 一些可以用作电池电压采集的单片机

厂商及型号	基本特点	供电电压	A/D 转换特性	通信功能
Motorola, 68HC908	12K Flash, 8MHz, 3 路 PWM	2.7~5.5V	14 路 A/D, 10 位	SMBus1.1 UART
Atmel, mega-8	8K Flash, 16MHz	2.7~5.5V	6~8 路 A/D, 10 位	I2C/2-wire UART
Cygnal, C8051F021	64 K Flash, 22.1184MHz	2.7~3.6V	1 路 12 位 A/D 转换器, 1 路 8 位 A/D 转换器	SPI UART×2

上面所述的单电池单 ADC 方式存在两个缺点：其一，为每个电池配置专用电路板可能导致成本过高；其二，采集过于分散难以保证数据的同步性。以下方法将试图避免这样的缺点。

2. 基于精密电阻的分压方式

有不少单片机自带多路 A/D 端口，可以同时对多个电池的电压进行采样。一般来说，A/D 转换的电压范围常在 5V 以下，但动力电池通常多个串联使用，导致电池组的总电压大大超过 5V，因此需要用电阻进行分压。然而，一般普通电阻的误差为 ±5% ~ 10%，而且温漂严重，不适合用于精密测量，因此必须选用精密电阻以作分压。为保证分压后采样值均在 0 ~ 3V，需要为不同的分压回路选择不同的阻值。一种可能的电压监测电路如图 5 - 3 所示，图中 B1、B2、……B6 分别代表 6 个被监测的电池。

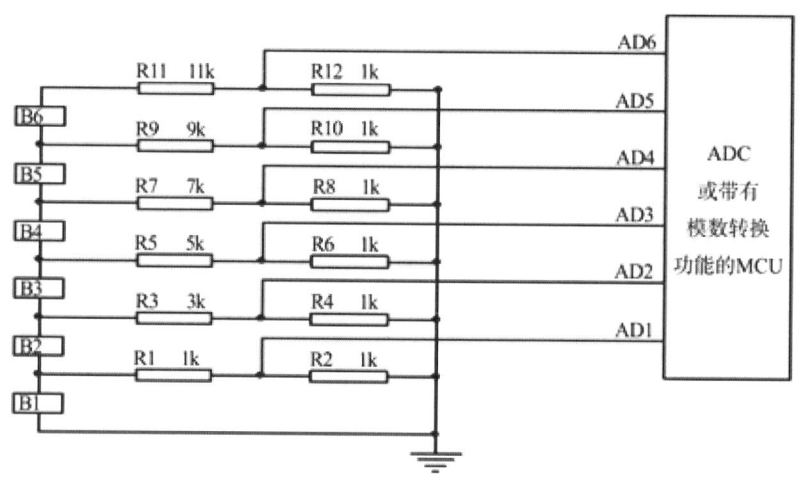

图 5 - 3 基于精密电阻分压的电池电压采集方式

以上的方案实现起来成本较低，且同步性可控，克服了前面方案 1 的缺点。然而这种方案精度较低，而且由于分压回路阻值不一致，将会导致每个电池的电压采集精度不一致。同时，分压回路在不同程度上不断在消耗着动力电池的电量，将在一定程度上导致电池个体的不均衡，因此，这种方案在实践中不太实用。

3. 基于继电器及共享 A/D 芯片的轮流采集方式（序贯采集方式）

一种较为实用的电压监测方式如图 5 - 4 所示：

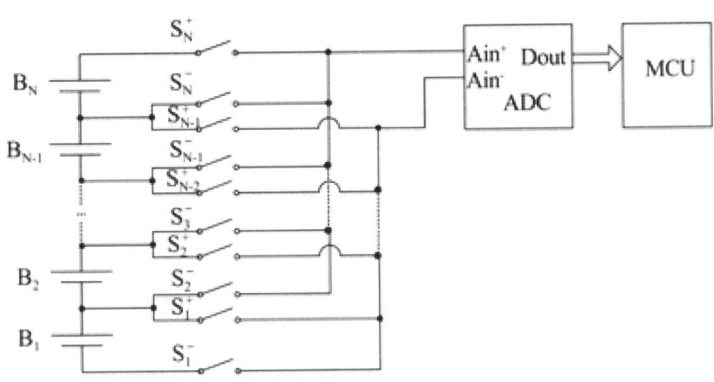

图 5-4 一种序贯电压采集方式

图中,为每个电池分配 2 个继电器,分别连接到 A/D 芯片模拟输入的两端,每个继电器的闭合由单片机进行控制,在一次电压采集周期内,单片机依次控制每对继电器的闭合,从而使动力电池的电压值依次通过 ADC 转换为数字信号,再由单片机对数字信号进行处理。(当然,在实际应用中,继电器常采用光继电器)

为了节约继电器的数量,可以改进为以下方式,如图 5-5 所示。

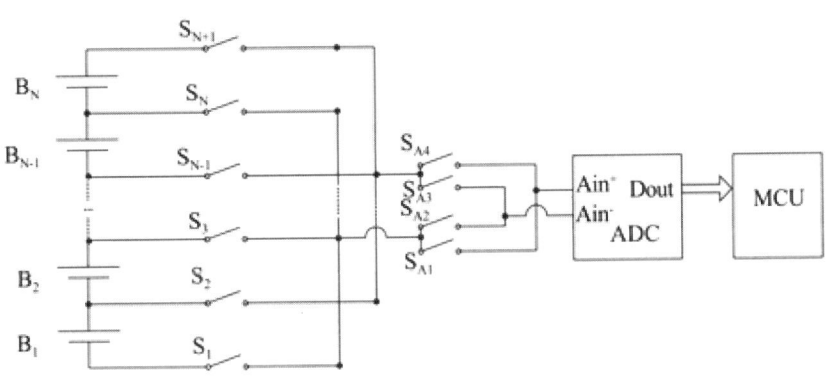

图 5-5 一种改进的序贯电压采集方式

在改进后的方案中,在电池一方减少了 N-2 个继电器,而额外增加了 4 个极相切换继电器 $S_{A1} \sim S_{A4}$(分别受单片机控制),对于电池个数较多的电池组,改进后的方案显得更有优势。

以上序贯的电压采集方式既克服了方案 1 的缺点,成本更为合理,也具有方案 2 所不具备的精度。而且,由于在不进行电压采集时,继电器处于断开状态,因此也不会造成电池额外的消耗和不一致性。因而这种方案经常被电动汽车电池管理系统所采用。尽管如此,这种方案需要用到大量的光继电器,体积大,成本也可能较高。

4. 基于专用芯片的电压采集方式

随着电动汽车的研究越来越受到重视,许多大型的半导体器件生产企业均面向电动汽车电池管理系统开发出专用的芯片,其中最具有代表性的是 LT 公司出品的 LTC6802 芯片，该芯片的典型应用电路如图 5-6 所示。

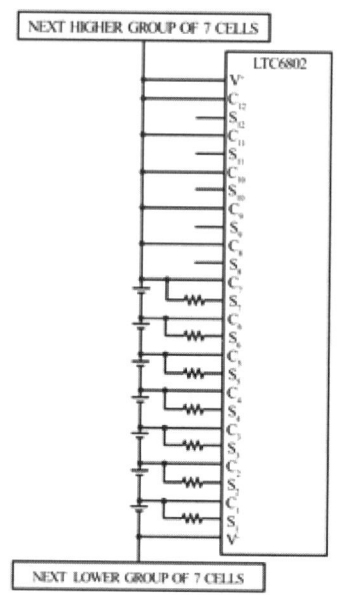

图 5-6 基于 LTC6802 芯片的电压采集

与方案 3 相比，基于专用芯片的电压采集方式省去了大量的光继电器，可以减小电路板的体积，然而，这种方式下电压监测的成本和精度完全决定于芯片本身的能力。以 LTC6802 芯片为例，其 A/D 分辨率为 1mV，电压采集最大误差为 8mV，并不能与目前可以买到的高档次的 ADC 芯片相比。而且，就成本而言，当前 LTC6802 芯片的定价使得其与方案 3 相比并不具有绝对优势。

值得一提的是，图 5-6 所示的基于 LTC6802 芯片的方案从外观上似乎是并行采集的，但实际上，正如产品说明书上所述的那样，这个芯片内部只有一个 ADC 模块，因此，本质上其 A/D 转换仍然属于序贯处理方式，并不能完全认为是并行同步采集的。

5.2.3 几种 A/D 转换器件的比较

电压 A/D 转换器件的选择是非常重要的，下面从成本和精度等方面对可能用于电动汽车动力电池管理系统的电压 A/D 转换器件进行比较。

1. 带有 A/D 模块的单片机

当前，许多主流的单片机都带有片内 A/D 模块，能直接对电压信号进行采样。对于动力电池管理系统而言，需要考虑以下几个方面的因素：

第一，A/D 通道的个数，即单片机所提供的 A/D 通道是否满足测量采集的数量要求。

第二，A/D 转换的精度及分辨率，即 A/D 转换后，所得的二进制位数是否能达到电压监测的精度及分辨率要求。

第三，价格因素，即单片机的成本价格及每一路电压 A/D 转换所需要的平均成本价格。

表 5-3 所列出的是几种常见的带有 A/D 转换模块的单片机的比较。

表 5-3 某些单片机自带 A/D 转换器比较

厂商及型号	Motorola, 68HC908	Atmel, mega-8	Cygnal, C8051F021
A/D 转换特性	14 路 A/D, 8 位	6~8 路 A/D, 10 位	1 路 12 位 A/D 转换器, 1 路 8 位 A/D 转换器
采样范围	0-5.5V	模式1：0~2.54 模式2：0~5.5	0-5.5V
采样精度	±1 LSB（当 V_{REF} = 5V 时为 ±19.5mV）	±3 LSB（当 V_{REF} = 5V 时为 ±14.6mV）	±3 LSB（当 V_{REF} = 5V 时为 ±3.66mV）
分辨率	8 位（当 V_{REF} = 5V 时为 19.5mV）	10 位（当 V_{REF} = 5V 时为 4.88mV）	12 位（当 V_{REF} = 5V 时为 1.22mV）
参考价格*	$ 1.43	$ 1.70	$ 3.42

* 注：所列价格为 2011 年 1 月购买 1 万片的平均单片价格。

2. 适用于单体电池电压采集的专用芯片

当前，有许多面向于单体电池电压采集的芯片，例如 MAXIM 公司所出品的 DS2782 芯片等。这类芯片专门面向于单个电池的电压监测，工作电源也由被监测的电池所提供。表 5-4 为几种常用的适用于单体电池电压采集的芯片的比较。

表 5-4 几款单体电池电压采集的专用芯片 A/D 转换器比较

厂商及型号	TI BQ27541-V200	MAXIM DS 2438	MAXIM DS 2782	MAXIM DS 2786
A/D 转换特性	单通道 14 位	单通道 10 位	单通道 10 位	单通道 12 位
供电电压范围	2.7V-5.5V	2.4V-10V	2.5V-5.5V	2.5V-4.5V
采样范围	0-6V	1.5V-10V	0-4.992V	0-4.5
采样精度	±1 mV	±25 mV	±50 mV	±20 mV
分辨率	14 位（0.3mV）	10 位（10mV）	10 位（4.88mV）	12 位（1.22mV）
参考价格*	$ 1.45	$ 2.31	$ 2.41	$ 1.53

* 注：所列价格为 2011 年 1 月购买 1 千片的平均单片价格。

然而，经过仔细分析，将会发现，这样的电压采集方案可能存在一定的问题，就是由于芯片本身工作的电源也是由电池提供的，一方面，该类芯片将长期消耗被监测的电池的能量，如果不采取适当的措施，将不能用于那种有可能被长期闲置的动力电池组。另一方面，当被监测的电池的电压低于 3.0V 的情况下，芯片不能正常工作，而磷酸铁锂电池的正常工作电压范围通常都在 2.2~3.6V 之间，这就意味着，当电池仍在正常工作的过程中，电池监测芯片就不能正常工作了。

解决这个问题的途径是，加入一个升压模块，使得电池在电压较低的状态下芯片仍然能够正常工作。这种 A/D 转换方式的另外一个缺点就是成本高，因为每个 A/D 转换器为单个电池独享，因此平均成本较高。

3. 适用于电池组电压采集的专用芯片

当前，各大电子芯片厂商均推出了针对电池组电压采集的专用芯片，采用专用芯片的成本相对于单电池采集的方式要低,但是,这种芯片也是由被监测的动力电池提供工作电源的,同样存在着以下类似的问题:一方面,该类芯片将长期消耗被监测的电池的能量,在不工作的情况下,要关闭其工作状态。另一方面,这类芯片通常对于电池组的最小数量有所限制,如 LTC6802 芯片就要求电池组内至少包括 4 个单体电池。

4. 利用独立的 A/D 芯片

这里所说的"独立",指的是 A/D 芯片没有和其他功能集成在一起。在 5.2.2 节所述的第 3 种电压采集方案中,并没有指定具体的 A/D 芯片,因此,我们可以利用独立的 A/D 芯片来进行模数转换,例如 TI 公司的 ADS1015 和 ADS1115 芯片都是可选的方案。利用独立的 A/D 芯片,可以实现非常高的采集精度和分辨率,如 ADS1115 芯片就是一款 16 位的 A/D 转换芯片,高精度的 A/D 转换对将来剩余电量的评估非常有好处。当然,这类芯片往往是编程可控的,要配合其他电路(如主控单片机)使用。

5.2.4 隔离问题

对于多电池检测的电路必须考虑通信隔离问题,原因在于两个方面:首先,检测电路由动力电池的局部供电,各个局部之间串接而非共地,但通信总线一般要求共地接法,因此存在矛盾;其次,检测电路与动力电池相连,而动力电池在工作过程中电压非恒定,若直接与通信总线连接,将会对通信线路形成干扰。

目前通信隔离的常用手段是光隔离,也就是两个电路在线路连接上断开,只用光耦合器把信息从一个电路耦合到另外一个电路上。当然,为了实现双工通信,一般需要为每个通信单元配置两个光耦合器。图 5-7 所示为针对 CAN 总线通信的一种典型的光隔离电路,其中的 6N137 为一种典型的光耦合器。由于需要进行双工通信,因此有两个反向的光隔离通道。另外,图中的 CAN 总线控制器用于为 MCU(单片机)所要传输的数据生成 CAN 总线时序,一种常用的控制器型号为 SJA1000。图中的 CAN 总线收发器用于申请、释放总线通信权,一种常用的芯片型号为 82C250。

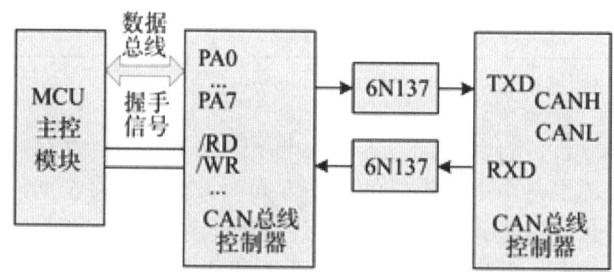

图 5-7 带有光隔离的典型的 CAN 总线通信电路

当然,随着技术的发展,解决通信隔离问题的手段也越来越丰富多样。有些单片机芯片有自带的 CAN 总线控制模块或支持其他总线协议的通信控制模块,甚至自带有光隔离模块。而且,除光隔离以外,还有其他多种方式来实现通信隔离。

5.3 电池电流监测

前面已经对电池电流监测的实时性进行了讨论。相对于电压、温度等其他物理量,电流监测具有以下特点:其一,电流的采样通道少。在动力电池组中,由于电池个数多,电压采样点和温度采样点较多;而多个动力电池往往串联使用,各电池的工作电流相同,基本上只需要对串联后的总电流进行监测,采样通道较少。其二,电流的采样频率高。如前所述,电流的采样频率对于剩余电量的评估精度及系统安全性有着重要的影响,因此,比其他物理量的采样频率更高。

5.3.1 精度问题

在进行系统的软硬件设计之前,首先要确定电流监测的精度指标,这可以从以下三个方面来考虑。

1. 从安全性的角度考虑

尽管安全性对整个电池管理系统而言非常重要,但是,它对电流监测的精度要求并不高。一般而言,为了保证电动汽车的安全,电池管理系统对充、放电电流设置门限,一旦监测到动力电池组的工作电流超过了门限值,则启动过流保护措施。在这种情况下,电流监测存在着一定的误差是允许的,因为我们总是认为异常工作电流比正常工作电流要大得多。例如,某电动汽车放电电流的正常范围是 0~300A,设定的保护门限值为 400A(因为回路中存在一些感性、容性负载,因此需要为门限值预留一定的余量),此时即使电流监测的误差为 10A,也不会对过流保护功能造成过大的影响。

2. 从仪表显示的角度考虑

可能存在以下两种情况:第一,在电动汽车运动过程中,因为电动汽车的工作电流通常较大,仪表显示的电流数值允许有较大的误差。例如,当实际工作电流为 50A 而仪表上显示 55A,此时尽管电流误差是 10%,但对驾驶员的感受并不会造成过于负面的影响。第二,在电动汽车驻车状态下,驾驶员对仪表所显示的误差的绝对值是敏感的。例如,驻车时,几乎所有的电负载处于断路状态,实际工作电流应小于 1A,而如果此时仪表显示工作电流为 6A,同样是 5A 的误差,就会使驾驶员觉得不安。因为此时汽车明显没有运动,不应该存在如此大功率的电能消耗。更严重的情况是,如果驻车时的实际放电电流为 1A,而仪表显示的是 -1A(负号往往表示充电),此时将造成较大的负面影响。因为汽车明明没有处于充电状态,而仪表上反映却是处于小电流充电状态,在这种情况下,虽然绝对误差小,却是不可接受的。

3. 从剩余电量评估的需求考虑

如果说前面从安全性与仪表显示的角度所讨论电流监测精度更侧重于考虑其绝对误差的话,那么,从剩余电量评估的需求所考虑的电流监测精度更需要侧重于考虑其相对误差。可以这样认为,在电流采样频率足够高(满足奈奎斯特采样定理)的前提下,利用电流积分法(称电荷累积法或者 CC 法)来评估剩余电量的精度直接取决于电流监测的精度。例如,在过去的一个小时内,电流监测的平均相对误差为 5%,那么,利用电流积分所估算的在过去一个小时内所消耗的电量的误差也是 5%。若电流监测存在系统误差,即固定地偏大或者偏小，那么，所估算的电量消耗值也会相应地偏大或者偏小。

5.3.2 基于串联电阻的电流监测

电压量是最直接的被测量，一般模数转换芯片多半是针对电压信号的，因此，在电流监测时常需要把电流信号转换为电压信号，其中一种转换的方法就是在电动汽车的主回路上串联一个分流器，如图5-8所示。

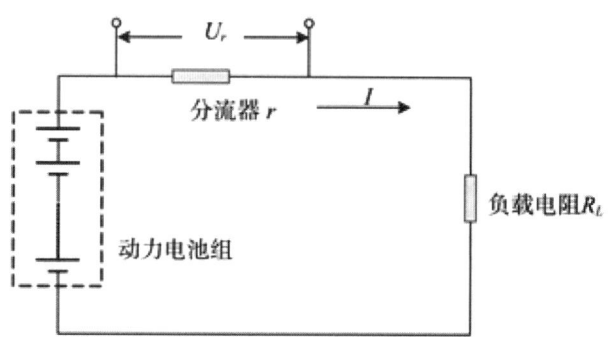

图5-8 基于分流器的电流监测方案

分流器实际上就是一个阻值很小的电阻，其精度较高且温漂小，当电流流过分流器的时候，可以通过测量其两端的压降 U_r 计算出电流的大小，即

$$I = U_r/r \tag{5-2}$$

分流器阻值选择的主要依据是电动汽车电流的工作范围。例如，电动汽车的工作电流范围是0~300A，若需要在分流器上产生最大值为75mV的压降，则分流器的阻值为0.25mΩ。当然，75mV的电压值相对太小，通常在A/D转换之前加上适当的放大电路。使用的串联电阻方式的不足之处在于以下两个方面：

1. 热损耗

众所周知，电流通过电阻器都会产生一定的热量。若分流器的阻值是 r （Ω），而所通过的电流为 I （A），则分流器上的热损耗为 I^2r （W）。电动汽车的工作电流通常较大，因此分流器上的热损耗不可忽视。

2. 隔离问题

使用串联电阻的方法严格来说属于接触式测量，因此，在电路设计时不得不考虑共地、隔离等问题。人们原先认为这种电流监测方式的最大优点是成本低廉，然而，由于增加了隔离电路，使得电路复杂度增加，实际上成本优势并不明显。

5.3.3 基于霍尔传感器的电流监测

霍尔电流传感器是利用霍尔效应来检测电流的一种电子元件，可以测量各种类型的电流，从直流电到几十千赫兹的交流电。一种典型的可用于电动汽车电流检测的霍尔传感器，如图5-9所示。

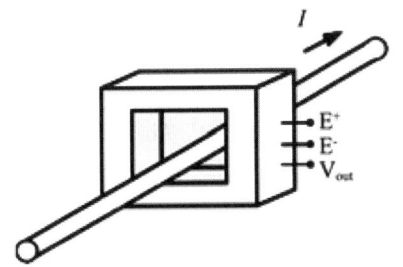

图 5-9 基于霍尔传感器的电流监测方案

图中,霍尔传感器有三个引脚,分别是运算放大器的正负电源 E^+ 和 E^-,以及传感器的输出 V_{out}(输出端 V_{out} 的电压值记为 U_{out})。当通有电流的导线从霍尔传感器的中心孔中穿过,电流的正负、大小直接在 U_{out} 中得到反映。图 5-10 为导线所通过的电流 I 与输出电压 U_{out} 之间的关系。

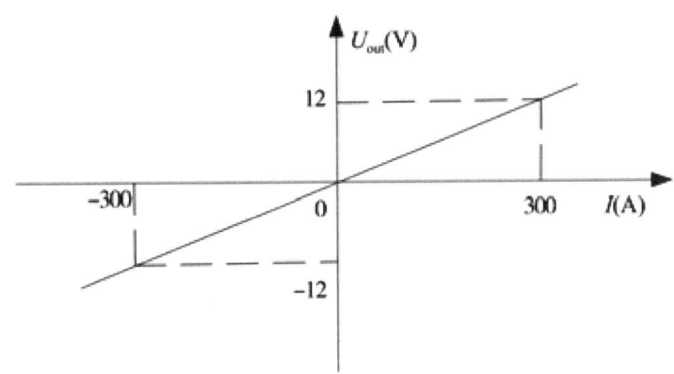

图 5-10 霍尔传感器的输出与被测电流的关系

基于霍尔传感器的电流监测需要讨论以下三个方面的问题:

1. 放大电路的问题

霍尔传感器利用的是电磁感应原理来测量电流信号的,通过电磁场"感应"得到的电压信号通常较小,例如只有几个 mV 左右,而一般的 A/D 转换器对输入端的要求都是几个 V,因此需要增加放大电路来解决这个问题。为了方便用户使用以及提高抗干扰能力,当前市场上所能采购到的霍尔传感器,很多已将放大电路内嵌到传感器内部,使得传感器输出信号直接可以被利用。为此,传感器的引脚上经常带有运算放大器的供电输入引脚,需要为内嵌的放大器提供正负电源,如图 5-10 所示的 E^+ 和 E^- 引脚就是内嵌放大器的供电电源端。此外,内嵌的放大器从某种意义上也是影响电流测量精度的因素之一,因此需要进行标定。

2. 标定问题

如图 5-10 所示的 $I-U_{out}$ 曲线是理想的输出曲线。实际的产品有可能存在不理想的情况,包括两个方面,如图 5-11 所示。一方面,如图 5-11(a)所示,传感器存在系统误差,导致输出电压 V_{out} 的零点并不对应着工作电流 I 的零点。这种情况在驻车的时候是比较敏感的,如前所述,当汽车停止的时候,如果实际放电电流为 1A,而仪表显示的是 -1A(负号往往表示充电),则会造成驾驶员的不安。另一方面,理想的 $I-V_{out}$ 曲线是一条直线,而实际上有可能存在一定的非线性,如图 5-11(b) 所示。针对以上两种情况,霍尔电流传感器在使用前可能需要进行标定。

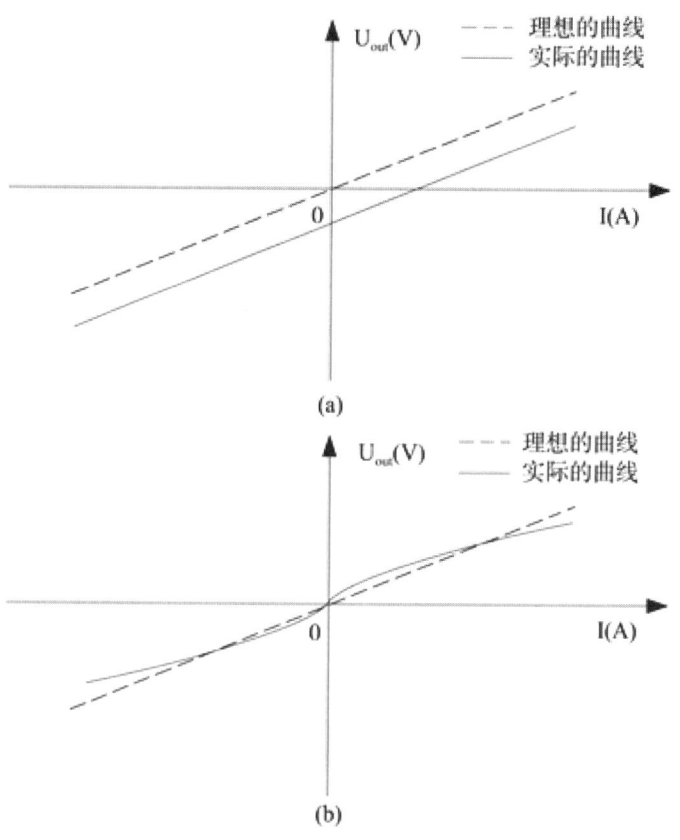

图 5-11 霍尔电流传感器的工作曲线

3. 量程选择问题

需要根据电动汽车的实际工作状况来选择传感器的量程。例如,某电动汽车的电流监控范围是 -400A~400A,而 A/D 芯片的输入范围是 0~4V,那么,选择霍尔电流传感器以及进行电流监测电路设计的时候,最好就是尽可能使得最大工作电流对应最大电压输出值,即 $I=400$A 时,$U_{out}=4$V,而 $I=-400$A 时,$U_{out}=0$V,此时电流监测的分辨率最高。例如,在这个例子中 A/D 转换的分辨率是 10bits,那么,电流监测的最大分辨率就是

$$\frac{400-(-400)}{2^{10}}=\frac{800}{1024}\approx 0.78 \quad (\text{A/bit}) \qquad (5-3)$$

如果利用电流积分法来进行 SoC 评估,则这个分辨率在某种程度上对于评估精度有着决定性的意义。

5.3.4 一种折中的方法

从上面的讨论来看，基于霍尔传感器的电流监测避免了"串联电阻法"的热损耗问题，而且经过标定后，传感器具有较高的测量精度，似乎是一种理想的解决方法。然而，在电动汽车中可能会存在以下的问题，霍尔电流传感器就显得无能为力了。例如，某个驾驶员驻车时在车厢内开启了车载音响系统欣赏音乐，此时电机驱动系统关闭，但弱电系统（相当于传统汽车的12V系统）的供电还在持续，电池组的输出电流可能不到一个安培。如果利用上述霍尔电流传感器来进行电流监测，可能存在两方面的问题：第一，电流监测的相对误差过大，无法利用电流积分的方法来进行准确的SoC评估；第二，由于分辨率所限，此时甚至难以判断有没有工作电流。如前所述，若采用10bit的A/D芯片，此时所得到的电流值在0bit到1bit之间，无法准确地反映出电流的真实值，测量的相对误差较大。在此情况下，可以综合上述两种电流监测方法的特点，采用一种折中的办法，即利用霍尔传感器在电动汽车行驶过程中监测较大的电流，而针对弱电系统（小功率DC/DC的输入端），利用串联电阻来监测其工作电流，如图5-12所示。图中，动力电池组供给电机及其控制器的较大的电流通过霍尔传感器来监测，而通过DC/DC转换器输出给12V的弱电系统的较小的电流，使用基于串联电阻（分流器）的方法来监测。此时，由于DC/DC转换器的功率相对于电机控制系统而言较小，因此，分流器上的热损耗可以被容忍。

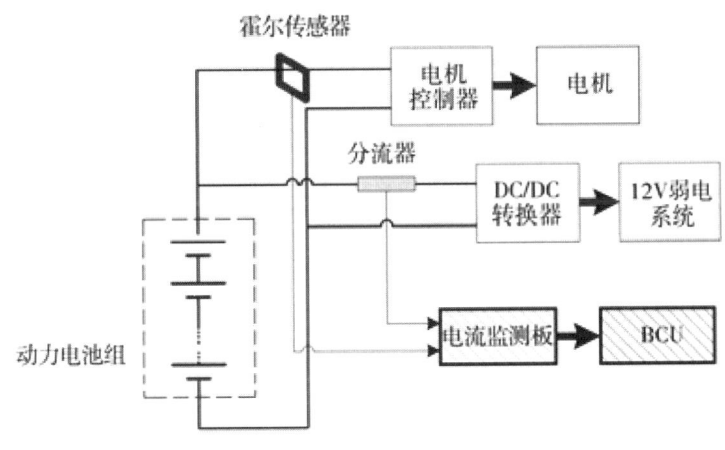

图5-12 一种折中的电流监测方案

5.4 温度监测

细心的读者可能已经发现，前面两节的标题是"电池电压监测"，"电池电流监测"，而本节的标题是"温度监测"，意味着所要监测的温度信息不仅仅限制于电池本身。事实上，在电池管理系统中，除了针对电池本身进行温度监测，还应对环境温度、电池箱的温度等进行监测，这对电池的剩余容量的评估，安全保护等方面具有非常重要的意义。本节将针对温度监测的问题展开讨论。

5.4.1 温度监测的重要性

电池对其工作温度是极其敏感的，过高的温度，将会导致电池外壳破裂，发生漏液、爆炸等安全事故；过低的温度，将导致电解液凝固，使得充电或者放电无法进行。下面分三个方面来对温度监测的重要性进行分析。

1. 温度监测对于安全保护的意义

任何动力电池都有一个允许的工作温度范围，即对应着一个工作温度上限以及工作温度下限。若电池的工作温度超过了允许范围的上限，则有可能导致以下不良情况的发生：

* 活性化学物质扩大导致单体电池膨胀；
* 电池组件机械变形，可能会导致电路短路或开路；
* 可能会发生不可逆的化学反应造成活性化学物质的永久性减少，进而导致电池容量的减少；
* 长时间在高温下操作可能会导致电池的塑料部分裂解；
* 可能会溢出气体；
* 电池内积聚压力；
* 电池最终可能破裂或爆炸。

若电池的工作温度低于允许的范围的下限，电解液可能会冻结，例如在远低于电解质冰点的温度下，由于化学反应速率降低，电池性能会开始恶化。通常而言，磷酸铁锂电池在低于 $-30°C$ 的温度下，基本上不能正常工作。

2. 温度监测对于电池剩余容量评估的意义

不管是充电还是放电过程，所有的电池都是依靠电化学反应来工作的，这些化学反应在某种程度上依赖于温度。电池的标称性能通常是指在某个指定的工作温度范围内，如 $+20°C$ 至 $+30°C$ 范围内的性能，如果电池在较高或较低的温度下工作，实际的性能可能会有大幅度的偏离。在对电池的剩余容量进行评估时，必须充分考虑温度因素，因为在不同的温度条件下，电池所能放出的电荷是不同的，所能提供的能量也是不一样的。

3. 电池的热管理及其意义

电池组的热管理一般认为是电池管理系统的一项可选功能，但对它的研究正越来越受到重视。电池组的热管理牵涉到电化学与热化学等多个领域的知识，而且热管理的手段也根据具体的电动汽车的应用差异较大。本书限于篇幅，暂不对电池的热管理手段进行详细的讨论。然而，本节所涉及的电池组的温度监测又与热管理的内容密不可分，因此，在此进行简短的论述。

简而言之，电池组热管理的根本目的，就是尽量使电池始终工作在较为安全、高性能的温度区间内。热管理与普通的温度保护的区别之处在于普通的温度保护只是在电池可能发生或者已经发生故障的时候，对电路进行控制或者保护；而热管理更强调的是采取各种措施，使得电池工作在比较合适的温度之下。例如，在只有温度保护的电池管理系统中，常采用的一种策略就是对电池温度设置上限与下限，如对于磷酸铁锂电池，可以分别设置为 $+50°C$ 和 $-30°C$，当温度接近限制值时，将控制电池组的工作电流或者直接切断电源，并通过仪表告知驾驶员。而采用了热管理系统的电池管理系统，应该尽量使电池工作在 $20°C$ 到 $30°C$ 之间，若监测到温度低于该 $20°C$，应采取一定的加热措施为电池组加热，而如果监测到温度高于30℃，则应采取散热措施，为电池组降温。

5.4.2 常见实现方案

常见的温度采集方案有以下这些。

1. 热敏电阻方式

热敏电阻是最常用的采集温度的方式，其电阻值随着温度几乎是线性地变化，如果把它与另外一个已知阻值的电阻串联，就可以通过检测两个电阻之间的电压差来判断温度的大小。某些芯片也支持热敏电阻的接入，例如，前面所提到的LT公司生产的LTC6802芯片就有引脚直接与指定型号的热敏电阻相连，并可以通过芯片内部设计直接获得所要监测的温度值。

2. 18B20方式

18B20是常用的一种芯片级的温度传感器，采用总线的方式能够使一个MCU同时连接多个传感器，从而节省了MCU的引脚，也降低了连线的复杂度。

3. 采用专用的一体化芯片

有些专门针对电池管理设计的芯片同时集成了电压、电流、温度的采集功能，如MAXIM公司的DS2782专用芯片，芯片的外壁的某个区域能够感知温度，并保存到芯片的寄存器中等候上位机MCU读取。

5.4.3 温度传感器的放置

温度传感器是获得温度信息的电子器件。温度传感器的分类比较丰富，就采集原理来分，可以分为热电阻式，热电偶式等，还可以分为模拟式或者数字式等。在电池管理系统中，需要监测的温度信息主要包括环境温度、电池箱的温度以及电池本身的温度。在实际设计中，如何放置温度传感器的问题就等效为以下几个问题，而这几个问题往往是比较难解决的，涉及到成本与性能之间的矛盾。

1. 环境温度监测与电池温度监测

就电池管理系统而言，最终需要获得的实际上是电池本身的温度信息而不是环境温度信息。然而，环境温度的监测也是重要的。这是因为：

第一，环境温度信息单一，更容易获取。在电池组中，不仅每个电池的温度有差异，而且在充放电工作过程中，同一个电池的不同位置的温度大小并不一致，因此，可以通过监测环境温度来推算电池的温度。

第二，滞后性。在电池放电过程中，随着环境温度的升高，电池外表的散热速度减慢，电池的温度也会逐渐升高。由于电池的热量是自内而外地散发的，因此，如果能提前监测到环境温度的变化，就能预测在一段时间以后，电池外表温度的升高；反之，若只监测电池外表的温度，则当发现电池外表温度较高时，实际上电池内部的温度可能已经达到更高的危险值。

2. 是否监测每一个电池的温度

就安全性而言，监测每一个电池的温度是必要的，任何一个电池都有可能因为超过温度的门限值而导致电池的损坏或者引起严重安全事故。但若为每一个电池都配置温度传感器，一方面会增加电池管理系统的成本，另一方面，会使得电池箱体的内部因为温度传感器的配置而增加了许多的连线,从而降低了电池组的实际可维护性。

3. 在电池表面选择传感器的放置位置

电池的化学反应发生在每个单元电池的内部,但实际工作中,温度传感器不可能安放在电池内部而只能放置在表面,那么,传感器放置在电池表面的什么位置呢?表5-5为某100Ah的方形动力电池在25℃条件下,持续用1C放电20分钟以后,所引起的温度变化值。

表5-5 某方形动力电池1C放电20分钟后不同位置的温度变化值

(环境温度为25℃)

传感器位置	温度值
电池正极接线柱	33℃
电池负极接线柱	36℃
电池上表面(中部位置)	37℃
电池正表面(中部位置)	43℃
电池侧表面(中部位置)	39℃

从上表的数据可知,该电池的正表面靠中部位置的温度较高,究其原因,是因为大容量的方形动力电池的中间部分散热较慢,温度上升最明显,因此,如果要监测一个方形动力电池的极限温度,应该布置在电池正表面的中部位置。

5.4.4 精度问题

动力电池管理系统对温度监测误差的容忍程度是很高的。从剩余电量评估的角度来看,虽然从4.2节的有关测试中发现,不同的环境,相同放电倍率条件下电池的有效容量有所差异,从而温度测量的误差也将直接影响剩余电量评估的准确度,但1℃~2℃的误差所造成的影响基本很小,而且不会随着时间的推移产生累积误差。从安全保护的角度来看,温度监测的误差基本不会造成严重的影响。

值得一提的是,温度监测容易受到电磁干扰的,因为模拟型的热敏电阻上的电压差比较小,而数字型的18B20芯片中的数据报文没有严格的错误校验机制。针对这样的干扰,最好的解决办法就是加入数字滤波器,把高频的信号变化滤除。因为在电动汽车上,温度本身是一个渐变量,不应该发生"阶跃式"的突变。

第六章 动力电池的建模与仿真

本章所讨论的是动力电池的外特性模型的建模与仿真工作。外特性实际上就是磷酸铁锂动力电池在工作过程中所表现出来的电流与电压的关系,即电池的伏安特性。严格而言,电池模型不属于电池管理系统的功能的范畴,然而,它对电池管理系统的开发有着比较重要的意义:一方面,好的电池模型能够为剩余电量的估算算法提供依据;另一方面,一个好的动力电池模型能够对电池的特性及行为过程进行模拟和仿真,辅助进行能量管理策略的制订,在 6.5 节的例子中将体现这一意义。

本章将按照以下思路进行组织:第一,明确面向电池管理系统进行动力电池建模的意义和要求;第二,根据文献分析,列举若干具有代表性的电池模型,分析其特点;第三,提出一种新型的适用于磷酸铁锂动力电池的等效电路模型;第四,对新模型各部分的参数估计的方法进行论述;第五,利用 MATLAB/Simulink 工具实现该模型并举出若干应用案例对新模型进行检验。

6.1 面向电池管理系统的动力电池建模

6.1.1 电池建模的意义

一般来说,电池建模的意义在于确定电池的环境因素与各特征量之间的数学关系,所考虑的对象包括端电压、工作电流、SoC、温度、内阻、电动势以及 SoH 等,找到它们之间的联系对于电池管理系统的开发具有重要的意义。

一方面,通过所建立的电池模型可以对电池在工作中的各种表现进行估计,从而能对各种电池管理策略(如能量控制策略、电池均衡策略等)进行仿真,可以通过软件的方法来检验策略的有效性。与使用实验检验的方法相比,这样的仿真验证不需要使用硬件电路板及实际的电池样本来进行,不但节约了硬件成本,而且缩短了验证的周期,节约了开发时间。在 6.5 节所举出的基于能量转移的均衡控制策略仿真中,利用电池模型在软件中对某种特定的初态进行过程仿真只需要几分钟,而利用一个实际的电路板对策略的有效性进行检验可能需要好几个小时。对于待检验样本较多的情况,仿真验证的优势更加明显。

另一方面,精确的电池模型对于剩余电量(SoC)评估算法具有重要的意义。SoC 评估是电池管理系统的难点,对电池管理系统其他功能的开发具有重要的意义。在实践中,内在的 SoC 往往通过外在的电压、电流、温度等物理量来进行估算的。若能建立较为精确的外特性模型,则对于寻找 SoC 与各种可直接测量的物理量之间的数值联系极为有利,从而能通过监测到的外部表现来评估内在的 SoC。

6.1.2 BMS 对于电池建模的要求

BMS 对于动力电池模型的要求包括以下三个方面:

(1) 所建立的模型应属于外特性模型。

即所建立的模型不需要描述电池内部的化学反应过程,因为本书所讨论的模型是面向电池管理系统的开发,而不需要从电池的设计与生产的角度分析问题。外特性模型有时候又被称为性能模型,所考虑的对象主要是端电压、主回路电流、环境温度等物理量,这些均属于电池的外特性。

(2) 所建立的模型可以是一种等效模型。

下文所提到的许多电路模型的例子均属于等效模型,电路中的电阻、电容等都是等效元件,它们的数值只是反映电池内部通过化学反应所表现出来的电压、电流之间的函数关系。

(3) 所建立的模型必须具有较强的实用性。

首先,模型所反映的数值关系应具有较高的精度,从而避免"仿而不真"的尴尬。其次,模型要有可行性。可行性表现为两个方面:第一,模型中的参数是可获取、可标定的;第二,模型不可过于复杂,否则不利于实现。如下面所提到的人工神经元网络模型,虽然对于寻找 SoC 与电压、电流、温度之间的复杂关系很有帮助,但是算法复杂度过高,用于策略仿真(通常用高速的台式机执行)尚可接受,但不适用于运算能力较弱的嵌入式系统,从而无法在实时的 BMS 中应用。

6.2 现有模型的不足

6.2.1 非电路模型

1. 电化学模型

电池的电化学模型是根据电池的电化学过程建立的一系列表示电池特性的电化学方程。有学者通过分析电池的电化学过程,来建立描述电池体系中各个区域所对应的电化学方程,包括正、负极极片区域、隔膜区域对应的扩散方程、电势方程、电化学过程方程,等等。

表 6-1 所示为正极极片区域对应的电势方程。

表 6-1 正极极片区域电势方程

		正极极片区域电势方程
固体相	电势方程	$\frac{\partial}{\partial x}(D_{s,3}^{eff}\frac{\partial}{\partial x}\varphi_{s,3}^{eff}(x,t)) = j_{s,3}(x,t)$
	边界条件	$\frac{\partial}{\partial x}\varphi_{s,3}(x,t) = \frac{J}{\sigma_{s,3}^{eff}}$ $x = 0$; $\quad \frac{\partial}{\partial x}\varphi_{s,3}(x,t) = 0$ $x = L_c$;
溶液相	电势方程	$j_{s,3}(x,t) = \frac{\partial}{\partial x}\kappa_{e,3}^{D,eff}[\frac{\partial \ln C_{e,3}(x,t)}{\partial x}] + \frac{\partial}{\partial x}\kappa_{e,3}^{D,eff}(x,t)\frac{\partial \varphi_{e,3}(x)}{\partial x}$
	边界条件	$\frac{\partial}{\partial x}\varphi_{e,3}(x,t) = 0$ $x = 0$; $\quad \frac{\partial}{\partial x}\varphi_{e,3}(x,t) = \frac{J}{\kappa_{s,3}^{eff}}$ $x = L_c$;

表 6-1 中 $\varphi_{s,3}$、$\varphi_{e,3}$ 为固相、液相电位,$\sigma_{s,3}$ 为固相有效电导率,$D_{s,3}^{eff}$ 为扩散系数,$J(x,t)$ 为通过 x 处的电流密度,κ 为溶液电导率。

电化学模型能够从电化学的角度很好地描述电池的特性，但其模型结构比较复杂，实现起来较困难。如上表仅给出了一个电池电化学模型的其中一部分（正极部分）电化学方程，而整个模型的建立远比上表所列的复杂。而且，方程中的各个参数都需要通过电化学的方法进行测量获得，测试步骤繁琐。综上所述，电化学模型不大适合用于电池管理系统的开发过程，一般适用于动力电池产品的研发和改进阶段。

2. 人工神经元网络模型

由于神经网络具有高度非线性、容错性、自学习性等特点，可以用于电池的建模。神经网络模型的结构一般分为输入层（输入实验数据）、输出层（输出预测数据）以及隐含层（对实验数据的加权处理）。一个典型的 3 输入、2 输出的人工神经元网络如图 6-1 所示：

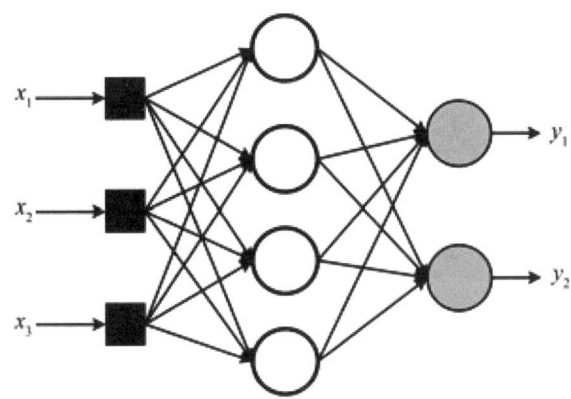

图 6-1　一个典型的 3 输入、2 输出的人工神经元网络

如果把上图中的 x、y 用电池的内外特性参数来替代，则可以得到基于人工神经元网络的动力电池模型，一种可能的情况如图 6-2 所示：

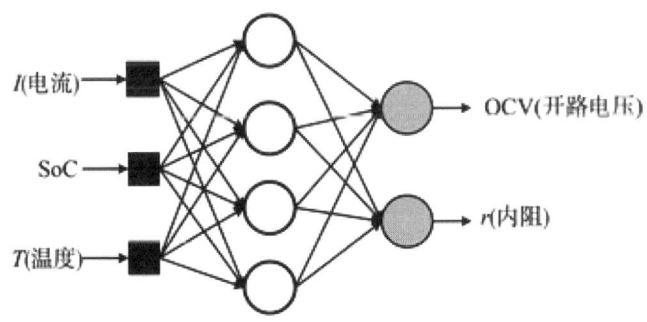

图 6-2　基于人工神经元网络的动力电池模型

人工神经元网络模型的特点是：充分利用了神经网络的非线性，自学习等特点，结合实验数据来建立电池体系中各个参数之间的关系。然而，其不足之处在于需要大量的实验数据来预测电池的性能，且对电池历史数据的依赖性较大。

6.2.2 等效电路模型

如前所述,本章所讨论的动力电池的模型属于外特性模型。从本质上来说,就是要解决电池的伏安特性关系。即能够描述电池在工作过程中所表现出来的电压与电流之间的关系。这种关系一方面可以利用数值关系来表达,另一方面也可以把电池视作为一个二端口的网络,而用一个电路网络来反映其伏安关系,从这个意义上来说,可以通过建立一个等效电路来描述动力电池在工作过程中的伏安关系,由于这种电路遵循 Thevenin 定律,因此有时候也被称作 Thevenin 模型。以下列举几种具有代表性的等效电路模型。

1. 基于电子运动理论的等效电路模型

根据电池内阻和双电层理论,可以建立电池的等效电路模型如图 6-3 所示。

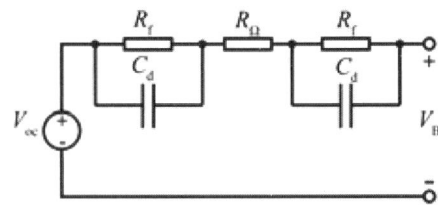

图 6-3 基于电子运动理论的电池等效电路

图 6-3 中 R_f 为电池的极化内阻,R_Ω 为电池的欧姆电阻,C_d 为双电层电容,R_f 与 C_d 构成的两个 RC 回路代表电池的两个电极系统,R_Ω 代表电池本身存在的欧姆电压降。该等效电路模型较好地描述了电池的特点,但忽略了电池在工作过程中两个电极所表现出的不同的电位差(两个电极偏离平衡电位的程度不同)。另外,对于锂离子电池,该等效电路没有很好地表现出电池的回弹电压特性。

2. PNGV 等效电路模型

PNGV 模型是《FreedomCAR 电池试验手册》中的标准电池性能模型,如图 6-4 所示。其中 R_f 为电池的极化内阻,R_Ω 为电池的欧姆电阻,C_d 为双电层等效电容,C_o 为开路电压随着负载电流的时间累计而产生的变化。

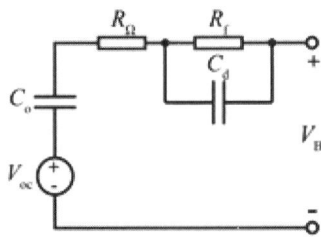

图 6-4 PNGV 等效电路模型

图 6-4 所示的电路模型虽然包括了电极的极化,电池的欧姆电阻等特性,但仍然没有体现电池的电压回弹特性,并且,PNGV 模型中的每个参数都会随电池的 SoC 和温度的

改变而改变，模型参数的辨识较复杂，且不适合实时的 SoC 估算，实用性不强。

3. 带有滞回特性的电路模型

如图 6-5 所示为考虑了电池的滞回电压的等效电路模型。图中虚线框部分表示的是电池的平衡电势，R_Ω 为电池的欧姆电阻，R_f 为电池的极化内阻，C_d 为双电层等效电容，Z_w 称为韦伯阻抗，表示电池中带电粒子的扩散行为，为容性阻抗，类似表示电池的回弹特性的并联 RC 网络。

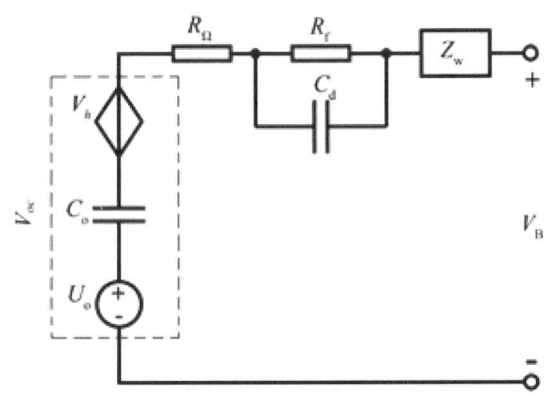

图 6-5 带有滞回特性的电路模型

该模型在阻容等效电路模型的基础上考虑了电池平衡电势，即用 V_h 表示电池的滞回电压，并作为电池平衡电势的一部分，这样能够比较准确地描述电池的电动势。但是对于韦伯阻抗参数值的求解，需要用到电池的内阻谱，而内阻谱的测定需要用特定电化学测量方法，并且此种测量方法所需要用到的仪器较难获得，这样就对模型的建立造成了一定的困难。另外，该模型尽管考虑到了电池的滞回电压的影响，但没有直接反映出电池的剩余电量 SoC，需要分析计算等效电路后才能得到电池的 SoC 值。

综上所述，现有的几种常用电池模型存在以下不足：首先，电压源与 SoC 之间的关系不够明确；其次，有些模型过于简单，不能很好地描述电池的动态特性如电压回弹特性；再次，某些模型未能反映某些电池的滞回效应。以下针对动力电池的建模给出几点建议：

第一，在建立电池模型之前，通过特性测试，充分了解电池的特性；

第二，电池模型必须有针对性，有些模型能够很好地描述铅酸电池的有关特性，但不一定能推广到其他电池类型，如锂离子电池等；

第三，电池模型并非越复杂越好，尽管复杂的模型一般来说更能够贴近电池的真实，但复杂模型的实现起来代价也相对较高，不适用于电动汽车上的需要实时运行的嵌入式系统；

第四，必须研究模型参数的确定方法，不能过分强调模型的形式，而应该相应地给出一套适合于该模型的参数估计的方法。

6.3 磷酸铁锂动力电池的外特性及分析

本章6.4节所提出的一种新型的动力电池模型是基于磷酸铁锂电池的基本特性而提出来的。本节将对所观察到的电池的外特性进行描述、分析，从而为下一节所提出的新模型奠定基础。一般来说，动力电池的外特性可以归纳为两个方面，即电动势特性以及超电势特性，以下分别对这两个方面进行描述。

6.3.1 磷酸铁锂电池的电动势特性

EMF (Electro – Motive Force) 指的是电池的平衡电势，即电池体系处于平衡状态时正负极的电势差，它是电池体系中客观存在的一个物理量。本节将分析磷酸铁锂动力电池的 EMF 的特点，并对其电化学机理进行研究，为获得电池模型中 SoC – EMF 的关系提供了依据。

由于 EMF 是电池平衡时的电势，要想直接获得 EMF 值，必须在电池处于平衡状态时来测量电池两端的电压。因此，一般采取的方法是：间歇充/放电，即将电池充/放电一定时间，再静置足够长时间后测量电池的开路电压，并认为此时的开路电压值为电池的 EMF 值。根据磷酸铁锂电池的特性，其静置时间约为 8 小时，此时电池基本处于稳定状态。然而，通过此方法获得的平衡电势曲线，其充电与放电曲线之间会存在差异。图6-6 为通过实验获得的磷酸铁锂电池的充电与放电时的平衡电势曲线。

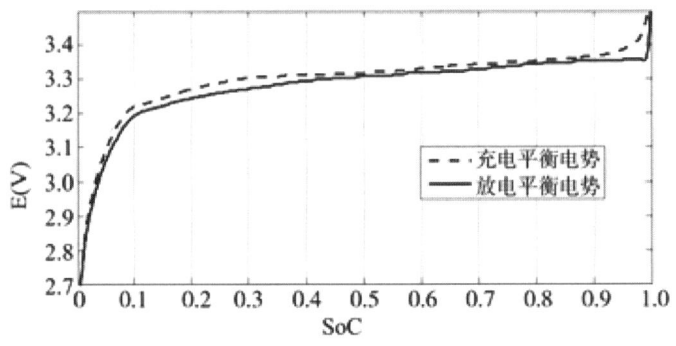

图 6-6 磷酸铁锂电池的充电与放电时的平衡电势曲线

上图表明磷酸铁锂电池存在滞回电压现象（之所以称为滞回电压，是由于电池的充放电曲线的形态类似磁导体的磁滞回性曲线），这种滞回电压现象不仅仅存在于磷酸铁锂动力电池，镍氢电池以及其他类型的锂离子电池也存在滞回电压现象。滞回电压的产生是由电池本身的电化学特性造成的，以磷酸铁锂电池为例，下面将详细说明产生滞回电压的原因。

对于磷酸铁锂电池，Li^+ 的扩散系数以及 Li^+ 迁移和扩散等运动在电池充放电时会存在差异。由于组成磷酸铁锂电池的正极材料为橄榄石结构的晶体 $LiFePO_4$，其充放电过程也就是 Li^+ 从 $LiFePO_4$ 晶体中的脱出和嵌入的过程，Li^+ 的脱嵌导致了正极材料中 LiFe-

PO$_4$/FePO$_4$ 晶体体积与结构的变化,即相变。为了适应这种相变,Li$^+$ 在脱出或嵌入时,晶体会产生一定的压力与张力,这种力以"弹性–塑性"能量的形式存储在晶体里,此时的晶体表现为一个既有弹性又有塑性的物体。

磷酸铁锂电池在放电时,即 Li$^+$ 嵌入 Li$_{1-y}$FePO$_4$(FePO$_4$ 相)中时,弹性–塑性能量使电池电势减小;充电时,即 Li$^+$ 从 Li$_x$FePO$_4$(LiFePO$_4$ 相)中脱出时,"弹性–塑性"能量使电池电势增加。减小的电势 $\Delta E_{\text{discharge}}$ 与增加的电势 ΔE_{charge} 可以用下列式子表示

$$\Delta E_{\text{discharge}} = EMF - E_{\text{discharge}} = \frac{Q^t_{\text{discharge}} + Q^s_{\text{discharge}}}{nF} \quad (6-1)$$

$$\Delta E_{\text{charge}} = E_{\text{charge}} - EMF = \frac{Q^t_{\text{charge}} + Q^s_{\text{charge}}}{nF} \quad (6-2)$$

其中,$E_{\text{discharge}}$,E_{charge} 分别表示电池放电和充电时的平衡电势,EMF 为电池电动势,$Q^t_{\text{discharge}}$,$Q^s_{\text{discharge}}$ 和 Q^t_{charge},Q^s_{charge} 分别表示放电和充电时的"弹性–塑性"能量,n 表示电化学反应时的化学计量数,F 为法拉第常数。

在磷酸铁锂电池充电和放电过程中,随着放电深度和充电深度的增加,"弹性–塑性"能量会随之增大。根据上面的式子,"弹性–塑性"能量越高,偏离 EMF 的值就越大。由于充电和放电起始的"弹性–塑性"能量不同,LiFePO$_4$/FePO$_4$ 相变会不同,不同的相变会产生不同的"弹性–塑性"能量,从而导致了充电(放电)的平衡电势的差异。另外,如果对一个处于放电平衡状态的电池进行充电,此时在同一 SoC 值处,得到充电平衡电势会低于一直处于充电状态的电池的平衡电势。

因此,根据实验获得的充放电平衡电势曲线以及产生滞回电压的电化学机理,可以通过对充放电平衡电势进行加权,来获得电池的电动势 EMF

$$\text{放电:} V_h = \lambda (E_{\text{charge}} - E_{\text{discharge}}) \quad (6-3)$$

$$\text{充电:} V_h = (1 - \lambda)(E_{\text{charge}} - E_{\text{discharge}}) \quad (6-4)$$

$$EMF = \lambda E_{\text{charge}} + (1 - \lambda) E_{\text{discharge}} \quad (6-5)$$

根据上式的计算方法以及实验获得的数据,计算出 SoC – EMF 的关系曲线如图 6 – 7 所示。

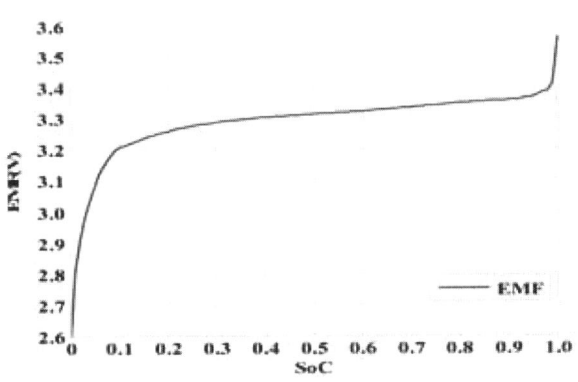

图 6 – 7 SoC – EMF 关系曲线

因此，可以按照 EMF 与 V_h 分别建模，图 6-8 为组成电池等效电压源的两个部分 EMF 与 V_h，而两者的结合能够很好地还原测试结果，这将在 6.4 节中继续讨论。

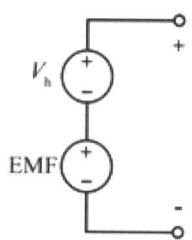

图 6-8　电池等效电压源

6.3.2　磷酸铁锂电池的超电势特性

当电池发生电极反应时，电极电势会偏离平衡电势，偏离平衡电势的值即为超电势。电池偏离平衡状态时的外特性表现为电池的等效阻抗与回弹电压，本小节将从这两个方面来讨论电池的超电势特性。

1. 电池的等效阻抗特性

电池在充放电时，放出的能量总会比充进电池的能量少，表 6-2 为不同倍率下电池所能放出的能量与充入电池的能量的比。

表 6-2　不同倍率电池的充放电效率

充放电电流（A）	充电（J）	放电（J）	效率	等效电阻值
5	1284672.060	1280946.511	0.997	0.00207
20	1255924.267	1240099.621	0.987	0.00220
40	1282355.126	1249783.306	0.975	0.00226
60	1269754.883	1219726.541	0.961	0.00232

从表中可以看出，电池在充放电循环时，会有能量的损耗，并且用损耗的能量计算出的等效阻抗的值基本接近。因此，可以认为电池的内部存在一个等效电阻，在电池充放电时它会消耗一定的能量。

在电池工作过程中，由于电池的组成材料和电池的极化等原因，电流通过电池时会产生一定的电压降，这种现象对外表现为电池的等效内阻。图 6-9 为电池内阻构成的示意图，它主要由欧姆电阻和极化电阻两部分组成。

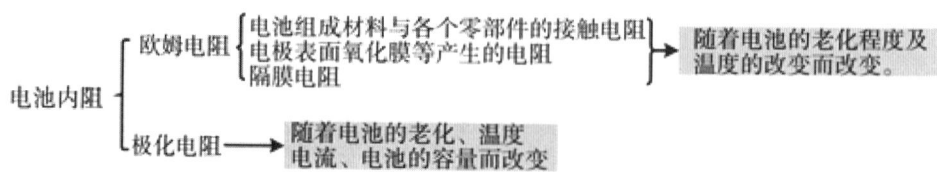

图 6-9　电池内阻的组成结构

所谓欧姆电阻就是由于电池体系结构特征以及组成电池的材料等原因产生的电阻,它包括电极、电解质溶液、隔膜等与各部分零部件之间的接触电阻、电极表面氧化膜产生的电阻以及隔膜电阻。对于各个零部件之间的接触电阻。可以看做常数。另外,电池在工作过程中,电极表面可能会产生难溶性物质,即电极表面可能存在氧化膜、沉淀膜等物质,导致一定的电阻产生,对于一定的电极,这种电阻可以视为常数。隔膜只有浸入电解液中才会导电,当电池工作时,离子通过隔膜会受到一定的阻力,这种阻力即为隔膜电阻。隔膜电阻主要与隔膜的材料以及电解质的电阻率有关。对于一定的隔膜,其材料性质基本不变,而对于一定的电解液,其电阻率主要与温度有关。因此,隔膜电阻与电解质的电阻也可以近似视为常数。

对于可再充电电池,即可逆电池,其电极也是可逆的,这种电极称为可逆电极。在电池没有工作时,流过电极的电流为零,电极上的氧化反应速率和还原反应速率相等,净反应速率为零,电池体系处于动态平衡中;当有电流流过电极时,电池体系不再处于平衡状态,电极的净反应速率也不再为零,电极的电位会偏离原来平衡时的电位,这种现象称为电极的极化,由于电极的极化所产生的电阻称为极化电阻。造成电极极化的原因比较复杂,电极极化发生在电极/溶液界面,包括一系列吸附、脱嵌、电荷转移、电化学反应等步骤,这些步骤在电极反应中都是串联完成的,当某个步骤速率最慢,即所受阻力最大时,整个电极极化过程由这个步骤所控制,根据控制步骤的不同,电极极化可分为电化学极化、浓差极化以及电阻极化。

综合电池内阻的电化学机理以及实验测得的外特性曲线,对于一定的电池体系,其极化内阻主要受温度、电池的老化程度的影响,在一定的温度范围和循环寿命内,其值可以认为基本不变。

2. 电池的回弹电压特性

对于电池回弹电压的外特性表现,可以通过测量电池由工作状态变为静置后的开路电压来获得。图 6-10 为在 20℃环境下同一放电倍率不同 SoC 值处静置后的电池的开路电压变化曲线。

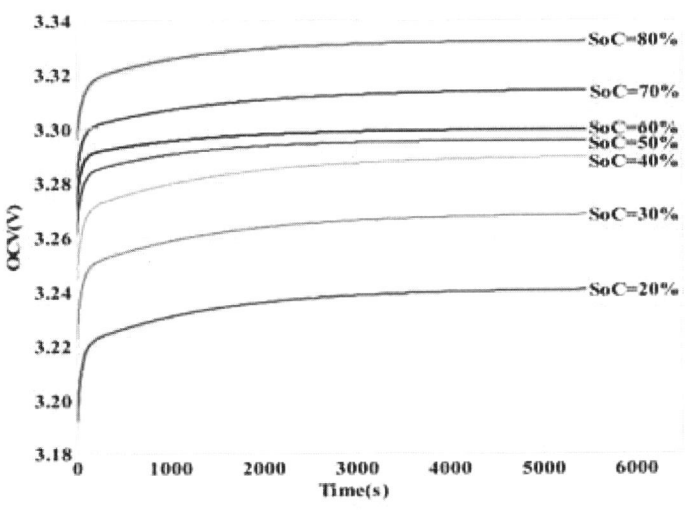

图 6-10 同一放电倍率,不同截止 SoC,放电后静置一段时间的电压曲线

图 6 – 10 中所示的曲线形态基本一致，图中所示的不同 SoC 所对应的电压大小不同，主要是受不同 SoC – EMF 关系所致。

电解液是电池的重要组成部分之一，水的理论分解电压为 1.23V，以水为溶剂的电解液构成的电池中，最高的电池电压也只有 2V 左右（如铅酸电池）。然而，锂离子电池的电压为 3~4V，以水为溶剂的电解液不再适用于锂离子电池，因此，锂离子电池的电解液必须采用非水溶剂的电解液。

电解液的电导率主要与溶剂的介电常数和黏度有关，介电常数越高，自由锂离子数越多，电解液的电导率越高；黏度越低，离子的移动速度越快，电解液的电导率相应地也越高。水的介电常数远远高于其他常见的非水溶剂的介电常数，这样就导致锂离子电池的电解液电导率只有以水为溶剂的电解液（如铅酸电池、碱性电池的电解液）的电导率的几百分之一。较低的电导率使锂离子电池在较大电流放电时，来不及从电解液中补充和电流相当的锂离子，这样就会产生一个电压降，当电池停止放电，流过电池的电流为零时，来不及补充的锂离子会经过扩散和相位转变两个阶段，使电池体系回至平衡状态，对外表现为电池的开路电压先急剧上升后缓慢上升，直至上升到平衡时的电压，即电池的电动势，这种现象即为电池的电压回弹特性。

综上所述，磷酸铁锂电池的超电势所表现出的是既有阻性又有容性的特性，因此，可以用阻容网络来实现电池的超电势特性。图 6 – 11 为模拟电池超电势特性的 n 阶 RC 网络结构图。

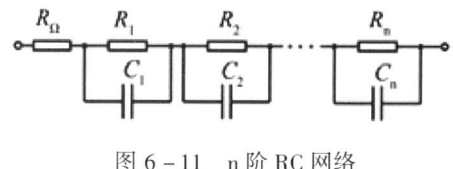

图 6 – 11　n 阶 RC 网络

6.4　一种针对磷酸铁锂动力电池的新型模型

由于现有电池模型不适合用于磷酸铁锂动力电池，就需要寻找并建立一个近似程度高，结构尽可能简单，参数获取方便的新型动力电池模型。其中，近似程度高的判断标准是相对于电池的外特性而言的，外特性实际上就是磷酸铁锂动力电池在工作过程中所表现出来的电流与电压的关系，即电池的伏安特性。所建立的电池模型适合在温度变化不大的环境下使用。不同的电池等效电路模型所采用的模型参数估计方法也是不同的，本节将针对所提出的新型动力电池模型，寻找一种相应的切实可行的参数估计方法。

6.4.1　新型动力电池模型的建立

传统的电池等效电路模型主要由等效电压源与等效阻抗两部分组成，图 6 – 12 为一种简单的等效电路模型的回路，它由一个理想电压源与一个内阻 r 串联而成。

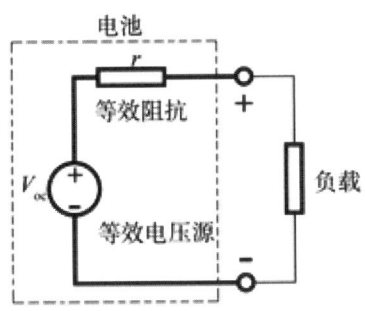

图 6-12 一种简单的电池等效电路

通过大量实验数据对电池的外特性及其相应的电化学机理的进行分析后，可以得出如图 6-13 所示的磷酸铁锂动力电池的等效电路模型。该模型与图 6-5 中电池模型的整体结构类似，同样地由等效电压源与等效阻抗两部分组成，它不仅准确地反映了磷酸铁锂动力电池的回弹电压特性，还加入了磷酸铁锂电池的滞回电压特性，使模型更加完善，更适用于磷酸铁锂动力电池。下面将介绍新型模型的整体结构，并对组成模型的等效电压源与等效阻抗两个部分进行详细讨论。

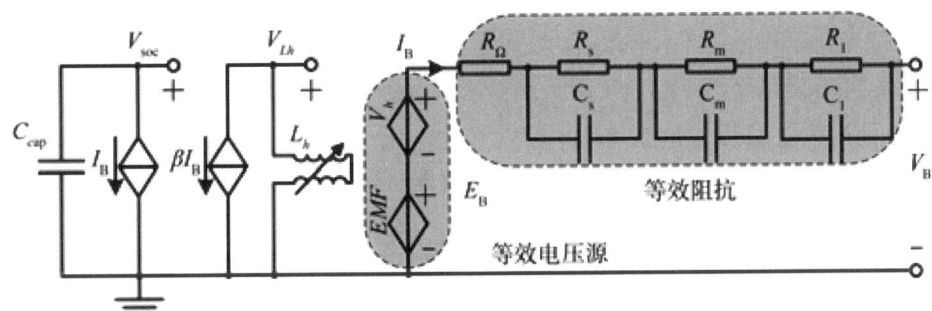

图 6-13 一种新型的动力电池模型

该模型不仅可以实时地得到电池的工作电压 V_B，开路电压 OCV，还可以实时、直接地估算出电池的 SoC 值。由于模型所用到的电路元器件均为常见的简单元器件，因此，模型实现起来较为方便，可以直接用仿真软件里的电路元器件来实现此电池模型，也可以对电路模型先进行电路分析后得到模型的数学关系，根据得到的数学关系式来实现所建立的动力电池模型。

所提出的新型动力电池模型主要分为两个子模块，电池的等效阻抗模块和电池的等效电源模块，即图 6-13 中所示的 RC 串并联网络与 E_B 电源部分。

1. 等效电压源子模块

受控源是一种能够受到电路中其他任意支路的电流或任意单个或多个元件的电压控制的电源，对于磷酸铁锂电池的滞回电压特性以及 SoC 与 EMF 之间的非线性关系，可以用受控源来表达。图 6-14 为所建立的磷酸铁锂动力电池模型的等效电压源部分。

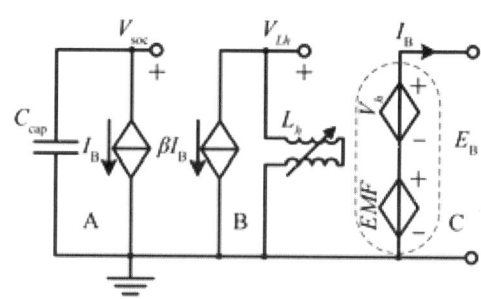

图 6-14 等效电压源子模块

图 6-14 所示的磷酸铁锂动力电池模型的等效电压源含有支路 A，B，C 三条支路，支路 C 中表示的等效电压源 OCV 由 EMF 与 V_h 两种电源组成。表示 EMF 的电压源受电池的 SoC（V_{soc}）控制；表示滞回电压 V_h 的电压源受电池的 SoC（V_{soc}）以及 V_{Lh} 控制。

支路 A 中的电容 C_{cap} 的电容值的大小表示电池的额定容量，流过 C_{cap} 的电流值大小为流过电池的电流值大小，即支路 A 中所示的电流控制电流源（CCCS）I_B，其两端的电压 V_{soc} 表示电池的剩余容量 SoC，因此，V_{soc} 的值在 0~1 之间。

磷酸铁锂动力电池的滞回电压不仅与电池的 SoC 有关，而且还受历史电流的影响。要判断电池在某一时刻的滞回电压 V_h 为充电滞回还是放电滞回，首先要知道电池在这一时刻之前的一段时间的工作情况为充电还是放电，因此，就要用到对电流有记忆效应的电路元器件来表示滞回电压 V_h 受历史电流的影响。如支路 B 中所示的可调电感 L_h，流过它的电流受电池的电流 I_B 的控制，可调电感两端的电压 V_{Lh} 表示电池的滞回电压 V_h 为放电滞回还是充电滞回，即 V_{Lh} 决定了滞回电压 V_h 的方向。滞回电压 V_h 的大小受电池的剩余电量 SoC 的控制，即受支路 A 中电容 C_{cap} 两端电压 V_{soc} 的控制。

因此，用受控源能够很好地反映电池的 SoC-EMF、SoC-Vh 的关系，并且通过所建立的等效电压源能够直接实时地获得电池的剩余电量 SoC。

2. **等效阻抗子模块**

根据电池的回弹电压曲线所表现的特性，以及电池回弹特性的机理，可以建立电池的等效阻抗模型。图 6-15 为在室温下，以 0.5C 放电倍率对电池放电后静置一段时间的开路电压曲线。

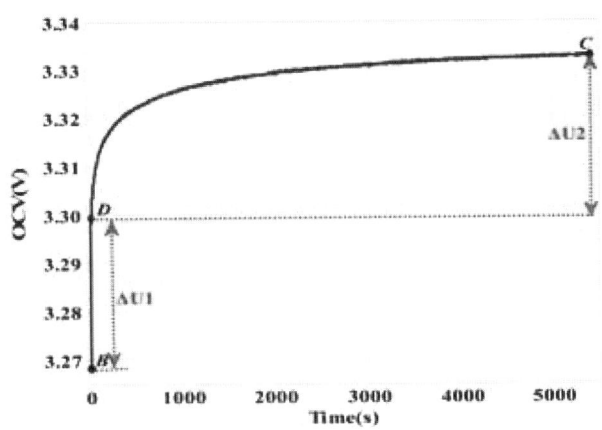

图 6-15 回弹电压曲线

如图 6-15 中所示，可以将电池的回弹特性曲线，即电压的变化 ΔU 部分，分为电压上升迅速部分和电压上升缓慢两个部分，即 $ΔU_1$ 部分和 $ΔU_2$ 部分。

$ΔU_1$ 部分主要是受电池的欧姆内阻的影响。假设电池内阻为与理想电源串联的电阻，那么在断开电池回路的瞬间，流过串联内阻的电流值会突然为零，即开路电压会有一个相应的跳变。因此，$ΔU_1$ 部分的电压变化可以考虑为一个欧姆电阻在断电瞬间的电压响应。

$ΔU_2$ 部分的电压变化主要是受磷酸铁锂正极材料的相位转变以及电池的极化的影响，即 Li^+ 扩散/迁移速率的影响。在 $ΔU_2$ 部分，电池开路电压的上升速率在开始回弹的 200s 内较快，在 200~500s 内上升速率有所下降，在 500s 后上升速率较慢，此时电池的开路电压变化也较小。因此，$ΔU_2$ 部分可以对应等效为三阶 RC 网络的电压响应。

综合 $ΔU_1$ 部分和 $ΔU_2$ 部分，为了建立与电池实际的外特性近似程度较高并且结构较为简单的等效阻抗模型，可以将电池的等效阻抗模型用图 6-16 所示的三阶 RC 串并联网络来描述。

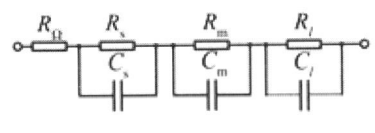

图 6-16 等效阻抗模型

所建立的模型之所以采用三阶 RC 网路，而非二阶或四阶甚至更高阶的 RC 网络，主要是考虑到建立等效电路模型时必须具备的特征：所建立的模型反映出的外特性与电池实际外特性相比，近似程度要高；模型的结构要较为简单。然而，这些特征是相互矛盾的，模型的近似程度越高，所需要的 RC 网络的阶数越高，模型的结构就会越复杂；反之，模型的结构越简单，近似程度就会越低。下面将讨论 RC 网络阶数的选择。

图 6-17 为用不同阶数的 RC 网络模拟磷酸铁锂电池的超电势特性，所输出的电池的 OCV 曲线。

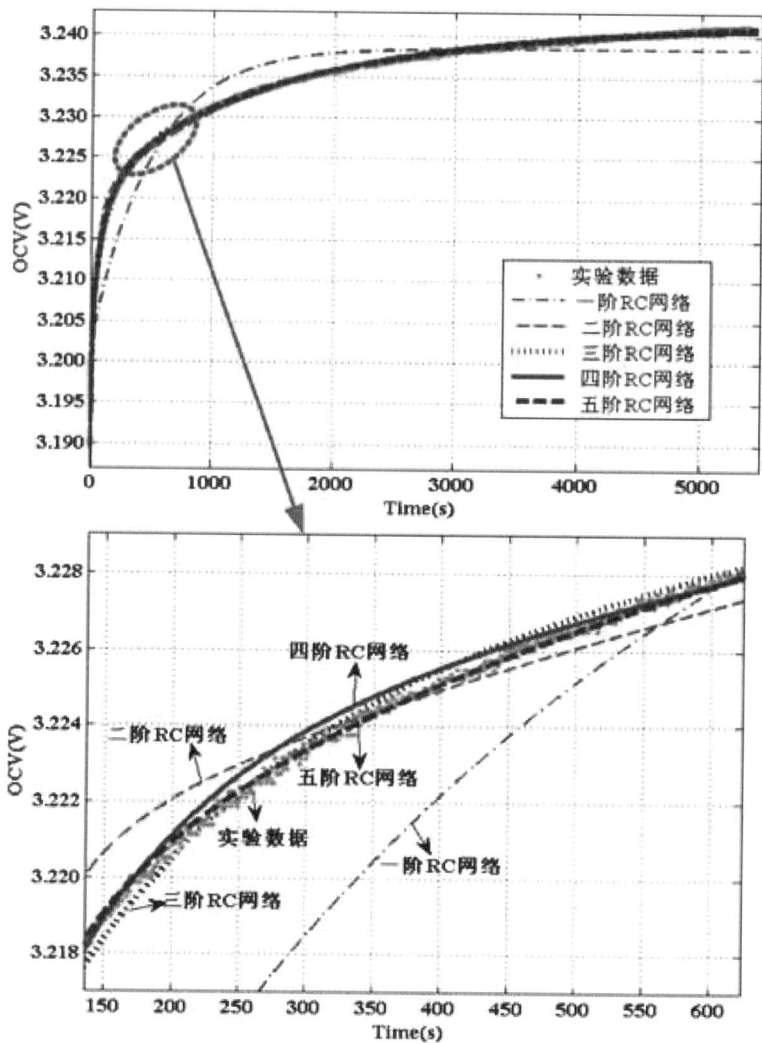

图 6-17 不同阶数的 RC 网络模拟的回弹电压特性

表 6-3 为不同阶数的 RC 网络模型应用于磷酸铁锂电池时，模型输出的电池的 OCV（与实际测得电池的 OCV 相比）所产生的误差，由于一阶 RC 网络在图 6-17 中模拟的特性与电池的实际回弹特性相差较远，在此只比较二阶至五阶的 RC 网络所产生的误差。

表 6-3 不同 RC 网络阶数拟合电池外特性的误差

RC 网络阶数	标准差（V）	最大偏差（V）	平均偏差（V）
二阶	0.0005751	0.00320	0.000225
三阶	0.0002144	0.00086	0.000163
四阶	0.0002313	0.00062	0.000115
五阶	0.0001398	0.00107	0.000121

比较图 6-17 与表 6-3 中所示的用各阶 RC 网络拟合电池外特性时近似程度以及所产生的误差，RC 网络的阶数越高，拟合的近似程度越高。但是，从三阶 RC 网络到五阶 RC 网络，其误差变化不大，并且从电路模型的复杂度上考虑，选择三阶 RC 网络比较适合磷酸铁锂动力电池的建模。

6.4.2 模型各部分参数估计

1. 关于等效电压源的参数估计

电池的等效电压源 E_B 由 EMF 和 V_h 两部分组成，即 $E_B = EMF + V_h$。要确定 E_B，即是要分别确定 EMF 和 V_h 的大小，具体的做法如下（注意，由于在数值上 V_{SOC} 与 SoC 相等，为了简洁，下面基本都用 SoC 来取代 V_{SOC}）。

下面首先讨论如何确定 V_h 的数值，其依据是前面的公式（6-3）和（6-4）。根据磷酸铁锂电池的滞回电压特性，在平台区，由于组成电极的晶体较稳定，滞回电压 V_h 也相应稳定，此时在计算 V_h 时，权值 λ 可取 0.5；而在非平台区，SoC 与权值 λ 为线性关系，即 SoC = 0~0.1 时，$\lambda = 1~0.5$，SoC = 0.9~1 时，$\lambda = 0.5~1$。表 6-4 为不同 SoC 在充放电时所对应的滞回电压 V_h 的计算方法。

表 6-4　不同 SoC 在充放电时所对应的滞回电压 V_h

SoC	充电时的 V_h	放电时的 V_h
0→0.1	$V_h = 5\text{SoC}(E_{charge} - E_{discharge})$	$V_h = (-5\text{SoC} + 1)(E_{charge} - E_{discharge})$
0.1→0.9	$V_h = 0.5(E_{charge} - E_{discharge})$	$V_h = 0.5(E_{charge} - E_{discharge})$
0.9→1	$V_h = (5\text{SoC} - 4)(E_{charge} - E_{discharge})$	$V_h = (-5\text{SoC} + 5)(E_{charge} - E_{discharge})$

其中 $E_{discharge}$ 为测试所得的放电平衡电势，E_{charge} 为充电的平衡电势。需要注意的是 V_h 的符号是由 V_{Lh} 来确定的，可用一个简单的符号函数来表示，即当 $V_{Lh} > 0$ 时，V_h 为正，对应于表 6-4 中的 "充电" 列；当 $V_{Lh} < 0$ 时，V_h 为负，对应于表 6-4 中的 "放电" 列。

下面讨论如何确定 EMF 的大小。由于 EMF = $E_B - V_h$，根据公式（6-5）EMF 的值便可确定，如表 6-5 所示，为不同 SoC 值所对应的 EMF 值的计算式。

表 6-5　不同 SoC 所对应的 EMF 值的计算方法

SoC	EMF
0→0.1	$EMF = (-5\text{SoC} + 1)E_{charge} + (5\text{SoC})E_{discharge}$
0.1→0.9	$EMF = 0.5(E_{charge} + E_{discharge})$
0.9→1	$EMF = (-5\text{SoC} + 5)E_{charge} + (5\text{SoC} - 4)E_{discharge}$

2. 关于等效阻抗的参数估计

电池停止工作瞬间，电压开始回弹（充电停止时下降，放电停止时上升），如图 6-18 所示，以 0.5C 的放电倍率将电池放电 300s 后静置的曲线为例。A 点之前为静置，A→B 为放电区域，B→C 静置区域，A→B 与 B→C 时间相同，静置时间足够长，即 OCV_C 为平衡电势，$t_{A\to B} = t_\omega = 12\text{min} = 720s$，为 0.5C 恒流放电。

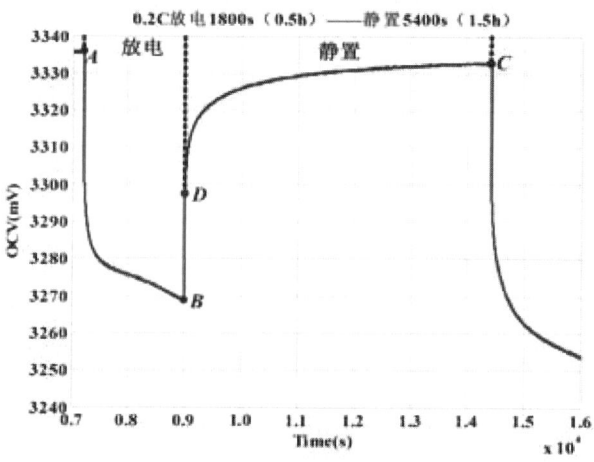

图 6-18 电池放电——回弹曲线

在 $A \rightarrow B$ 区域，RC 网络为零状态响应 $[u(t) = R \cdot i(t) \cdot (1 - e^{-\frac{t}{RC}})]$。如图 6-19 为结合电池的等效电路模型，若以 A 为起点（$t_A = 0$），则 $A \rightarrow B$ 区域内任意时刻 t（以 t_A 为原点）的电池电压为

$$u_B(t) = E_B(t) - u_s(t) - u_m(t) - u_l(t) - IR_\Omega$$
$$= E_B(t) - IR_s(1 - e^{-\frac{t}{R_sC_s}}) - IR_m(1 - e^{-\frac{t}{R_mC_m}}) - IR_l(1 - e^{-\frac{t}{R_lC_l}}) - IR_\Omega \quad (6-6)$$

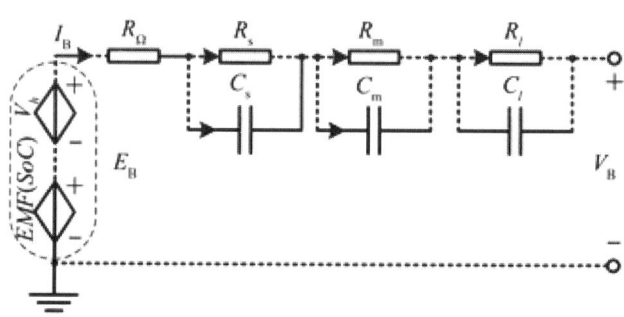

图 6-19 电池等效电路——放电回路

由于放电时间 $t_\omega = 720s$，并且根据实验数据以及磷酸铁锂电池的特性可以估计 R_s、R_m、R_l 的值为毫欧级，C_s、C_m、C_l 在 $10^3 \sim 10^5$ 数量级之间，因此 $\frac{t}{R_sC_s}$、$\frac{t}{R_mC_m}$、$\frac{t}{R_lC_l}$ 的值在 $10 \sim 100$ 的数量级之间，即 $e^{-\frac{t_\omega}{R_sC_s}} \approx e^{-\frac{t_\omega}{R_mC_m}} \approx e^{-\frac{t_\omega}{R_lC_l}} \approx 0$（$e^{-10} = 4.5400e - 005$），则 B 点的工作电压可表示为

$$u_B(t_\omega) = OCV_C - IR_s - IR_m - IR_l - IR_\Omega \quad (6-7)$$

因此，B 点处三个 RC 网络的电压分别为

$$u_s(t_\omega) = IR_s \quad (6-8)$$

$$u_m(t_\omega) = IR_m \tag{6-9}$$
$$u_l(t_\omega) = IR_l \tag{6-10}$$

从图 6-18 中可以看出，在 B 点处电池从工作状态转变为静置状态，即在电池回路断开的瞬间，电池的电压会有一个跳变，这主要由欧姆内阻所致。根据已建立的电池的等效电路模型，这种现象对应于等效电路模型中串联电阻 R_Ω 的影响，即 $B \to D$（B、D 时间间隔很小，几乎为同一时间点）有欧姆电压降，则欧姆内阻 R_Ω 可用下式计算

$$R_\Omega = \frac{|U_D - U_B|}{I} \tag{6-11}$$

下面进行极化电阻和极化电容的参数估计。

当电池的回路断开后，流过电池的外部电流 I_B 为零，电池的内部受电池的电化学机理的影响，电极的净反应速率不会立刻为零。如图 6-18 所示的 $B \to C$ 区域，对应静置时的回弹特性，电池等效电路模型的静置回路如图 6-20 所示。

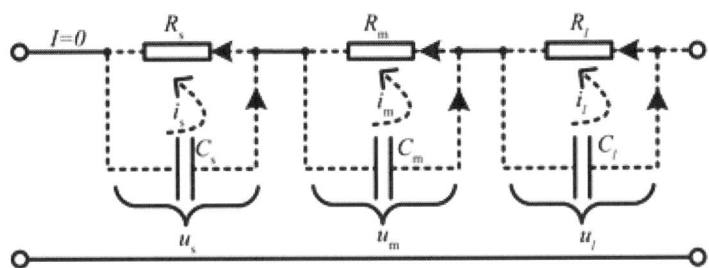

图 6-20　电池放电后静置的等效阻抗的电压响应

图 6-20 中，RC 网络为零输入响应 $[u(t) = U(0)e^{-\frac{t}{RC}}]$，由于 $B \to D$ 区域存在的欧姆电压降，在通过拟合 $U_C(t)$ 曲线来计算 R_s、C_s、R_m、C_m、R_l、C_l 参数时，对于拟合所用到的数据，应取 B 点后的下一个采样点开始到 C 点的数据，即 $D \to C$ 区域的数据。则以 D 点为起点（$t = 0$），RC 网络的电压初始值为 B 点（或 D 点）时刻的值，即 $u_s(0) = u_s(t_\omega) = IR_s$，$u_m(0) = u_m(t_\omega) = IR_m$，$u_l(0) = u_l(t_\omega) = IR_l$，则 $D \to C$ 区域中任意时刻的电池工作电压为：

$$\begin{aligned}u_C(t) &= OCV_C - u_s(t) - u_m(t) - u_l(t) \\ &= OCV_C - u_s(0)e^{-\frac{t}{R_sC_s}} - u_m(0)e^{-\frac{t}{R_mC_m}} - u_l(0)e^{-\frac{t}{R_lC_l}} \\ &= OCV_C - IR_se^{-\frac{t}{R_sC_s}} - IR_me^{-\frac{t}{R_mC_m}} - IR_le^{-\frac{t}{R_lC_l}} \end{aligned} \tag{6-12}$$

由于静置的时间足够长，$e^{-\frac{t}{R_sC_s}} \approx e^{-\frac{t}{R_mC_m}} \approx e^{-\frac{t}{R_lC_l}} \approx 0$，则 C 点的电压为

$$U_C(t_\omega) = OCV(t_\omega) - U_{ts}(t) - U_{tl}(t) = OCV_C \tag{6-13}$$

因此，从 B 点回弹至 C 点的电压的增量为

$$U_C - U_B = IR_\Omega + IR_s + IR_l \tag{6-14}$$

上式说明了电池电压回弹值的大小是由电池的等效内阻决定的。

将回弹电压与时间（OCV – Time）的曲线按照函数 $y = OCV_\infty - b_1 e^{-\tau_1 t} - b_2 e^{-\tau_2 t} - b_3 e^{-\tau_3 t}$ 拟合后，可以得到参数 b_1、τ_1、b_2、τ_2、b_3、τ_3，则可求得模型的参数如下：

$$\begin{cases} R_s = \dfrac{b_1}{I} \\ R_m = \dfrac{b_2}{I} \\ R_l = \dfrac{b_3}{I} \\ C_s = \dfrac{I}{\tau_1 b_1} \\ C_m = \dfrac{I}{\tau_2 b_2} \\ C_l = \dfrac{I}{\tau_3 b_3} \end{cases} \quad (6-15)$$

根据上述方法计算模型中的参数，在程序中实现较为复杂，且计算指数函数所需的时间较长，但对多项式的计算较快，且实现起来较为方便，由于 RC 网络的电压响应函数是连续可导的，可以作近似化处理，下一小节将详细描述这个处理过程。

6.4.3 近似化处理

1. 电池电动势的近似化处理

考虑到电池模型在嵌入式系统中的应用，关于电池电动势的参数估计可以根据得到的 SoC – EMF 曲线，用查表的方法来获得。

2. 等效阻抗参数估计的近似化处理

由于指数计算在嵌入式系统中实现时速度较慢且较难实现，而多项式的计算则相对较快且较容易实现。为了验证用多项式代替指数函数的可行性与合理性，表 6 – 6 为在程序中计算指数函数与计算各阶多项式（泰勒展开式）循环 100000 次的时间的对比。

表 6 – 6　多项式与指数函数的计算时间对比

函数	指数函数	二阶多项式	三阶多项式	四阶多项式	五阶多项式
计算时间（s）	0.0308	0.0018	0.00325	0.0038	0.0047

从表 6 – 6 中可以看出，指数函数的计算时间比多项式（相应的泰勒展开式）的计算时间高一个数量级。因此，将 RC 网络的电压响应函数按照泰勒公式展开，如下式所示

$$\begin{aligned} y &= OCV_\infty - b_1 e^{-\tau_1 t} - b_2 e^{-\tau_2 t} - b_3 e^{-\tau_3 t} \\ &= 1 + (b_1\tau_1 + b_2\tau_2 + b_3\tau_3)t + (-b_1\tau_1^2 - b_2\tau_2^2 - b_3\tau_3^2)\dfrac{t^2}{2!} + \\ &\quad \cdots + (-1)^{n+1}(b_1\tau_1^n + b_2\tau_2^n + b_3\tau_3^n)\dfrac{t^n}{n!} + \cdots \end{aligned} \quad (6-16)$$

由于按照泰勒公式展开的多项式是对函数的一种近似,且三阶 RC 网络的电压响应函数较为复杂,为了与 RC 网络的电压响应函数所得到的结果更接近,可将电池的回弹电压曲线,按照电压的变化趋势分三个阶段,分别用多项式来拟合电压响应函数曲线,如图 6 - 21 所示。

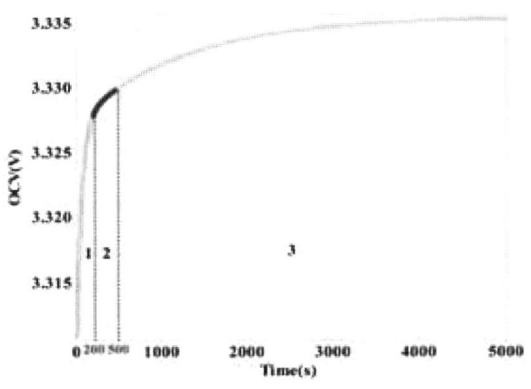

图 6 - 21 电池回弹电压曲线的分段

为了寻找更为接近三阶 RC 网络的电压响应,如表 6 - 7 所示,分别对比了在回弹电压曲线不同阶段,用不同阶数的多项式对 RC 网络的电压响应曲线进行拟合所产生的误差。

表 6 - 7 泰勒公式近似三阶 RC 网络响应函数后的误差

电压回弹阶段		第一阶段	第二阶段	第三阶段
二阶	标准差	$4.09e-004$	$3.474e-005$	$1.81e-004$
	最大偏差	$1.216e-003$	$1.23e-004$	$6.227e-004$
三阶	标准差	$7.89e-005$	$1.003e-005$	$4.195e-005$
	最大偏差	$2.42e-004$	$3.728e-005$	$1.577e-004$
四阶	标准差	$1.226e-005$	$2.379e-006$	$7.991e-006$
	最大偏差	$3.8e-005$	$9.2e-006$	$3.44e-005$
五阶	标准差	$1.594e-006$	$4.763e-007$	$1.4e-006$
	最大偏差	$4.9e-006$	$1.9e-006$	$8.41e-006$

从表 6 - 7 中可以看出,用三阶多项式来描述电池回弹电压曲线的各个阶段最为适合,其相对二阶多项式误差较小,尽管相对四阶、五阶误差较大,但其误差的数量级在允许的范围之内,且三阶相比四阶、五阶计算量也较小。因此,对于模型的等效阻抗的参数估计,采用三阶多项式对电池的回弹电压曲线分段进行拟合计算,来求出模型的参数。

如图 6 - 22 所示,为用三阶多项式对电池的回弹电压曲线分段进行拟合计算所得到的结果，细实线为实验数据，粗实线为三阶 RC 网络的计算结果，虚线为三阶多项式的计算结果。

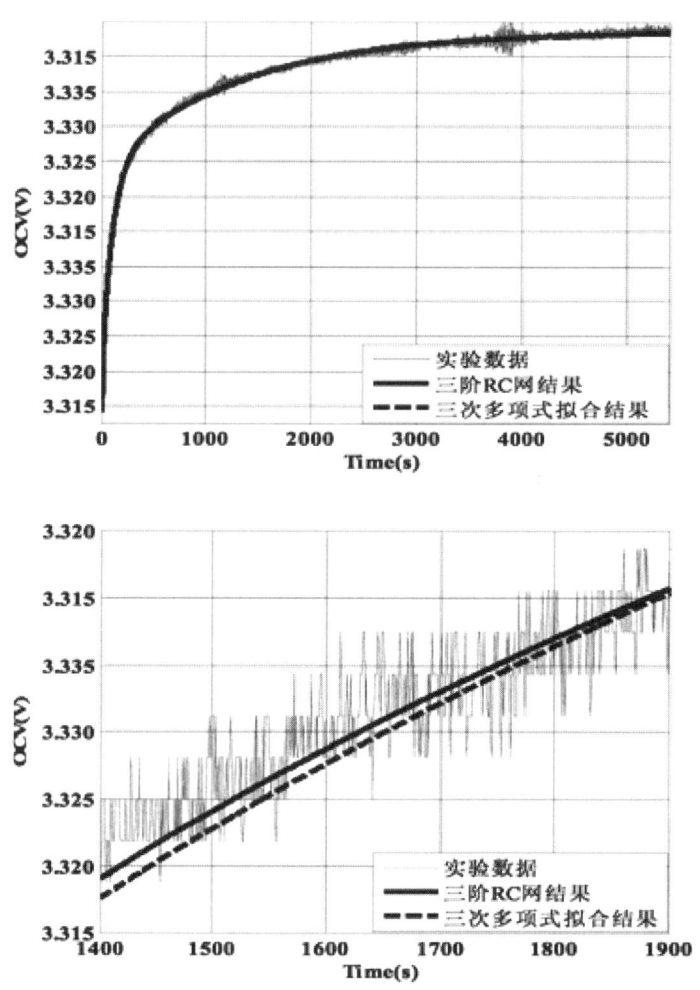

图 6-22　三阶泰勒公式对电池的回弹电压曲线分段进行拟合计算结果

从图 6-22 中可以看出，采用此参数估计方法，不仅近似程度高，而且参数估计的计算过程较简单，而且适合用于嵌入式系统。

6.5　模型的实现及仿真

由于所建立的电池等效电路模型中有部分参数会随电池的 SoC、电流大小等因素的变化而变化，单一地用电路元器件直接建立电池模型不太适合。因此，本节采用 Matlab/Simulink 里的标准模块以及部分电路元器件来实现电池模型。下面将讨论电池模型在 Simulink 里的具体实现过程以及模型的验证与应用。

6.5.1 基于 Matlab/Simulink 的模型实现

为了叙述方便，此处将 6.4 节所建立的模型重新绘制如下，并在图中标注了相应的电压符号，如图 6-23 所示。

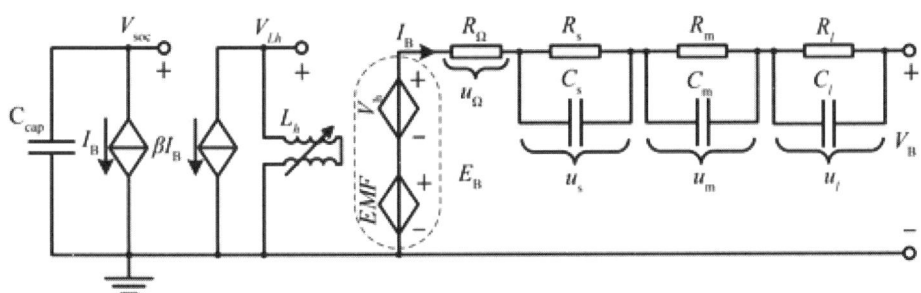

图 6-23 动力电池新型模型

图 6-23 中 EMF 是 V_{SoC}（代表 SoC 的电容 C_{cap} 两端的电压）的函数，V_h 是 SoC 与电流 I_B 的函数，经过对等效电路进行电路分析后，得到等效电压源部分的数学关系，如下式所示

$$\begin{cases} EMF = f_1(V_{SoC}) \\ V_h = f_2(V_{SoC}, V_{Lh}) \\ E_B = EMF + V_h \end{cases} \quad (6-17)$$

其中，$V_{SoC} = \text{InitialSoC} + \dfrac{1}{C_{cap}} \int I_B dt$。

对等效阻抗进行电路分析后，得到等效阻抗中各个部分的电压与电流的关系，如下式所示

$$\begin{cases} \dfrac{1}{C_s} \cdot \dfrac{du_s}{dt} + \dfrac{u_s}{R_s} = I_B \\ \dfrac{1}{C_m} \cdot \dfrac{du_m}{dt} + \dfrac{u_m}{R_m} = I_B \\ \dfrac{1}{C_l} \cdot \dfrac{du_l}{dt} + \dfrac{u_l}{R_l} = I_B \\ u_\Omega = I_B R_\Omega \end{cases} \quad (6-18)$$

根据式（6-17）和（6-18）所示的等效电路中各个参数的关系，可以在 Simulink 中实现所建立的等效电路模型，图 6-24 为模型仿真实现结构图。

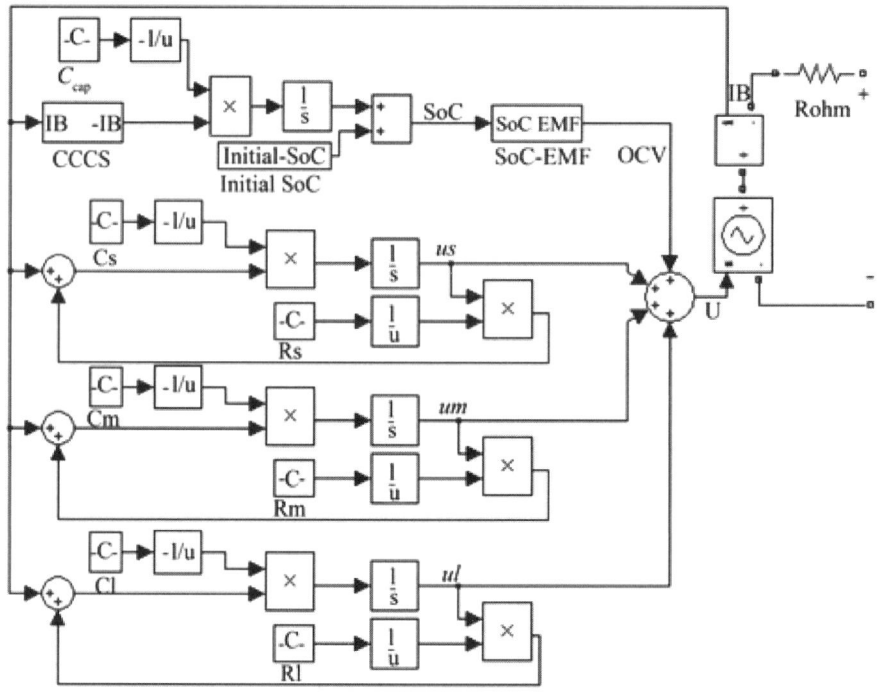

图 6-24 Simulink 模型结构图

图 6-24 中 Simulink 模型所示的常数模块和电阻 R_{ohm} 为电池模型的参数,在此用电阻元器件表示电池的欧姆内阻,而不使用数学关系式模块表示的原因有两个:第一,在电池的循环寿命变化不大的情况下,电池的欧姆内阻基本不变;第二,加入电路元器件可以防止在仿真过程中代数环的产生,避免增加多余的模块(模型仿真中如果出现代数环,需要增加延迟模块来消除代数环),降低了模型的复杂度。

模型中 C_{cap} 为电池的额定容量,例如,对于一个额定容量为 100Ah 的电池,其 $C_{cap} = 100 \times 3600 = 3.6 \times 10^5 (A \cdot s)$;Initial SoC 为电池工作之前的初始剩余容量 SoC 的值,在进行仿真之前可以根据需要在 0~1 之间任意设定;R_s、C_s、R_m、C_m、R_l、C_l 和 R_Ω 为对应电池等效电路模型中的等效阻抗的参数。

6.5.2 工况仿真

所建立的电池等效电路模型不仅考虑了磷酸铁锂动力电池的回弹电压特性,还考虑到电池的滞回电压特性,因此,结合实验测得的电池工作电压与电流,可以得到精确的 SoC 值。本小节将以十五工况与 UDDS 工况为例,来验证模型估算 SoC 的准确性。

1. 基于十五工况电池性能仿真及 SoC 估算

十五工况是我国颁布的"轻型汽车排气污染物排放标准"(现标准编号为GB14671.1—93)中规定的试验工况,它包括了怠速、加速、等速、减速等四个循环工况。因此,用十五工况来验证模型的有效性与准确性具有较为实际的意义,图 6-25 为十五工况的功率谱图。

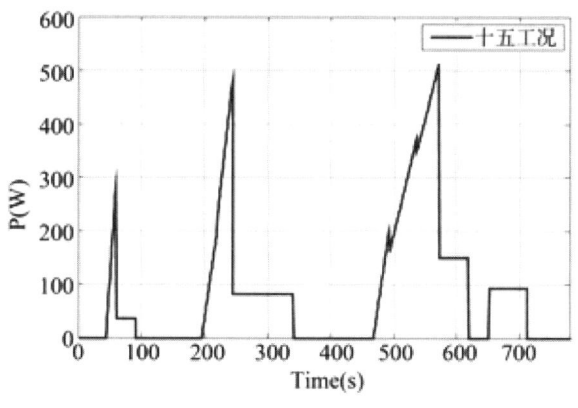

图 6-25 十五工况

图 6-26 为用十五工况来对模型进行仿真验证后的电池的工作电压随时间变化的曲线。由于所用到的动力电池的额定容量较大,工况循环次数较多,限于图片的大小,在此截出其中一部分循环工况的仿真结果,图中实线为仿真结果,虚线为实验结果。

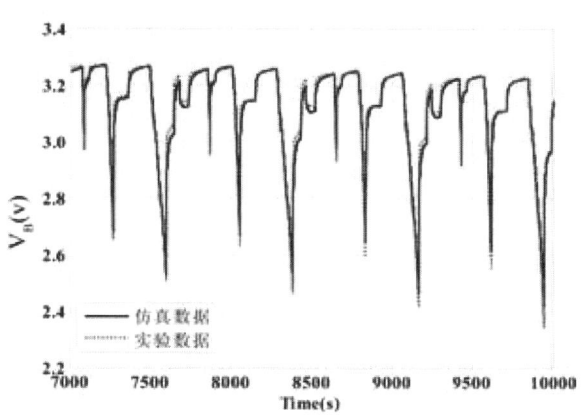

图 6-26 基于十五工况仿真与实际电池的外特性

从图 6-26 中的电压曲线可以看出,用十五工况对所建立的电池模型进行仿真测试后电池的外特性与实际电池的外特性的近似程度较高,如表 6-8 所示,为仿真的电池的工作电压相比真实工作电压的误差。

表 6-8 基于十五工况仿真的电压相比真实电压的误差

误差	标准差(V)	平均偏差(V)	最大偏差(V)
仿真结果	0.0226	0.0168	0.0274

图 6-27 为用十五工况来对模型进行仿真验证后的 SoC 随时间变化的曲线,图中实线为仿真结果,虚线为实验结果。

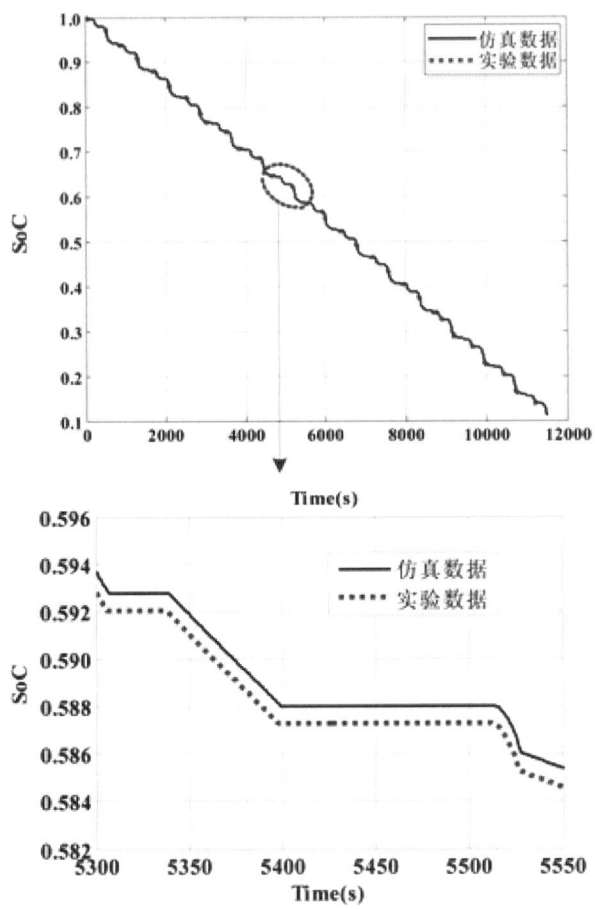

图 6-27 基于十五工况测试的 SoC 估算结果

从图 6-27 中可以看出，所建立的模型在应用于十五工况循环时，对电池的 SoC 估算较准确，如表 6-9 所示，为 SoC 的估算误差。

表 6-9 基于十五工况测试的 SoC 估算误差

误差	标准差	平均偏差	最大偏差
仿真结果	1.186e-004	7.7220e-005	6.22e-004

综合上述的仿真结果，所建立的电池模型在用十五工况进行验证时，所表现出的外特性与电池真实的外特性的近似程度较高，并且所估算出的 SoC 值比较精确，验证了模型的可行性与有效性。

2. 基于 UDDS 工况电池性能仿真及 SoC 估算

UDDS（Urban Dynamometer Driving Schedule）工况，即城市循环工况，是美国环保局为轻型汽车设计的城市循环工况。虽然 UDDS 工况最初是为传统汽车设计的，但是它也可以用于纯电动汽车的测试（例如续驶里程的测试等），图 6-28 为 UDDS 工况图。

第六章　动力电池的建模与仿真　91

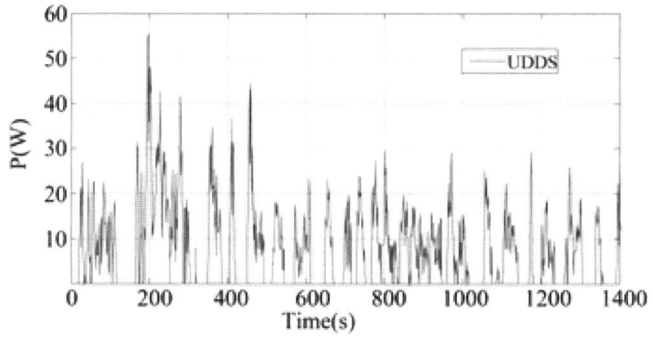

图 6 – 28　UDDS 工况

图 6 – 29 为用 UDDS 工况来对模型进行仿真验证后的 SoC 随时间变化的曲线，同样地，由于所用到的动力电池的额定容量较大，工况循环次数较多，限于图片的大小，在此截出其中一部分循环工况测试结果，图中实线为实验结果，虚线为仿真结果。

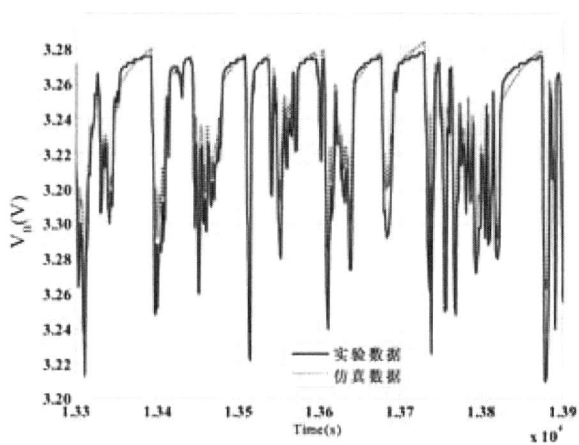

图 6 – 29　基于 UDDS 工况仿真与实际电池的外特性

从图 6 – 29 中的电压曲线可以看出，用 UDDS 工况对所建立的电池模型进行仿真测试后电池的外特性与实际电池的外特性的近似程度较高，表 6 – 10 为仿真的电池的工作电压相比真实工作电压的误差。

表 6 – 10　基于 UDDS 工况仿真的电压相比真实电压的误差

误差	标准差（V）	平均偏差（V）	最大偏差（V）
仿真结果	0.0198	0.0202	0.0496

图 6 – 30 为用 UDDS 工况来对模型进行仿真验证后的 SoC 随时间变化的曲线，图中实线为仿真结果，虚线为实验结果。

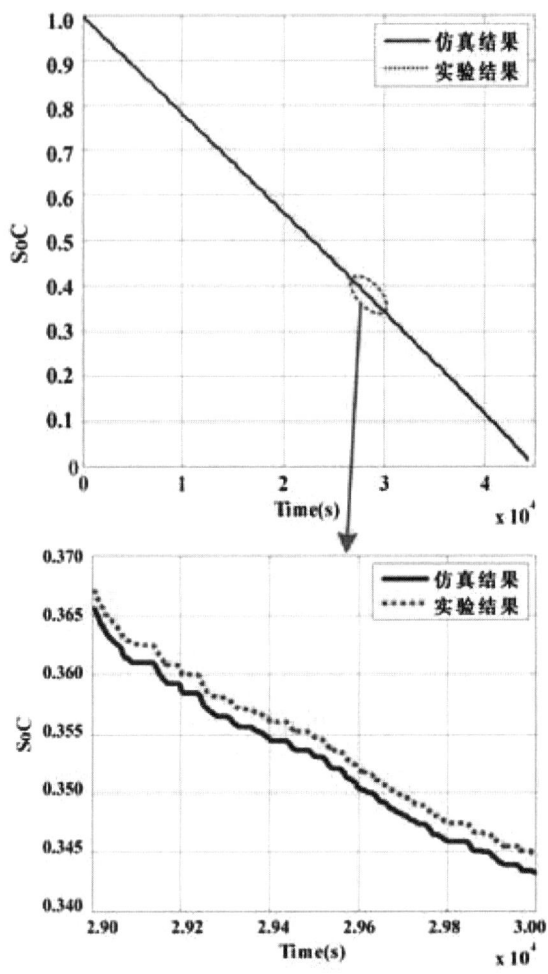

图 6-30 基于 UDDS 工况测试的 SoC 估算结果

对应图 6-30 中 SoC 的估算误差如表 6-11 所示。

表 6-11 基于 UDDS 工况测试的 SoC 估算误差

误差	标准差	平均偏差	最大偏差
仿真结果	2.6125e-005	2.2296e-005	1.8988e-004

综合上述的仿真结果,所建立的电池模型在用 UDDS 工况进行验证时,所表现出的外特性与电池真实的外特性的近似程度较高,并且所估算出的 SoC 值比较精确。

6.5.3 基于模型的能量转移均衡的仿真

为了检验所建立模型估算 SoC 的准确性,以及单体电池模型应用于多体电池的可行性,将模型应用于一种能量转移均衡策略的仿真。该电池均衡策略通过判断电池组中两两电池之间的电压大小,将电池的能量在电池之间进行转移,当相邻电池的电压差值不超过设定值时,电池组停止均衡。图 6-31 为由四个单体电池串联的电池组的能量转移均衡仿真结构图。

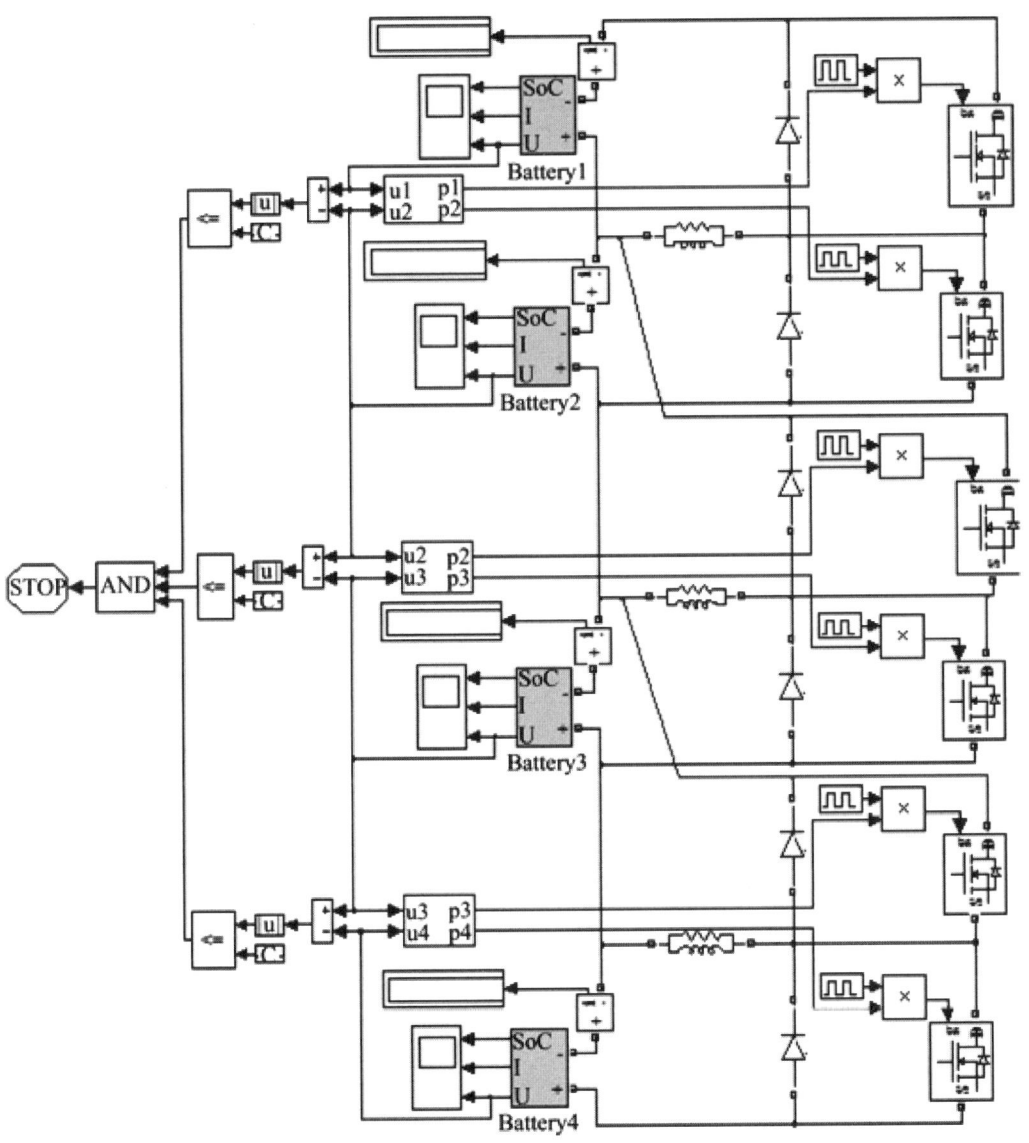

图 6-31 能量转移均衡仿真结构

仿真中所设置的四个电池的初始 SoC 值分别为:0.96、0.97、0.98、0.99。图 6-32 为均衡策略的仿真结果。

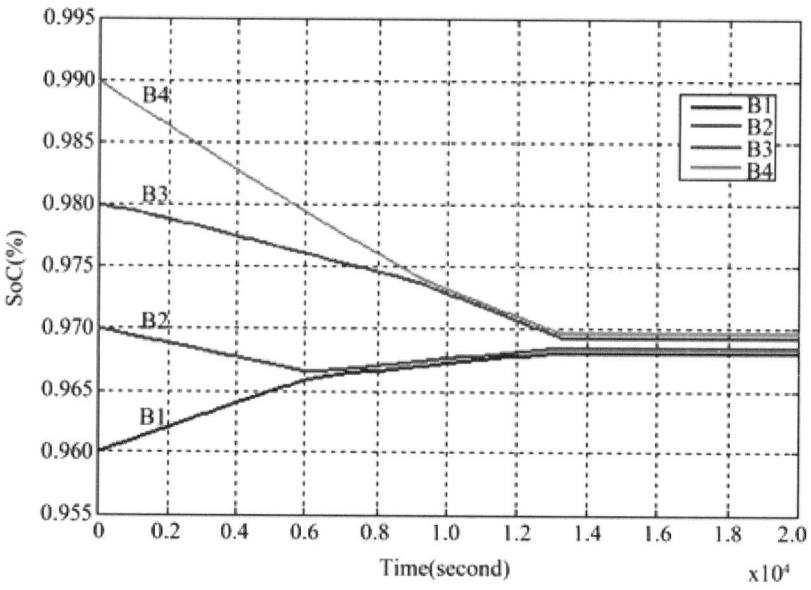

图 6 - 32　能量转移均衡仿真结果

对应图 6 - 32 中各个电池的初始电压、初始 SoC、终止电压、终止 SoC 以及均衡所需的时间，如表 6 - 12 所示。

表 6 - 12　能量转移均衡仿真结果

电池参数	电池 1	电池 2	电池 3	电池 4
初始电压（V）	3.3480	3.3720	3.4088	3.4088
终止电压（V）	3.3670	3.3680	3.3690	3.3690
初始 SoC	0.9600	0.9700	0.9800	0.9900
终止 SoC	0.9682	0.9685	0.9693	0.9693
均衡时间（分钟）		221		

将所建立的模型应用于能量转移均衡中，一方面检验了均衡策略的可行性，节约了时间与硬件成本；另一方面，验证了所建立的模型不仅适用于单体电池的仿真测试，也可用于多个电池仿真测试，并且检验了电池模型估算 SoC 的准确性。

第七章　电池剩余电量（SoC）评估

剩余电量评估是动力电池管理系统中最为重要的功能之一，系统中的许多其他功能都依赖于剩余电量评估的结果。同时，剩余电量评估又是非常有挑战性的一项任务，近年来所发表的关于电池管理系统的文献之中有一半以上都是在讨论剩余电量评估问题。本章将针对此项功能展开详细的讨论。

7.1　剩余电量的一些相关概念及其理解

7.1.1　剩余电量与SoC的定义

很多时候，剩余电量与荷电状态（SoC）经常被混为一谈。然而，严格来说，两者定义是有差别的，所采用的单位也不一致。

（1）广义的剩余电量与狭义的剩余电量。

电池中电荷的剩余量，即剩余电量（记为 Q_{remain}），指的是从当前时刻起，某个电池内部通过化学反应所能释放出来的电荷量，可以类比于杯子里所装的水，其余量可以由杯子所能倒出的水的多少来反映。剩余电量可以用"安时"（Ah）为计量单位。

广义地说，剩余电量应该是所有可能发生的化学反应释放出来的电荷量的体现。这里所说的"所有"，指的就是在不损坏电池的前提下，选择适当的温度和放电倍率所能放出的电荷的最大值。

狭义的剩余电量，指的是在限定的温度条件和放电倍率下，电池所能放出的电荷的多少。例如，在比较低的温度下，水杯里有一部分的水结冰冻住了，剩余量就是把那些还没结冰的液态的水全部倒出来的多少。可见，狭义的剩余电量应该是温度和放电倍率的因变量。

在实际工作中，以上广义和狭义的两种概念都会被使用到。在常温和小倍率放电的前提下，两者的值几乎是相等的，因此在传统的使用中，人们往往不加区分地把这两个概念等同起来。但对于电动汽车的动力电池而言，由于汽车的工作环境温度变化可能较大，而且放电倍率也比较大，因此，我们在使用过程中应该清醒地意识到所指的剩余电量是以上广义和狭义的具体哪一种。

（2）SoC 的经典定义。

电池的荷电状态，英文单词为 State of Charge，简称 SoC，顾名思义就是指电池中剩余电荷的可用状态，一般用一个百分比来表示。最经典的 SoC 的定义可以用以下式子来表示：

$$\text{SoC} = \frac{Q_{remain}}{Q_{rated}} \times 100\% \tag{7-1}$$

其中，Q_{rated} 为电池的标称（额定）的电荷容量，Q_{remain} 为电池中剩余的电荷余量。如果认

为 Q_{rated} 是一个固定不变的值，也就是认为剩余的电荷余量总是等于标称容量减去已放出的电荷量的话，则 SoC 可以用以下一个等效的式子来表示：

$$\text{SoC} = \frac{Q_{remain}}{Q_{discharged} + Q_{remain}} \times 100\% \qquad (7-2)$$

其中，$Q_{discharged}$ 表示在最近一次充满电之后，电池中已经放掉的电荷。

7.1.2 剩余电量及 SoC 概念的正确理解

要正确理解剩余电量的概念，需要注意以下几个问题：

（1）标称容量 Q_{rated} 与实际最大电荷容量 Q_{true} 有区别。

表 7-1 给出的是 A、B、C 三个厂家所提供的全新的电池样本的实际电荷容量与标称值之间的对比。

表 7-1 三个全新电池样本实际电荷容量与标称值对比（测试温度 25℃，放电倍率 0.02C）

	A 厂家样本	B 厂家样本	C 厂家样本
标称值 Q_{rated}	100Ah	100Ah	80Ah
实际最大容量 Q_{true}	115Ah	103Ah	83Ah

从表中可见，电池所能放出的实际电荷量与标称值并不完全相等。另外，随着电池的老化，电池所能放出的实际最大电荷量也在不断变小。

因此，在实际工作中，我们给出两点建议：

第一，式（7-1）的分母可以采用实际最大电荷容量 Q_{true}，前提是这个实际最大电荷容量是可以准确获得的，这可以通过经常对电池进行评测，不断对实际最大容量 Q_{true} 进行校准来获得。

第二，在实际最大电荷容量 Q_{true} 不可准确获得的情况下，应采用标称量 Q_{rated}，因为 Q_{rated} 是不随时间等因素变化的，容易通过 SoC 的值换算出 Q_{remain}。当然，采用 Q_{rated} 作分母可能会导致某些时候 SoC 的评估值会出现大于 100% 的情况，这是允许的。

（2）剩余电荷 Q_{remain} 受多种因素影响，并不能完全释放。

一般而言，式（7-1）的经典定义中的分子 Q_{remain} 指的是广义的剩余电量。然而，广义的 Q_{remain} 受多种因素影响，并不能完全释放。

如果剩余电量的评估是为了估算电动汽车所能行驶的剩余里程，使用广义的剩余电量的概念是不合适的。从 4.3 节所进行的放电倍率特性测试的结果来看，某一个动力电池在某一时刻所带的剩余电量虽然是一定的，但它们并不一定能完全以电动汽车所需求的功率释放出来。这可以类比在日常生活中，我们使用手机时，在手机"低电"报警状态下，一打电话就马上自动关机，但如果重新开机以后，又可以继续待机几个小时。这说明电池里面并非没有剩余电荷，而是剩余电荷不能按照用户的需求以较大电流释放出来。

表 7-2 为 A 厂家标称为 100Ah 的一个新的动力电池样本在不同温度、不同放电倍率条件下实际可放出的电荷数量。

表 7-2 同一电池样本在不同温度下以不同倍率放电的容量

(该电池样本标称电量为 100Ah)

放电倍率(电流) 环境温度	0.2C (20A)	0.5C (50A)	1.0C (100A)
25℃	110Ah	105Ah	100Ah
40℃	112Ah	108Ah	103Ah

从表中可以看出,一个充满了的电池所能放出的电荷的最大值受放电倍率、环境温度等因素影响,不是一个恒常的值,也不能完全等同于标称容量 Q_{rated}。

(3) 式子 (7-2) 中,已放电荷 $Q_{discharged}$ 并不一定可以测量。

使用式子 (7-2) 隐含了一个前提条件,就是电池的上一次充电是 100% 充满的。在动力电池的实际使用中常常会出现以下情况:电池在使用一段时间以后进行短暂充电,但未及充满之前就断开充电机准备继续使用。此时 $Q_{discharged}$ 的计量就失去了意义,无法通过式子 (7-2) 来评估 SoC 的值。这种情况在油电混合动力汽车中更为普遍。

7.1.3 剩余电量评估与剩余能量评估

在电动汽车的实际工作中,一些评估对象均被认为与剩余电量评估是等价的,这些对象包括:剩余里程的估算、剩余能量 E_{remain} 的估算以及剩余能量的百分比 SoE (%) 的估算。有研究者指出,使用剩余电量 Q_{remain} (Ah) 作为电池的标称容量或剩余容量的度量是不够理想的,应该使用剩余能量 E_{remain} (Wh) 作为余量评估的对象。

然而,二者的区别在哪里?在电池管理系统中应该对哪种对象进行估计呢?以下分三个方面进行论述。

1. 剩余电量与剩余能量的数学定义

从上一小节的定义可以看出,剩余电量的计算是依赖于电荷的计量的,在工程上常用安时 (Ah) 作单位。一般地,从 t_1 到 t_2 这段时间内,电池放出电量的计量为

$$Q_{t_1}^{t_2} = \int_{t_1}^{t_2} i(\tau) d\tau \tag{7-3}$$

而这段时间内电池放出的能量的计量为

$$W_{t_1}^{t_2} = \int_{t_1}^{t_2} u(\tau) i(\tau) d\tau \tag{7-4}$$

顺便指出,安时 (Ah) 和瓦时 (Wh) 是工程上常用的计量电量与能量的单位,但并非国际标准单位。国际标准单位制中,这两个物理量的单位分别为库仑 (C) 和焦耳 (J),并且有以下的转换关系:

$$1Ah = 3600C; \tag{7-5}$$

$$1Wh = 3600J。 \tag{7-6}$$

2. 剩余能量与剩余里程相关

那么,"剩余电量"与"剩余能量"的差异之处在哪里呢?可以通过实际例子来说明其区别。在使用手提设备(例如 MP3 播放器)的过程中,人们通常关心的是电池还能支持设备使用多长时间;在纯电动汽车的行驶过程中,驾驶员通常关心的是,如果汽车按照

当前速度匀速行驶还能行驶多少里程。而以上的剩余时间、剩余里程都直接与剩余能量成正比而并非剩余电量。

从这个角度来说，选择剩余能量作为估算对象更为合理。然而，接下来的分析表明，剩余能量的估算的不确定性远大于剩余电量。

3. 剩余能量的不确定性

虽然，在剩余电量一定的情况下，电池所带的化学能量也是一定的。然而，与电动汽车的续航里程相关的，并非动力电池的剩余能量，而是动力电池所能对外输出的能量。在电池剩余电量相同的情况下，如果以不同大小的电流放电，动力电池所能对外释放的能量是不同的。这可以用下图进行简单的说明。

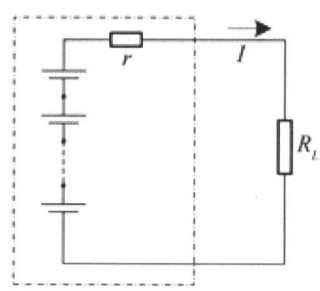

图 7-1 动力电池组放电工作等效电路

图 7-1 所示为一个近似的等效电路图，其中虚线内部表示的是动力电池组，从能量的角度，它可以看作为一个理想的电池与一个与之串联的等效内阻组成。图中的 R_L 表示的是等效负载。

假设在外界温度不变的前提下，图中 r 的大小保持不变（对于磷酸铁锂动力电池来说，这样的假设是可以近似成立的），在两次工作过程中因为负载不同导致电池的放电电流不一致，不妨记为 I_1 与 I_2。由于内阻上消耗的功率与电流的平方成正比，即 $I_1^2 r$ 与 $I_2^2 r$，在电池所带化学能量相同的前提下，消耗在内阻上的能量是不一样的，电流大的情况下内阻耗能要多一些，因此，电池对外所释放出的能量就要少一些。

另外，如果工作电流保持不变，但外界温度变化，则图中电池的内阻 r 也将产生相应的变化。消耗在内阻上的能量是不确定的，则电池对外所释放出的能量也是不确定的。

可见，动力电池组所能释放的最大能量是随着电池将来的工况及外界条件而变化的，具有不确定性；但动力电池组所能释放的最大电荷数（即广义的剩余电量）是确定的，不随将来的工况变化的。

综上所述，在实际工作中，我们给出以下几点建议：

第一，剩余电量和剩余能量各有侧重点，在实际工作中可以同时进行评估，并同时显示在仪表上。这类似于近年来，许多传统燃油汽车在仪表板上不仅显示剩余的油量是多少，同时还估算出一个剩余公里数，告知驾驶员，汽车若按照当前工况行驶，还可以行走的公里数。

第二，剩余能量评估应该以剩余电量评估为依据。如前所述，广义的剩余电量的评估是比较确定的，不因汽车将来行驶的工况而改变。因此，可以结合当前的剩余电量的情况以及对预估的工况来估算动力电池可以输出的剩余能量。这类似于在传统燃油汽车的仪表上，当前所剩余的油量是比较确定的，而汽车的剩余里程则是一个不确定的数，因为它既依赖于剩余油量，又取决于汽车的荷载以及将来的路况。

7.2 几种经典的评估方法

在过去 50 年的文献中，学者们提出了许多种经典的评估剩余电量或者 SoC 的方法，这些方法都有各自的适用范围。本节重点介绍几种对于磷酸铁锂电池仍然适用的经典的评估方法，如电荷累积法、开路电压法，以及以上两种方法的结合。对于部分不适用与磷酸铁锂电池的经典方法，如内阻法、负载电压法等，本节也将给出简要的说明。

7.2.1 电荷累积法

电荷累积法（Coulomb Counting Method，也称作 CC 法），是预先知道上一时刻电池剩余电量状态，并对一段时间内动力电池充入、放出的电荷进行统计，从而得到当前电池荷电状态的一种方法。

假设上一时刻 t_1 电池的剩余电量为 Q_{t_1}，当前时刻 t_2 电池的剩余电量为 Q_{t_2}，从 t_1 到 t_2 期间电池充入、放出的累计电量为

$$Q_{t_1}^{t_2} = \int_{t_1}^{t_2} i(\tau) d\tau \tag{7-7}$$

那么

$$Q_{t_2} = Q_{t_1} - Q_{t_1}^{t_2} \tag{7-8}$$

式子（7-7）在形式上与前面式子（7-3）是一致的，但式子（7-3）中的 $i(\tau)$ 一般不取负数，因此必然有 $Q_{t_1}^{t_2} > 0$，而式子（7-7）中，$i(\tau)$ 可以取正也可以取负，当 $i(\tau) > 0$ 时，表示电池在放电，当 $i(\tau) < 0$ 时，则表示电池在充电。同理，在式子（7-8）中，若 $Q_{t_1}^{t_2} > 0$，表示在 t_1 到 t_2 这段时间内，总体而言电池放出电量多于充入电量，反之，若 $Q_{t_1}^{t_2} < 0$，则表示在 t_1 到 t_2 这段时间内，总体而言电池充入的电量多于放出的电量。

通过式子（7-8）求得 Q_{t_2} 后，可以进一步通过比例运算求得此时的 SoC 值（%）。

然而，电荷累积法存在以下三个问题：

（1）对初始值的依赖性。

事实上，电荷累积法只能解决一段时间内电量变化的情况 $Q_{t_1}^{t_2}$，而我们最终关心的是电池的剩余电量 Q_{t_2}，这依赖于 Q_{t_1} 的准确性。若初始值 Q_{t_1} 存在误差，则利用式子（7-7）和（7-8）是没有办法对其进行修正的。

（2）累积误差的问题。

由于电流传感器精度不足、采样频率低、信号受干扰等原因，用于积分的电流 $i(\tau)$ 与真实值相比存在一定的误差，则由式子（7-7）所估算的一段时间的累计电荷 $Q_{t_1}^{t_2}$ 也会带有误差，而根据式子（7-8）这一误差将会累积到下一个时刻的 Q_{t_2} 中去，从而使得剩余电量的评估误差越来越大。

为消除累积误差，有必要对剩余电量的评估值进行校正。较为有效的校正方法就是把电池充至饱满或将电池的剩余电量全部放光。当然，这样的操作在电动汽车的实际应用

中,不能经常进行,从而降低了这种方法的实用性。

(3) 不能应对电池的自放电问题。

几乎所有的二次电池都存在自放电问题,即电池中的电荷以极其慢的速度放出来。电荷累积法对于这种现象几乎是无能为力的。其一,自放电的等效电流很小,一般的电流传感器无法准确测量;其二,相当一部分的自放电电流并不走工作电流的回路,设置在工作电流回路中的传感器自然检测不到自放电电流;其三,自放电可能发生在电池管理系统不工作的情况下,例如汽车"熄火"以后闲置在车库里,此时 BMS 并不需要工作,自然也无法监测电池的自放电情况。

除上述的三个方面以外,使用电荷累积法还要注意其他一些细节。例如要求 BMS 关闭时需要记录最后时刻的剩余电量值 Q_{t_1},否则第二天驾驶员重新发动电动汽车时,电量评估就缺少了初始值。另外,在更换了动力电池组以后,必须对电池剩余电量进行一次校正,这可以通过对电池组进行一次饱充来进行。

7.2.2 开路电压法

开路电压法(Open – Circuit Voltage method,简称 OCV 法),就是当电池既不处于充电状态,也不处于放电状态,即工作电流为零的情况下,通过测量动力电池的开路电压(OCV)来估算电池的 SoC。

使用开路电压法一般基于以下三个前提:

第一,认为 SoC 与电池的电动势(EMF)有一一对应关系,即给出 0~100% 之间的任意一个 SoC 值,存在唯一的一个电动势(EMF)值与之对应;

第二,认为在工作电流为零的情况下,开路电压(OCV)与电池电动势(EMF)相等;

第三,不考虑温度及电池老化程度等因素,即认为在不同的温度条件下,不同老化程度的电池具有相同的 SoC – EMF 曲线。

如图 7 – 2 给出的是通过第 4 章的电池测试步骤所获得的一条 SoC – EMF 曲线。

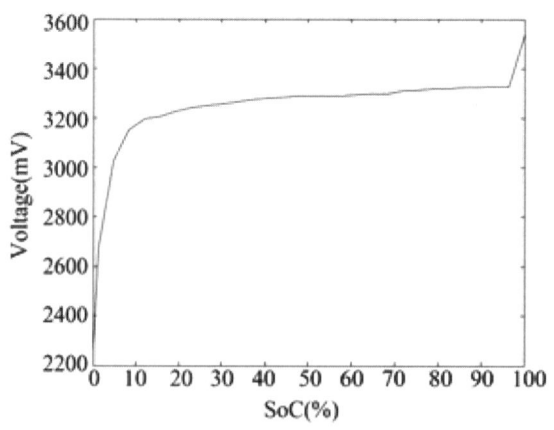

图 7 – 2 电池的 SoC – EMF 曲线

在电动汽车的实践应用中，OCV 法通常利用工作电流为零的时机，测量电池电压 U_0，然后依据图 7-2 的曲线反求出电池的 SoC 值。

然而，在电动汽车的具体应用中，开路电压法也存在着不足：

(1) 关于工作电流为零的问题。

首先，上文提到开路电压法的使用是基于工作电流为零的前提。但往往在电动汽车的行驶过程或充电过程中，即工作电流不为零的情况，也需要知道 SoC 的值是多少，这个时候开路电压法显然是不适用的。

其次，即使电动汽车不启动，不充电，处于静止状态，仍然不能认为动力电池的工作电流为零，因为此时汽车的弱电系统仍在工作，例如整车控制器没有关闭，通信网络仍处于工作状态，仪表台可能开启等，至少此时 BMS 本身仍在工作，这些都意味着电动汽车的工作电流不一定绝对为零。在实际应用中，可设定一个电流的门限值，当电流小于该门限值时则认为可通过 OCV 法评估 SoC。

(2) EMF-SoC 曲线的获取和利用。

上一章曾讨论过电池电压的滞回特性，这一特性无疑会对用 OCV 表示 EMF 产生很大的影响。虽然在电压的平台区电池的充放电平衡电动势相差不过十几个毫伏，但由于 SoC 从 90% 降到 10% 的这个平台区内，整个电压降也不超过 200 毫伏，因此，若忽略滞回特性，则所评估的 SoC 可能存在 10% 左右的误差。在实际应用过程中，由于用户更关注电池在放电过程中的 SoC 值，可以选择放电时的 EMF-SoC 曲线作为 SoC 评估的标准。但由于电动汽车使用过程中存在能量回馈制动、不同电池间的均衡控制等，可能造成在放电与充电交替的情况，所以，滞回特性对开路电压法的影响只能减小，不能克服。

(3) 电压回弹问题。

开路电压法必须考虑电池电压的回弹效应。当电动汽车由于某些原因（例如等待绿灯）作短暂停车的时候，是否可以用开路电压法对 SoC 做一次评估也是需要考虑的问题。如果停留时间过短，由于电压的回弹效应，电压还没有回弹到稳定状态，估算出来的 SoC 值必然偏小，并且误差的大小与停留的时间有关。针对电压回弹问题通常可以有两种解决办法：一方面，可以在实际应用中设定一个时间阈值，当工作电流持续小于电流门限值的时间大于时间阈值时才用开路电压法对 SoC 的值做评估；另一方面，可以利用电池模型，通过 10~30 秒钟以内电压回弹的趋势来预估出电池电压回弹的极限值，再用这个极限值来估算 SoC。

除此之外，开路电压法还有一些问题需要注意。例如，开路电压法的前提是认为在工作电流为零的情况下，OCV 与电池 EMF 相等，但事实上，OCV 不仅与 EMF 有关，还与温度、电池使用历史等因素有关；另外，由于 OCV-SoC 曲线存在平台区，为了获得较高的 SoC 估算精度，对电压传感器分辨率的要求就会很高，这也会增加 SoC 估算的成本。

综上所述，与 CC 法相比，开路电压法也存在着许多不足。然而，在电池正常工作时不能使用，而需要等到电池停止工作一段时间后才能使用，是 OCV 法最大的局限性。

7.2.3 一种折中的方法

从以上两小节的讨论可以看出，电荷累积法和开路电压法的优缺点存在明显的互补性，因此，不少学者提出将以上两种方法结合起来对 SoC 进行评估，这属于一种折中的方法。

该方法的具体操作是，当电池处于工作状态（工作电流大于设定的门限值）时，用电荷累积法实时更新 SoC 值，同时，为了消除电荷累积法的累积误差，并解决电荷累积法的初始 SoC 评估问题，在电池系统每次启动时，或电池组存在短暂不工作的时期，利用开路电压法对 SoC 进行校准。

不难看出，该方法能够在一定程度上弥补电荷累积法存在的不足，如每隔一段时间消除累积误差，并解决了电池应用长期静置不用后 SoC 的初值问题、自放电问题等。同时，该方法也解决了电荷累积法无法在电池组正常工作时估算 SoC 值的问题。

该方法是否称得上完美了呢？很遗憾，答案是否定的。该方法每次对 SoC 的校准都是利用 OCV – SoC 曲线实现的，但它并不能解决开路电压法本身所存在的不足，例如电流为零问题、电压滞回效应以及 EMF 受温度和使用历史影响等问题。

除此以外，两种方法的结合还引入了新的问题：SoC 值的上下跳变问题。在间歇放电过程中，由于开路电压法能够消除电流累积法的累计误差，所以在用开路电压法对 SoC 值进行校准之后，SoC 值很可能出现一个跳变，跳变的大小取决于两次校准之间电流累积法造成的累计误差的大小。举例来说，电动汽车行驶一段时间后，用电流累积法算得的 SoC 值为 70%，此时驾驶员下车办事，当驾驶员再次启动电动汽车时，发现 SoC 值突变为 65% 了。这是用开路电压法对 SoC 校准消除电流累计法的累计误差的结果。然而驾驶员并不知道这个原理，会认为电池或者电池管理系统出故障了。这显然也是我们不希望看到的结果。

因此，虽然这种折中的方法在实际的 BMS 系统中得到了广泛的应用，但对 SoC 评估算法的改进依然是一个值得研究的课题。

7.2.4 一些不适用于磷酸铁锂动力电池的评估方法

除以上方法之外，还有其他一些见于国内外文献的常用的 SoC 评估方法。这些方法有的不适用于电动汽车使用，有的不适用于磷酸铁锂动力电池。这里简单分析一下"内阻法"和"负载电压法"。

1. 内阻法

一般将电池内阻分为交流阻抗（impedance，也称为交流内阻）和直流内阻（resistance）。交流阻抗是一个复数变量，表示电池对交流电的反抗能力，可用交流阻抗仪来测量。直流内阻表示电池对直流电的反抗能力，其大小可以用在同一很短的时间段内，电池电压变化量与电流变化量的比值来计算。

部分文献通过大量的实验证明，电池的交流阻抗和直流内阻都与 SoC 有密切关系。如果能够通过电池样本得出确定的函数关系，则可以通过实时监测电池的内阻来估算出 SoC 值。这就是内阻法的基本思想。

然而，内阻法很少应用到电动汽车上，原因至少有三点：

第一，电池内阻与 SoC 之间的关系很复杂，尚未得出准确的广泛适用的结论。因为电池内阻不仅与 SoC 有关，还与温度、SoH 等因素有关，所以，并不能说一个内阻状态与一个确定的 SoC 值对应。

第二，电池内阻是一个毫欧级的值，由于数值太小，利用常规测量电路难以准确测量。而且,电动汽车上存在较为复杂的电磁干扰,也使得难以对电池内阻实施准确测量。

第三,即使是同一厂家同一型号同一批次的电池,其内阻也存在较大差异。这是由电池的物理化学特性决定的,这种产品公差无法消除,因此,难以通过电池样本来获得电池的"内阻-SoC"特性曲线。

尽管如此,铅酸电池在放电后期,直流内阻会明显增大,上述三点的影响在一定的精度要求范围内就可以忽略,所以,也有人用内阻法估算铅酸电池放电后期的 SoC 值。但由于磷酸铁锂动力电池在充放电末期的内阻仍然较小,且内阻特性尚未明确,因此,该方法并不适用于磷酸铁锂动力电池。

2. 负载电压法

负载电压法是基于开路电压法的原理,为弥补开路电压法不能实时估测 SoC 值而提出的改进方法。原理如下:由图 7-1 动力电池组放电工作等效电路可知,当电池内阻 r 和工作电流 I 已知,通过测量负载 R_L 两端的工作电压 U_L,可按照以下关系推算出电池的电动势

$$EMF = U_L + I \cdot r \tag{7-9}$$

然后,利用图 7-2 所示的 EMF - SoC 曲线就能求出 SoC 了。

该方法理论上是可行的,但实际应用时存在着许多难点:其一,磷酸铁锂动力电池内阻 r 与多种因素有关,且电池个体差异大,不能准确获取;其二,实际电动汽车应用中,电流 I 波动大,对计算的准确性带来很大的负面影响;其三,负载电压法最终还是要估算出 OCV 或 EMF,该方法也不能回避 OCV 法存在的一些缺陷,例如,平台区查表误差较大的问题。因此,负载电压法很少应用到运行中的电动汽车上,但常用来作为电池充、放电截止的判据。

7.3 剩余电量评估的困难

要对剩余电量进行准确的评估是困难的。困难之处在于以下几个方面。

7.3.1 电池状态监测不准确对评估造成的困难

剩余电量并非一个可以直接测量的值,而需要通过电压、电流等状态量的测量值来进行间接估算,由于电池状态监测环节的误差是不可避免的,因此,电池剩余电量评估的误差也是不可避免的。电池状态监测的不准确性主要表现在两个方面。

1. 由传感器精度引起的状态监测不准确

电压、电流等物理量的监测过程中,误差是不可避免的,由此将导致 SoC 评估的困难。以下举出两个典型的例子。

第一个例子是利用电荷累积(CC)法来对剩余电量进行评估,可参考式子(7-7)和(7-8)。在这个例子中,t_1 到 t_2 期间的累积电量由 $Q_{t_1}^{t_2} = \int_{t_1}^{t_2} i(\tau) d\tau$ 计算得到,由于电流传感器存在误差,则 $i(\tau)$ 所带有的误差将直接反映到 $Q_{t_1}^{t_2}$ 中去。一般而言,$i(\tau)$ 的误差包括系统误差及随机误差两部分,对于较长的工作时间而言,随机误差将在积分求和过程中被抵消,而系统误差则成比例地被保留下来。假设由电流传感器所造成的 i_τ 的系统误差

为2%，则由此计算出的 $Q_{t_1}^{t_2}$ 的误差也为2%。这个误差将通过式子（7-8）传递到剩余电量的估算值中去。

第二个例子是用开路电压（OCV）法来对剩余电量进行评估，如7.2.2小节所述，评估的依据是 OCV - SoC 曲线（或 EMF - SoC 曲线）。

从图7-3中可知，在剩余电量为 10%~95% 的区间，电池处于平台区，电压从 3.18V 到 3.32V，即85%的 SoC 变化，对应着 0.14V 的电压变化，假设平台区电压是近似线性变化的，那么就意味着 0.01V 的电压误差将会引起6%左右的 SoC 估算误差，或 0.005V 的电压误差将会引起3%左右的 SoC 估算误差。之所以讨论 0.01V 及 0.005V 这两个值，是因为当前电池管理系统所采用的主流电压传感器恰好满足这样的采样精度。

2. 由电磁干扰引起的状态监测的不准确

从以上分析，传感器的精度导致了剩余电量估算的误差，似乎如果增加了成本，提高传感器的精度就可以解决问题了，其实不然，因为在工作过程中，电磁干扰因素同样会引起状态监测的不准确，从而导致剩余电量评估的误差。图7-3为一个电动汽车驱动平台的简单的示意图，图中包括一个动力电池组，一个电机以及与电机相匹配的一个电机控制器，图中的 r 表示由连接导线造成的等效电阻。考察图中的 P 点，在工作过程中，电机及其控制器的干扰，将通过导线传递到母线上，因此 P 点的工作电压及工作电流所包含的交流成分比较丰富。从而导致了电压与电流的监测值不够准确。

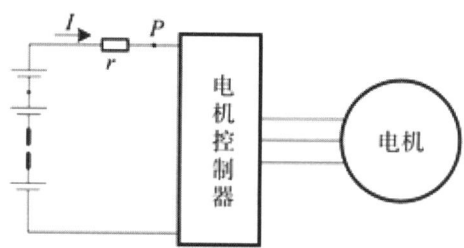

图7-3 电动汽车驱动平台示意图

图7-4、图7-5为在某个电动汽车上采集到的 P 点的电压以及通过 r 的电流的波形。由于电动汽车电机的工作频谱比较丰富，叠加了许多高频谐波（如图7-6所示），尽管一般在采样端，在进行 A/D 转换之前都会加入阻容滤波电路，但并不能完全消除电磁干扰对采样精度的影响；而且，电动汽车上，采样电路还会受到各种非传导形式的辐射干扰，从而使得电压电流等状态量的监测值存在误差。

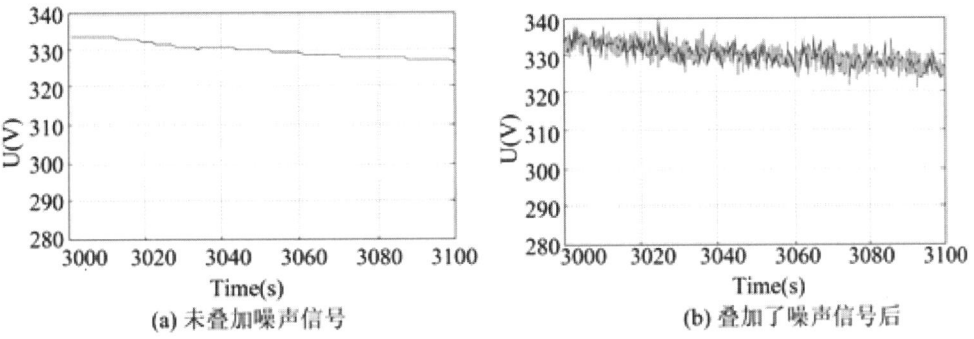

图 7-4　P 点的电压波形图

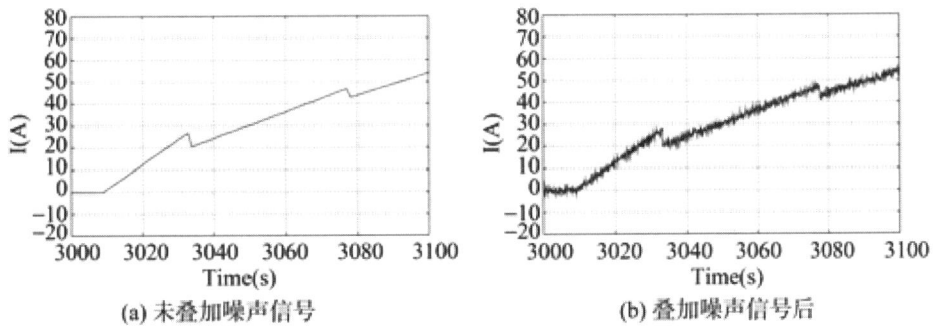

图 7-5　通过 r 的电流波形图

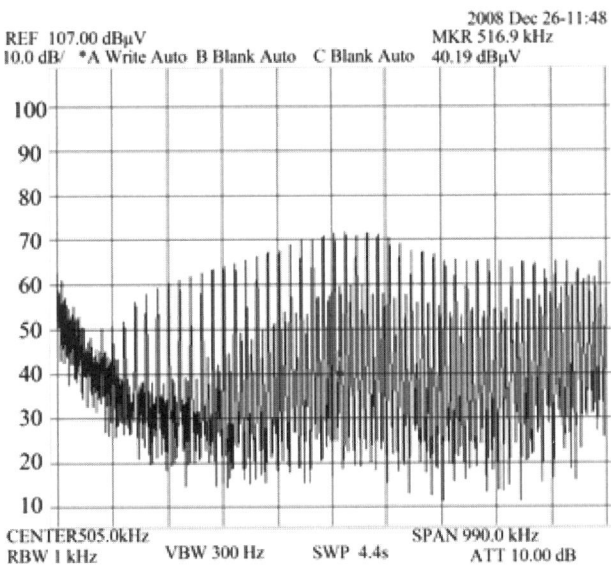

图 7-6　P 点电压的频谱图

7.3.2 电池的不一致性对评估造成的困难

动力电池在制造过程中,由于材料、工艺等各方面的差异,导致不同批次的电池之间,甚至同一批次的不同电池之间存在较大的差异性,这样的差异对电池剩余容量的评估造成了一定困难。原因主要在于以下两个方面。

1. 样本与实际的不一致

我们目前的剩余电量评估算法,基本上都是基于电池样本特性的,以样本的特性来类比实际工作中电池的特性。因此,样本电池与实际电池的不一致性,将会影响电量评估的精度。以下是两种常见的情况:

其一,采用电荷累积法评估电池的剩余电量,其容量非一致性就会导致评估不准。例如样本电池的容量是100Ah,而实际电池的容量为105Ah,那么,当用CC方法算得某次实际过程中累计放出的电量为95Ah时,根据样本容量,剩余电量应该为5Ah,而实际电池的剩余容量是10Ah。

其二,采用开路电压法来评估SoC,其依据为电池样本的SoC-EMF曲线,即通过测量实际电池的开路电压,通过曲线反求实际电池的SoC值,然而,由于实际电池与样本电池的特性曲线的不一致性,用OCV法评估得到的SoC值将会存在误差。

2. 电池组内各电池不一致

在实际工作中,有以下三种情况值得注意:

其一,在电池管理系统中,如果对每个电池都进行评估,则需要耗费大量的时间。另外,如果对每个电池都进行较为精密的电压采样,则需要的器件费用较为昂贵。为了解决这两个矛盾,有些电池管理系统中仅对整个电池组内的若干个电池进行采样,从而推算出整个动力电池组的剩余电量。这样的做法极大节约了电池剩余容量的评估计算时间和器件成本,然而,由于组内电池存在一定的不一致性,其评估结果中难免存在一定的误差。

其二,在电动汽车的工作过程中,由于电池在电池箱内的位置差异,各电池的吸热、散热状况不一致,而温度又将对电池的剩余电量乃至循环寿命产生较大影响。因此,在某一时刻,电池组内电池的剩余容量、健康状况都存在一定的差异。如果用统一的方法对剩余容量进行评估将造成较大的误差。

其三,电动汽车电池组在使用一段时间以后,有时需要对个别性能特别差的电池进行替换,一旦进行替换以后,新电池与组内电池的不一致使得SoC的评估更加困难。

7.3.3 未来工况的不确定性对评估造成的困难

在电动汽车工作过程中,可能的工况是千变万化的,驾驶员无法预知下一时刻的工作状况,这对剩余电量或SoC的评估造成了一定的困难。

一方面,如7.1.2节所述,剩余电量受多种因素影响,并不能完全释放。例如,在实际工作中,若未来时刻需要放出的工作电流较大,则电池组实际可放出的电荷较少;反之,若未来电动汽车所需的工作电流较小,且工况稳定,则电池组实际可放出的电荷较多。除工作电流外,电池组的工作温度也将对电池可以释放的最大电荷产生影响。

另一方面,如7.1.3节所述,在剩余电量一定的前提下,电池组实际可以放出的能量是不一样的。定性的情况是:电池工作温度不变,内阻维持不变,工作电流越大,电池组可以放出的能量就越少，电动汽车的续航里程就越短；同时，若电池的工作电流一定，工作温度越高，电池内阻越小，电池组可以放出的能量就越多，续航里程就越长。

7.3.4 对电池历史的不明确对评估造成的困难

动力电池的使用历史对于当前容量评估也是有影响的。然而，要了解动力电池的历史又是比较困难的。不了解动力电池的过去，就难以对其现状进行评估。

1. 了解动力电池的历史对于剩余容量评估的重要性

动力电池是一种化工产品，电池的许多特征量都是过程量，与其过去的使用历史相关。了解动力电池的历史对于其剩余容量评估是重要的，原因有三：

第一，动力电池的电动势具有滞回效应。电动势对于剩余容量的评估具有重要的意义。然而，由于动力电池的电动势具有滞回效应，因此，某一时刻电池的电动势取决于在此之前相当长时间内的充、放电操作，而如果这些历史数据不充分，则难以估计当前电池的电动势，从而，难以通过工作电压或开路电压对电池的剩余容量进行评估。

第二，由于极化电容效应，动力电池的开路电压常常具有回弹性。从前面的章节可以了解到，当电动汽车静止不动的情况下，工作电流接近为零。然而，此时电池的电压不一定稳定，由于极化电容的存在，电池的电压将有一段时期的回弹变化的动作，如果没有了历史，则难以判断电池的电压回弹行为是否已经结束，从而难以通过电压来估算电池组当前的剩余电量。试想以下的一种情况：驾驶员刚刚停好车，拔掉钥匙，BMS 停止工作；但他马上想起来有事情没有办完，马上又插上钥匙发动汽车，BMS 重新工作，重启的时间与上次停止工作的时间不超过 10 秒钟。此时，如果 BMS 不了解电动汽车的工作历史，则会认为此时电池的电压是没有回弹动作的，从而会利用此时的开路电压对电池的 SoC 值进行校正，将会引起较大的误差。因此，这里建议，对于电动汽车的 BMS 而言，必须记录上一次电动汽车的停车时间，以便通过开路电压法来校正 SoC 的值。

第三，电池的 SoH 与历史有关。电池在出厂以后，其性能将随着时间单调衰减，也就是说电池的 SoH 值不断减小，而 SoH 对于 SoC 的估算有着重要的意义。可见，掌握电池的使用历史，可以精确地把握 SoH 值，从而对 SoC 的精确估算有利。

2. 完全掌握动力电池的历史是困难的

从前面的叙述可知，尽可能多地掌握动力电池的历史信息对于电池剩余容量评估的准确性有着重要的意义，然而，完全掌握动力电池的历史是困难的。原因在于三个方面：

第一，完全获取每个电池的历史信息是困难的。获取每个动力电池的历史信息，就意味着要对每个电池每时每刻的电压、电流、温度信息进行监控，但并非每个电池管理系统都具备充分的 BMC 来完成此项任务。例如，前面章节所提到的，许多电池管理系统并不能做到对每个电池的温度信息进行实时采集，从而无法获得每个电池的历史信息。

第二，对每个电池所有的历史信息进行保存是困难的。一方面，保存数据需要占用 BCU 的资源，而一般电池管理系统的 BCU 都采用嵌入式系统来实现，系统资源稀缺，为保存数据占用大量的 BCU 资源将影响电池管理系统的其他功能。另一方面，保存所有的历史数据需要大量的存储体，对于嵌入式系统而言并不现实。

第三，即使记录了电池全部的历史，在实际工作中，要处理这些历史数据，也需要较大的运算量，由于剩余电量是需要实时估算的，这样的运算常常需要进行，对于嵌入式电池管理系统而言几乎是不可能完成的任务。

7.4 剩余容量评估需要考虑的实际问题

以上 7.3 节较为详细地阐述了电动汽车动力电池组剩余容量评估的困难，由此可知，要百分百准确地评估电池组的剩余容量几乎是不可能的。那么，在实际工作中，剩余容量的误差小于什么数量值才是可以接受的呢？本节将尝试针对电动汽车讨论一些实际的问题。

7.4.1 针对汽车安全性的问题

对于汽车而言，保证安全是第一位需要考虑的，因此，剩余容量的估算误差绝对不能威胁到人和车的安全。不妨考虑以下两种情况。其一，对于一部完全充满了电的电动汽车，实际 SoC 为 100%，由于评估误差，SoC 的估算值为 90%，此时电动汽车要滑下一个较长的斜坡，根据估算的 SoC，电池未满，可以进行能量回收，因此 BMS 向其他控制系统发出"允许充电"的信息，一部分机械能转化为电能对电池进行充电，从而，电池过充，轻则对电池造成了不可逆转的伤害，导致电池性能下降，严重的可能造成电池爆炸等安全事故。其二，对于一部实际剩余 SoC 只有 5% 的电动汽车，由于评估误差，SoC 的估算值为 10%，整整多了一倍。此时，驾驶员从仪表中读取到了"10%"的错误信息，他根据以往的经验，判断汽车能够正常行驶回家，回家以后再对电池进行充电。然而，实际情况是，由于 SoC 的估算值存在误差，汽车可能行驶到离家几百米的地方再也没有办法向前开动了。

从上一节的分析可知，SoC 虽然重要，然而，其估算误差也是在所难免的。因此，以下针对汽车的实际工作给出两条建议。

第一，针对汽车安全性设置冗余。冗余设计在汽车设计中是经常采用的。例如，针对电机系统使用一段时间以后可能会出现的性能退化，在设计电动汽车电机的时候常常需要有一定的动力冗余。电池管理系统也应该有针对性的设置一些冗余，例如通过对 SoC 的估算值作线性变换，把变换后的结果显示到仪表中。即 SoC 的估算值为 10% 的时候，显示 5%，而 SoC 的估算值为 95% 的时候显示为 100%。这样，不仅通过了冗余保证了电动汽车的行驶安全，实际上也减小了电池的充放电深度，对延长电池的循环寿命有利。当然，具体的线性变换算法，要根据电池管理系统的 SoC 评估误差来标定，需要大量可靠的实验数据。如何评测一个 BMS 的性能，又是一个非常值得深入探讨的话题，限于篇幅，本书在此不再展开阐述。

第二，BMS 中必须另外设置一套不依赖于 SoC 的保护机制。虽然，SoC 评估对于电池管理系统的多个其他功能有着重要的指导意义，也常常是 BMS 安全保护功能的重要参照指标。然而，在进行电池管理系统设计的过程中，必须设置一套独立于 SoC 评估的安全保护机制。原因有二：其一，如果把 SoC 作为安全保护的唯一准则，则评估的误差将对汽车安全造成影响；然而，如上一节分析所述，SoC 评估的误差是不可避免的，则汽车必然存在安全隐患。其二，有些故障或者事故发生速度很快，系统还来不及完成状态监测、信息运算等处理，因此，多设置一套简单可靠的保护机制，将对电动汽车的安全具有重要意义。例如，可以采用最简单的电压比较器模拟电路来对电池的电压进行可靠有效的保护。

7.4.2 实现可行性的问题

剩余电量的估算要做到100%准确是困难的，但可以在一定条件下提高估算的精度。然而，精度的提高需要兼顾到系统的可行性，包括技术可行性与成本可行性两个方面。

（1）从软件算法的角度，需考虑技术可行性。

随着数字信号处理技术与人工智能学科的发展，在过去的几十年间，有许多复杂的计算方法被提出，从而提高了数值处理的准确性。然而，对于电动汽车这一特殊的应用而言，剩余电量估算的算法不能过于复杂，因为车用电池管理系统基本上都依赖于嵌入式系统，运算能力有限，内存空间也有限。这要求电池管理系统的设计者要针对嵌入式系统选择合适的算法，使得系统能有效地对剩余电量进行实时评估。

（2）从硬件的角度，需考虑成本可行性。

无论软件算法多么精妙，剩余电量的评估还是离不开对电池状态的准确监测。而监测的准确性主要依赖于硬件。诚然，选择高精度的硬件，增加传感器的数量，对于剩余电量的评估有着积极的意义；但是，硬件数量和质量的提升无可避免地带来了成本的增加。因此，需要在硬件成本与估算精度之间作出取舍。

7.4.3 针对驾驶员需求的实际问题

进行剩余电量或SoC评估的其中一个重要目的，就是通过仪表盘向驾驶员报告电池组的状态，以帮助驾驶员判断当前车辆还能行驶的里程数并选择合适的充电时机。因此，在选择剩余电量评估算法的时候，必须要考虑到汽车驾驶员的需求。以下是需要考虑的一些实际问题。

（1）显示的信息量与准确性。

如前所述，对于驾驶员而言，剩余电量及预估的剩余里程数是其所关心的信息。然而，正如7.1节所述，可以用剩余电量（Ah）的形式或者SoC（%）的形式向驾驶员显示电池组的剩余电荷。那么，到底应该显示一个安时数还是应该显示一个百分比呢？试想以下两种情况：其一，一个普通驾驶员对安时数可能没有任何概念，如果告诉驾驶员"当前电动汽车的剩余电量为10Ah"，驾驶员将无法判断10Ah对应多少能量；其二，对于工作在平台区的动力电池组，驾驶员对于SoC的误差并不敏感，例如，在电动汽车的行驶过程中，仪表显示"70%"的SoC与显示"75%"的SoC差别不大。

因此，目前许多大型汽车厂商在设计电动汽车仪表的时候，都以较为直观的图形分度来显示电池组的剩余电量，从而使得剩余电量的显示与传统汽车的油量表相当，更符合传统汽车驾驶员的驾驶习惯。采用图形分度的方式来显示剩余电量虽然把一个本应精确的值变得模糊，但并无不妥，因为其实当前有许多电子产品，例如手机，都是用分度格来显示剩余电量的，人们在使用过程中也并不感觉到不方便。

（2）考虑驾驶员的主观感受。

剩余电量评估的误差是不可避免的，同时驾驶员也无法判断BMS所采用的剩余电量评估算法是否准确，但是，驾驶员将会用自己的主观感受来判断剩余电量的评估值是否可靠。试考虑以下四个方面的情况。

第一，对驾驶员显示的数据不能有太大的跳跃性。例如，某个 SoC 评估算法的误差不超过满量程的 ±3%，这是一个精度非常高的评估算法。然而，如果当前真实的 SoC 为 70%，某一时刻通过该算法评估得到的 SoC 值为 72%，过了 10 秒钟，利用该算法评估得到 SoC 的值为 68%，从理论上来说，这两个估算值的误差都并不大。但是，如果把这两个值都显示到仪表上，驾驶员会因为短短 10 秒钟电池损失 4% 的电量感到非常吃惊。由此可见，对于电动汽车而言，精度并非评判一个 SoC 算法的唯一标准。

第二，非正常的数值回弹将影响驾驶员对系统的信任度。例如，某个 SoC 评估算法的误差不超过满量程的 ±3%，是一个精度非常高的评估算法。某一次行驶过程中，电动汽车正在正常往前行驶，不存在制动能量回收，如果当前真实的 SoC 为 70%，某一个时刻通过该算法评估得到的 SoC 值为 69%，过了 10 秒钟，利用该算法评估得到的 SoC 值为 71%，从理论上来说，这两个估算值的误差都不大，而且数值波动也不大，然而，在短短的 10 秒钟之内，SoC 出现了 2% 的正跳变，这将使得驾驶员对系统产生较大的不信任，因为此时汽车正在向前运行，SoC 值不应该出现增长。

第三，在电池组的放电末期，驾驶员对误差的敏感程度上升。如果说，当电池工作在平台区（15%~90%）时，驾驶员对于剩余电量的评估误差并不敏感的话，在电池组放电末期，驾驶员对于电池剩余电量评估误差就会非常在意，因为这直接影响到驾驶员对汽车能否在电量消耗完之前到达目的地进行判断。

第四，所显示信息的均匀性。需要考虑以下的事实：对于一个实际容量为 100Ah 的电池组，前 50Ah（对应 SoC 为 50%~100%）与后 50Ah（0~50%）所能释放出来的能量是不相等的。如前面的 SoC-EMF 曲线可知，对于同样大小的工作电流，前 50Ah 所对应的电池电动势较高，所能释放的电能较多，后 50Ah 所对应放出来的能量较少。如此一来，相同的 SoC 衰减所对应的电动汽车行驶里程数是不一样的。例如电池从 100% 衰减到 50% 的过程中，车辆行驶里程为 100km，并不意味着电池从 50% 衰减到 0 的过程中，车辆的行驶里程也可以是 100km。但普通驾驶员并不具备这方面的经验，会认为整个过程都是均匀的线性对应关系。因此，电池管理系统的设计者必须考虑到这样的实际情况。

7.5 基于电池模型及扩展 Kalman 滤波器的评估方法

7.5.1 常见的复杂评估方法

针对剩余电量评估的困难，不同的技术（例如模糊逻辑、卡尔曼滤波、神经网络、递归、自我学习方法等）常常被用来提高算法的精度，以下是几种有代表性的方法。

1. 模糊逻辑算法

模糊逻辑是从含糊、模棱两可或不精确的信息中提炼出确切结论的简单的方法。它从近似数据中找到确切答案的工作能力类似于人类的决定。

不同于经典逻辑，需要一个系统的深刻理解、精确方程和准确的数值，模糊逻辑允许使用来源于我们的知识和经验的更高的抽象提炼来建模。它允许用诸如大、小、非常热、明亮的红色、长时间、快或慢这样的主观概念来表达这种知识。这种对专业知识定性的语言描述更像是一种天性而不是对一个系统的数值描述，并且与数值系统相比，它的算法开发相对简单。然后，系统的输出可以被映射到精确的数值范围来表征系统特性。模糊逻辑广泛应用于自动化控制系统。使用这种技术，可以用上所有能获取的表征电池性能的信息来得出对电池 SoC 或者 SoH 更准确的估计。

2. 卡尔曼滤波算法

卡尔曼滤波解决了一个古老的问题：如何从不准确的数据中得到准确的信息？更贴切地说，当输入的数据依然不准确的时候，如何选出一个"最好"的值作为系统状态的最新数据来更新系统数据。混合动力汽车就是这种情况的例子。电池的 SoC 受多种因素的影响，并且会随着用户驾驶模式的改变而不断发生变化。卡尔曼滤波的目的是从数据流中除去噪声干扰。它是通过预测新的状态和它的不确定性，然后用新的测量值校准预测值来实现的。它适用于多输入系统，广泛应用于导航和瞄准系统的预测控制回路。带有卡尔曼滤波的电池 SoC 预测模型的精确度可以得到改善，据称这样的系统精度可提高 1%。与模糊逻辑一样，有标准的软件包来帮助卡尔曼滤波算法的实施。

3. 人工神经网络算法

一个神经网络是一种效仿人脑神经元系统的互联而建模的计算机体系结构，它模仿人脑信息处理、记忆和学习的过程。它模仿大脑的分类模式以及从试验和错误中学习的能力，分辨并提取出表现出来的数据和隐藏其后的信息之间的关系。

神经网络中的每个神经元都有一个或多个输入，然后产生一个输出；每个输入都有一个权重因子来修正神经元的输入值。神经元精确地操纵输入然后输出结果。神经网络是由神经元很简单地结合在一起的，一个神经元的输出作为下一个神经元的输入，直到得到最后的结果。神经网络利用提交给它的样本（用已知结果）来完成学习阶段；通过人类的干预或编程算法加权因素在样本的基础上做出调整以使系统最终的输出接近已知的结果。换句话说，神经网络从样本中"学习"（就像小孩子从给出的狗的例子中学会识别狗）然后得到一些高于样本数据的推广泛化的能力。因此，神经网络在以下两个方面类似于人类大脑：其一，神经网络通过学习获取知识。其二，神经网络的知识存储在被称为突触权重的跨神经元连接强度上。

当电池的性能受众多量化参数的影响，并且大部分的参数从数学上无法精确定义时，神经网络技术在 SoC 的估算中就十分有用，算法可以从类似电池性能的经验中变得更精确。

7.5.2 应用 Kalman 滤波器进行 SoC 估算的优势

上一小节列举了多种较为复杂的评估方法，以克服经典评估方法所不能解决的一些问题。本小节以 Kalman 滤波器为例，阐述特殊的 SoC 评估方法。该方法基于本书第六章所提出的磷酸铁锂电池模型以及扩展的 Kalman 滤波器，适用于电动汽车的应用。

不难想象，应用了 Kalman 滤波器，算法复杂度增加，系统的开销也随之增大。付出了这样的代价，必然希望得到一定的收获。我们先来考察一下应用 Kalman 滤波器带来了什么好处，为什么电动汽车上需要应用 Kalman 滤波器来进行 SoC 估算。与 7.2 节所列举的一些经典评估方法相比，应用 Kalman 滤波器有以下几点好处：

第一，任何时刻均适用。7.2.2 小节所提到的 OCV 法只适用于电池闲置一段时间，电压回弹比较充分的情况，而在电池正常工作的情况下，就无法使用 OCV 法。而 Kalman

滤波器的方法适用于处于任何状态下的电池,无论电池处于("闲置"、"放电"、"制动能量回收")何种状态,均可以利用 Kalman 滤波器来对电池的 SoC 进行估算。

第二,有助于修正初始值。7.2.1 小节所提到的 CC 法比较致命的缺点就是对初始值的依赖性以及误差累积的问题,也就是如果 SoC 的初始值计算有误差,则这样的误差将一直累积下去。虽然 7.2.3 小节提出了一种折中的办法,利用开路电压对累积误差进行修正,但是这样的修正也是要满足一定的条件的,即电池要停止工作一段时间(或工作电流足够的小)才可以进行。对于一直在行驶的汽车,误差可能连续一个小时都得不到修正。Kalman 滤波器则能克服这个不足,任何时候可以对这样的误差进行修正,即使 SoC 的初始值的误差很大,经过一段时间以后,滤波器也会把这样的误差消除掉。

第三,有助于克服传感器精度不足的问题。车载 BMS 受成本及可靠性等多方面因素的制约,传感器的精度往往比较有限,从而导致 SoC 的评估误差较大,而 Kalman 滤波器就有助于克服这一缺陷。其原理可类比于对一个被测量的对象进行多次观察,从而克服随机误差。例如,如果采用 10 位的 A/D 芯片,能获得的电压测量分辨率是 5mV,而对小于 5mV 以内的测量值存在一定的随机误差,如果采用普通的一次采样的方法,测量的随机误差较大,而使用了 Kalman 滤波器,就相当于对同一被测对象进行了多次测量,有助于消除随机误差,从而获得更高的精度。

第四,有助于消除电磁干扰的影响。如 7.3 节所述,电池状态监测不准确有一部分原因来源于传感器所受的电磁干扰,在电动汽车上,这样的电磁干扰是尤为突出的。采用了滤波器有助于消除电磁干扰的影响。当然,从理论分析可知,Kalman 滤波器只是有助于消除那些服从正态分布的噪声。

7.5.3 扩展 Kalman 滤波器与磷酸铁锂电池模型的结合

本小节尝试向读者说明整个复杂算法的基本框架,需要回答以下几个问题:第一,什么是扩展的 Kalman 滤波器,它与经典的 Kalman 滤波器有何不同;第二,扩展 Kalman 滤波器如何与上一章所述的磷酸铁锂电池模型结合;第三,为什么选用扩展 Kalman 滤波器。

1. Kalman 滤波器与扩展的 Kalman 滤波器算法

经典的 Kalman 滤波器需要满足以下的线性模型:

$$x_k = Ax_{k-1} + Bu_{k-1} + w_{k-1} \tag{7-10}$$

$$z_k = Hx_k + v_k \tag{7-11}$$

其中,$x_k \in \mathbf{R}^n$ 是系统的状态变量,$z_k \in \mathbf{R}^m$ 是系统的观测变量,系统的过程激励噪声与观测噪声分别用随机信号 w_k 和 v_k 表示,u_k 表示控制函数或称为系统激励。式(7-10)被称为随机状态差分方程(简称状态方程或差分方程),A 是一个 $n \times n$ 的矩阵,反映出上一时刻 $(k-1)$ 的状态对当前状态 (k) 的映射。B 是一个 $n \times l$ 的矩阵,代表系统激励对状态向量的影响。(7-11)被称为量测方程,其中 H 是一个 $m \times n$ 的矩阵,反映出状态变量 x_k 对测量变量 z_k 的影响。

从以上关系可以看出,在经典的 Kalman 滤波器中,状态向量、系统激励、观测变量之间的关系都是线性的,但如果它们之间的关系不是线性的,即式子(7-10)和(7-11)至少有一个不成立,则经典的 Kalman 滤波器不再适用,可能需要使用扩展的 Kalman 滤波器(Extended Kalman Filter,简称 EKF)。

EKF 的状态方程和量测方程分别如下：

$$x_k = f(x_{k-1}, u_{k-1}, w_{k-1}) \qquad (7-12)$$

$$z_k = h(x_k, v_k) \qquad (7-13)$$

两个式子中各变量的含义与经典 Kalman 滤波器的一致，只不过两个式子在形式上不再是线性的，而可以是非线性的关系。

从以上两组方程的形式上，我们看不出 EKF 和经典的 Kalman 滤波器之间存在着较大的差异，而实际上，它们的差异体现在具体的算法之中。如果两个方程是非线性的，那么在计算过程中，将要引入一些额外的过程并在某些环节作出一些近似化处理。总而言之，EKF 的算法要比经典的 Kalman 滤波器复杂，如果状态变量、观测变量等关系是线性的，则尽量避免采用 EKF。

2. 扩展 Kalman 滤波器各主要变量的选定

在确定了用扩展 Kalman 滤波器来解决 SoC 评估的问题之后，就需要明确状态变量、观测变量以及系统激励等的具体形式。经过对近年文献的分析，一般运用以下的思路来确定这些数值：

第一，以电池的工作电流作为系统激励。在这个问题上，一般公认电流是驱动整个系统的"状态"产生改变的因素，因为电流的改变，将影响着电池其他各项参数的改变，包括剩余电量或 SoC，包括电池电动势，当然也包括了电池两端的工作电压。实际上，另外一个可以作为激励的因素是环境的温度，但是温度与其他状态变量之间的关系并不非常明确，而且在电动汽车的某个工作过程中，认为温度变化不会非常大，因此，人们常常舍弃了这个激励因素。作为原理介绍，本书也将不涉及把温度作为激励的情况，但在实际工作中，这一因素是否被舍弃应该需要一个更严谨的论证过程。

第二，以电池的工作电压作为观测变量。仔细考察一下电池的工作过程，能被较为准确测量到的一个物理量就是电池两端的工作电压。其他的变量，例如 SoC、电动势等，在电动汽车实际运行的过程中都不能从外部进行准确测量，因此，人们均选取电池正负极的工作电压作为观测变量。

第三，把那些在系统激励作用下，随时间改变的变量定为状态参数，多个状态参数组合在一起，构成矢量形式的状态变量。状态参数从形式上多种多样，可以把电池的等效欧姆内阻作为状态参数，也可以把电池的极化电容两端的电压作为状态参数，等等。但有一个参数基本上是必不可少的，那就是我们要进行估算的主体——电池的 SoC。

3. 根据磷酸铁锂电池模型确定状态方程

然而，在确定了以上变量以后，Kalman 滤波器算法还不能开始运行，因为还没有确定状态方程和量测方程的具体形式，也就是还要具体确定 (7-12) 和 (7-13) 两个式子中各个变量之间的具体关系。不同的方法在这里将会有不同的依据和理解。本节所讨论的算法是基于前面第六章所提出的磷酸铁锂电池模型的，因此，两个方程的实现也是基于该模型的。

结合磷酸铁锂电池模型，Kalman 滤波器的几个要素确定如下：

系统激励是 i_k（电池的工作电流），观测变量是 u_k（电池两端的工作电压），状态变量是 $x_k = [u_k^\Omega \quad u_k^s \quad u_k^m \quad u_k^l \quad SoC_k]^T$。状态变量的前四项都是依据第六章的模型的，分别代表等效的欧姆内阻两端的电压以及三个 RC 网络两端的电压，状态变量的最后一项是我们最为关心的电池的 SoC 值。

下面需要确定的是 Kalman 滤波器的状态方程。

依据第六章的电池模型,各个状态参数在电流激励的作用下,存在以下关系:

$$\begin{cases} u_k^\Omega = i_{k-1} R_\Omega \\ u_k^s = i_{k-1} \dfrac{R_s}{1+R_sC_s} + \dfrac{R_sC_s}{1+R_sC_s} u_{k-1}^s \\ u_k^m = i_{k-1} \dfrac{R_m}{1+R_mC_m} + \dfrac{R_mC_m}{1+R_mC_m} u_{k-1}^m \\ u_k^l = i_{k-1} \dfrac{R_l}{1+R_lC_l} + \dfrac{R_lC_l}{1+R_lC_l} u_{k-1}^l \\ SoC_k = i_{k-1} \dfrac{1}{C_{cap}} + SoC_{k-1} \end{cases} \quad (7-14)$$

其中 C_{cap} 代表电池的容量,单位为"安培·秒"。

将上式改写为矩阵的形式,如下

$$x_k = i_{k-1} \begin{bmatrix} R_\Omega \\ \dfrac{R_s}{1+R_sC_s} \\ \dfrac{R_m}{1+R_mC_m} \\ \dfrac{R_l}{1+R_lC_l} \\ \dfrac{1}{C_{cap}} \end{bmatrix} + \begin{bmatrix} 0 & 0 & 0 & 0 & 0 \\ 0 & \dfrac{R_sC_s}{1+R_sC_s} & 0 & 0 & 0 \\ 0 & 0 & \dfrac{R_mC_m}{1+R_mC_m} & 0 & 0 \\ 0 & 0 & 0 & \dfrac{R_lC_l}{1+R_lC_l} & 0 \\ 0 & 0 & 0 & 0 & 1 \end{bmatrix} x_{k-1} \quad (7-15)$$

令

$$A = \begin{bmatrix} 0 & 0 & 0 & 0 & 0 \\ 0 & \dfrac{R_sC_s}{1+R_sC_s} & 0 & 0 & 0 \\ 0 & 0 & \dfrac{R_mC_m}{1+R_mC_m} & 0 & 0 \\ 0 & 0 & 0 & \dfrac{R_lC_l}{1+R_lC_l} & 0 \\ 0 & 0 & 0 & 0 & 1 \end{bmatrix}, B = \begin{bmatrix} R_\Omega & \dfrac{R_s}{1+R_sC_s} & \dfrac{R_m}{1+R_mC_m} & \dfrac{R_l}{1+R_lC_l} & \dfrac{1}{C_{cap}} \end{bmatrix},$$

并考虑噪声因素,可以得到状态方程形如

$$x_k = Ax_{k-1} + Bi_{k-1} + w_{k-1} \quad (7-16)$$

其中,随机信号 w_k 表示过程激励噪声,它与电流的测量噪声有关,有些时候也可以忽略不计,直接设为零。w_k 的特性可以结合具体问题来进行分析。

4. 根据磷酸铁锂电池模型确定量测方程

从式子 (7-16) 可知,状态方程是线性的,如果量测方程也是线性的,则可以用经典 Kalman 滤波器而避免使用 EKF。事实上,量测方程并非线性,因为根据第六章的电池模型，在电池处于放电状态时，电池的工作电压与电池的平衡电动势、三个 RC 网络两端的电压以及欧姆内阻两端的电压有关，存在以下的电路关系式：

$$z_k = u_k = U_k^{EMF} - u_k^{\Omega} - u_k^s - u_k^m - u_k^l \tag{7-17}$$

其中，U_k^{EMF} 是电池的平衡电动势，它与电池的 SoC 存在非线性的函数关系，即

$$U_k^{EMF} = g(SoC_k) \tag{7-18}$$

由于根据模型，函数 $g(\cdot)$ 是非线性的，因此式（7-17）也是非线性的，而式（7-17）正好是反映状态变量与观测变量之间关系的观测方程。所以，用于解决变量估算问题的是扩展后的 Kalman 滤波器，而不是经典的 Kalman 滤波器。

7.5.4 EKF 算法的实施细节

上一小节根据 EKF 的基本原理以及第六章磷酸铁锂动力电池模型搭建起了 SoC 评估算法的框架。有几个细节问题值得继续讨论一下。

1. 关于模型中的滞回电压

第六章模型中谈到了滞回电压，并指出滞回电压与 SoC 之间不具有明确的函数关系，如果处理不好，将会导致 SoC 的估算存在一定的误差。然而，对于纯电动汽车而言，这个问题相对比较容易解决。因为纯电动汽车往往长时间处于"充电"或者"放电"的状态，即无论是在充电或者在行驶，总要持续相当长一段时间，因此，模型中滞回电压的值可以固定设为"充电"或者"放电"状态的值。然而，对于混合动力的汽车，由于电池组经常在"充电"和"放电"两个状态之间切换，滞回电压的问题就不太好解决，由此而带来的 SoC 估算误差常常有 10 个百分点。幸运的是，混合动力汽车对于 SoC 估算误差的容忍程度远比纯电动汽车高，因为不需要担心由于 SoC 估算误差而造成对剩余行驶里程的判断错误。

2. 关于函数 $g(\cdot)$ 及其适用范围

函数 $g(\cdot)$ 反映了 SoC 的值与电池电动势 U^{EMF} 之间的关系，从第六章的模型可知，这是一个非线性函数，可以用高阶多项式来近似表示。从本书前面的内容可知，磷酸铁锂电池电动势特性具有明显的三段式，即在 SoC 为 10%~90% 的区间，曲线较为平缓，接近于线性，而在大于 90% 及小于 10% 的区间则出现较大的转折。因此，对于 $g(\cdot)$ 可以有两种理解，其一，构造一个适用于 0~100% 的函数作为 $g(\cdot)$，这样的话函数求导时阶数较高，估算的波动性也较大；其二，针对 10%~90% 的区间构造 $g(\cdot)$，此时运算相对简单，估算的准确性也较高，但要为大于 90% 及小于 10% 的区间另外寻找估算的手段。

3. 关于初值

谈到 Kalman 滤波器，无法回避的就是每次运算的初值问题，需要在递归运算开始的时候为状态变量 x_k 中的每一个元素设置初值。在本算法中，x_k 包含五个元素 u_k^{Ω}、u_k^s、u_k^m、u_k^l 和 SoC_k，而这五个元素都无法直接通过测量获得。但实际上，Kalman 滤波器本身具有很好的自适应性，在运算过程中，即使初值设置得不正确，经过若干步运算以后，能非常有效地逼近被估对象的真实值。因此，状态变量的初值，这里给出一种解决方案为：

首先，直接把 u_k^{Ω}、u_k^s、u_k^m 和 u_k^l 四个状态变量的初值设为 0。其次，SoC_k 的初值有两种设置办法：其一，根据电池最初的开路电压值（如果可以获得的话），利用 OCV 法估算初值；其二，可以根据已保存的历史信息（如果 BMS 具备历史存储功能的话），调用

之前最后一次的 SoC 评估值，即上一次拔掉电门钥匙前，BMS 所得到的 SoC 值。

4. 具体的运算过程

在确定了各项细节以后，就可以依据经典的递推算法来完成 EKF 算法，具体是：

第一，根据式子（7-16）得到 k 时刻的状态变量的估算值为

$$x_k^* = Ax_{k-1} + Bi_{k-1} + w_{k-1} \tag{7-19}$$

这里为状态向量打上一个"*"号，表明这是根据状态方程得到的一个估算值，相应地，得到完成了状态递推后的协方差矩阵

$$P_k^* = A_k P_{k-1} A^T + Q_{k-1} \tag{7-20}$$

第二，也就是关键的一步，求解 Kalman 增益 K_k

$$K_k = P_k^* H_k^T (H_k P_k^* H_k^T + R_k)^{-1} \tag{7-21}$$

其中，R_k 是观测噪声协方差矩阵。另外，H_k 是根据式子（7-13）的非线性关系得到的雅可比矩阵，矩阵 H_k 中的元素满足

$$H_{k[i,j]} = \frac{\partial h_{[i]}}{\partial x_{[j]}}[x_k^*, 0] \tag{7-22}$$

第三，根据 Kalman 增益修正状态向量的估算值及相应的协方差矩阵

$$x_k = x_k^* + K_k(z_k - Hx_k^*) = x_k^* + K_k(u_k - Hx_k^*) \tag{7-23}$$

$$P_k = (I - K_k H_k) P_k^* \tag{7-24}$$

这里，I 为单元矩阵。另外，由于采用电池两端的工作电压 u_k 作为观测变量，所以有 $z_k = u_k$。

第三步执行完成以后，时间指标 k 增加 1，然后循环回到第一步，继续计算。至此，一种基于电池模型及扩展 Kalman 滤波器的评估方法的递归算法得到了实现。

7.5.5 实验验证

采用实验的方法对上述 SoC 评估方法进行验证。实验的样本为一个已经进行过容量标定的 100Ah 磷酸铁锂动力电池，利用一个大功率的动力电池测试仪模拟 "10-15" 工况对电池进行充放电处理，步长为 1 秒。

实验的结果可以由图 7-7 反映出来。在整个实验过程中，同时利用两种方法对电池的 SoC 进行评估：方法一为 7.2.3 所述的把 OCV 法与 CC 法相结合的方法，图中用点画线表示；方法二为本节所述的基于电池模型与 EKF 的方法，图中用实线表示。两种方法都有一个共同的前提，就是电压、电流的采样值都是不够精确或准确的。其中，电压采样值的分辨率为 0.005V，而电流传感器的平均误差为 1%，这样的安排是为了模拟车上传感器的可能出现的实际情形。与此同时，利用充放电数据后验地获得 SoC 的真实值，作为参考比较，如图中虚线所示。

图 7-7（a）是整个过程的反映，从图中基本可以看出：应用 EKF 对 SoC 估算的结果存在一定程度的波动，但自始至终基本上处于真实值的附近，误差最大不超过 5%，OCV 结合 CC 法的评估值波动很小，而且在开始的时候有着较高的准确性，但随着时间的推移，由于传感器的缘故，这种方法的误差越来越大，到了放电末期，累积误差超过了 10%。

图 7-7（b）是图 7-7（a）的部分放大，所反映的是第 6000 秒到第 7000 秒的情况，从中我们可以体会到两种算法的对比，本节的方法有一定波动，但不存在累积误差，而 7.3.2 节所述的方法较为平稳，但误差累积严重。

为了检验 EKF 算法对初始值的敏感程度，我们把本节算法的初始值故意设为 0.5（实际上是 1.0），结果发现，在 EKF 递推算法的作用下，经过 10 秒钟左右，SoC 的估算值从 0.5 迅速收敛到 1.0，如图 7-7（c）所示。

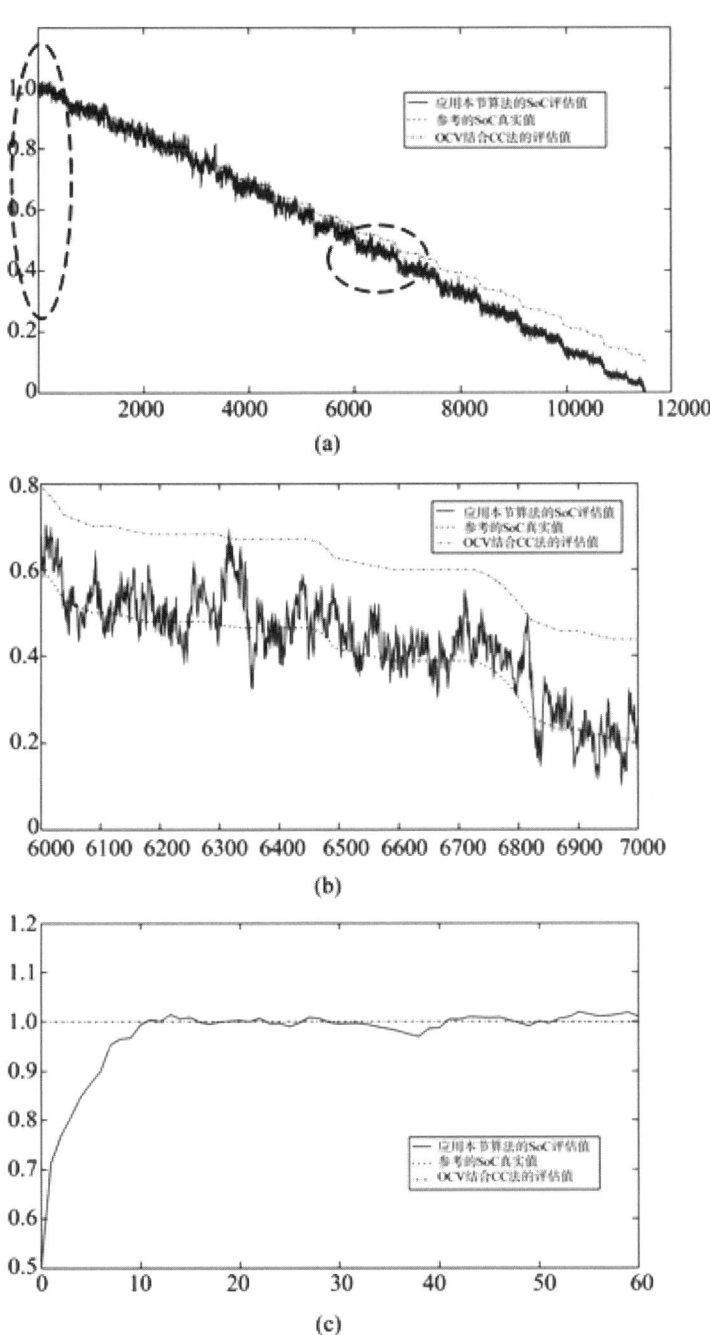

说明：以上各图中，横轴为时间，单位是秒，纵轴为 SoC

图 7-7　通过实验结果验证本节算法的有效性

第八章 动力电池的均衡控制

本章将讨论电动汽车能量控制管理方面的内容。能量控制管理包括充电控制管理、放电控制管理以及电池的均衡控制管理,这些并不属于电池管理系统必须的功能,但对于整个动力电池组的整体性能有着重要的意义。甚至可以说,能量控制管理功能的好坏,可以体现一个动力电池管理系统的水平。而各种能量控制管理功能之中,电池的均衡控制最具有挑战性,本章将围绕这一问题展开讨论。

8.1 均衡控制管理及其意义

均衡控制管理是重要的,不仅可以提高动力电池组的整体有效能量,还可以在一定程度上延长动力电池组的使用寿命。本节将就此进行论述。

8.1.1 均衡控制管理的基本模型

本章所讨论的均衡控制模型是针对串联结构的电池组而言的,如图8-1所示(假设电池组内电池的个数为n)。

图8-1 n个电池串联所构成的动力电池组

对于上图的第k个电池而言,记该电池的最大容量为 C_k (Ah),电池当前的剩余电量为 S_k (Ah),则电池组每个电池的剩余电量为 S_1、S_2、$\cdots$、S_n,每个电池的容量为 C_1、C_2、$\cdots$、C_n。

以上模型可以用图形化的方式来表示,如图8-2所示。

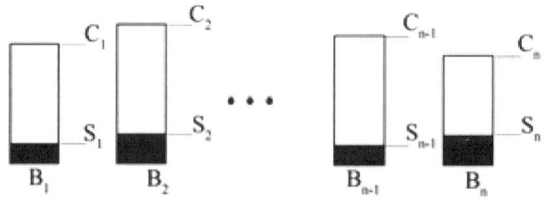

图8-2 动力电池组的容量与剩余电量模型

图中,柱子的宽度都是一样的,其高度表示电池的容量 C_1、C_2、$\cdots$、C_n,而深颜色的部分表示电池当前的剩余电量 S_1、S_2、$\cdots$、S_n。也可以这样类比,把电池看做为一个一个的水桶,水桶的容量就是 C_1、C_2、$\cdots$、C_n,而水桶里面当前所装的水的多少就是 S_1、

S_2、…、S_n。

从以上模型中可以看到,在某个时刻,电池组内每个电池的容量以及剩余电量有可能不一致,因此才有对动力电池进行均衡控制管理的必要。对电动汽车而言,动力电池的不一致性是必然的,其原因主要在于以下两个方面。

(1) 电池生产制造过程导致的不一致。

这主要指的是动力电池不一致的"先天部分"。作为化工产品,受材料、工艺等因素的制约,动力电池出厂时存在一定的不一致性。例如,不同批次的电池原材料可能导致电池材料的化学特性存在一定的不一致;又如,即使同一批次的原材料,由于研磨、搅拌工艺的原因,也可能导致电极材料的颗粒大小、导电性等存在不一致性;再如,在电池化成过程中,电极附近所形成的SEI膜具有一定的随机性,也会导致电池的不一致性。这些不一致性可以表现在电池性能的多个方面,以下是两个例子:

一方面,电池容量不一致,即以上图 8-2 中 C_1、C_2、…、C_n 存在差异;另一方面,电池的自放电系数不一致,就是说,虽然一台汽车刚停到车库的时候,每个电池的剩余电量都是差不多的,但是闲置 1~2 个星期以后,由于电池存在自放电,且自放电系数不一致,则导致汽车重新发动以后电池包内的电池剩余容量的不一致性。

(2) 工作环境导致的电池不一致。

动力电池的性能受工作环境的影响较大,影响动力电池性能的因素可能包括温度、振动等多个方面,其中温度是影响动力电池不一致性的重要因素。

不难想象,由于防水、防尘、安装紧凑性等各方面的要求,动力电池包内的电池处于一个相对密闭的空间之中,电池包内的热传导以及空气对流、散热等条件不可能对每个单体电池完全一致,而且动力电池在工作过程中,由于化学反应以及极化内阻等原因,不可避免地存在吸热、放热效应,使得电池包内部的温度场分布很难做到均匀。短期来看,温度场的不均匀可能导致单体电池的有效容量及充放电性能产生不一致;长期来看,这样的不均匀可能导致电池化学性能衰退的不一致,也就是每个电池的老化程度不一致。

8.1.2 均衡控制管理的意义

大量实践经验和实验数据都表明,由于电池组中的各个单体电池之间客观存在着不一致性,加入了均衡控制管理的电池组,整体性能将得到一定程度的提高。其原因可以归纳为以下两个方面。

(1) 均衡控制管理有助于提升电池组的整体容量。

如果不对电池做均衡控制,电池管理系统的保护机制会在电池组中的某个电池充满电的时候就对整个串联电池组截止充电,同样,在剩余电量最小的电池放电完的时候就对整个串联电池组截止放电,也就是说电池组的有效容量符合木桶原理,这样就会造成整个电池组的容量不能有效发挥。以下是一个典型的例子。

如图 8-3 所示,一个由 4 个电池(B_1、B_2、B_3、B_4)所组成的电池组各个动力电池的容量一致,即 $C_1 = C_2 = C_3 = C_4 = C_{max}$,但因为电池自放电系数不一致等原因,导致某次充电前电池的初始容量不一致,假设 B_2 电池的初始容量最多,B_3 电池的初始容量最少,见图中深颜色部分。

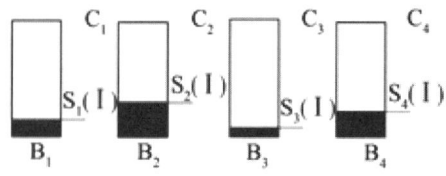

图 8-3

此时开始对电池进行充电。由于动力电池组通常采用串联的方法进行充电，使得四个电池的剩余电量同时均匀上升。则经过一段时间以后，B_2 电池的电压首先达到了保护上限。如图 8-4 所示。如果没有均衡控制，在安全管理机制的作用下，不允许再对电池充电，否则将会使 B_2 电池过充而引起不必要的安全事故。

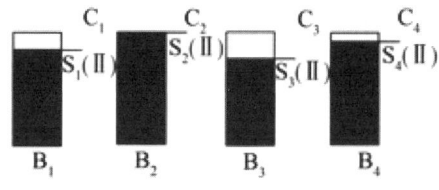

图 8-4

此时虽然电池 B_1、B_3、B_4 均未充满，但由于不能再进行充电，只好认为电池组充电结束。然后电池组开始工作，即进入放电状态。由于电池组是通过串联连接的，因此电池组的剩余容量均匀减少，经过一段时间以后，将出现如图 8-5 所示的状态。

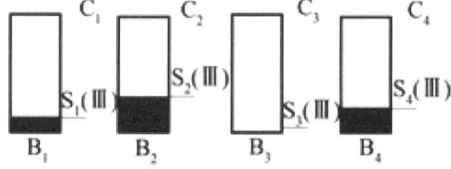

图 8-5

此时，B_3 电池已经放空。虽然电池组中其他电池仍有剩余容量，但由于电池组使用的是串联结构，但整个电池组不能继续放电，否则将因为 B_3 电池的过放而发生安全事故或损坏电池。由此可见，整个电池组有效放出的电荷为 $C_2 - S_2(\mathrm{III}) = C_{max} - S_2(\mathrm{III})$，又或者等于 $S_3(\mathrm{II})$。

但若加入了均衡控制管理，则在图 8-4 的基础上，所有电池都可以充满，如图 8-6 所示：

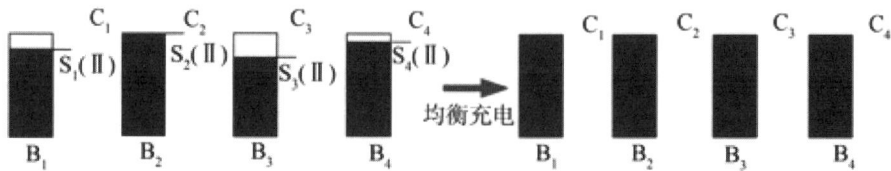

图 8-6

则在电池工作过程中,电池组内的各串联着的电池能够同时被放完。如图 8-7 所示。

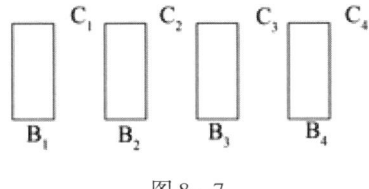

图 8-7

因此,整个电池组所能有效放出的电荷为最大化了的 C_{max} [而不是之前的 $C_{max} - S_2$(Ⅲ)]。从实际效果来看,电池组的整体有效容量得到了提升。

(2) 均衡控制管理有助于控制动力电池的充放电深度。

如果把电池从完全放空到完全充满的整个过程中 SoC 的变化记为 (0~100)%,则在实际应用中,最好让每个电池都工作在 5%~95% 的区间。因为荷电状态大于 95%,电池容易形成过充,同时也容易发生一些不可逆转的化学反应,从而影响电池的寿命;类似地,因为荷电状态小于 5%,电池容易形成过放,同时也容易发生一些不可逆转的化学反应,从而影响电池的寿命。

理论分析及实验数据表明,对电池组实施均衡控制管理,减小动力电池的充放电深度对于提高电池的安全性、延长电池寿命,提高电池衰老 (SoH) 的一致性,有着重要的意义。以下分三个方面进行论述。

第一,均衡管理能提高动力电池的安全性。

图 8-8 为磷酸铁锂动力电池的电动势曲线。

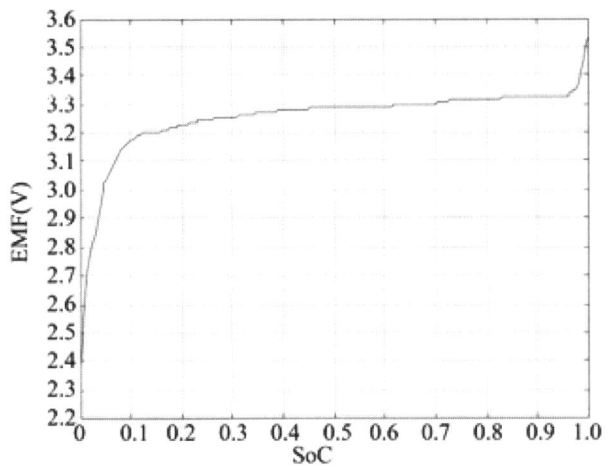

图 8-8 磷酸铁锂动力电池的电动势曲线

由上图可知,当电池荷载电量接近 100% 的时候,动力电池的电动势会出现一个陡升的过程。若电池组没有加入充电均衡管理,考虑以下的一种情形:四个动力电池中,有一个电池 (B_2) 接近充满 (即 B_2 的 SoC 超过 95%),如图 8-9 所示,则由于电动势及内阻的原因工作电压上升很快,容易出现过充现象。类似地,在电池放电末期 (SoC 小于

5%）也会发生工作电压陡降的情形，容易出现过放。若此时电池管理系统加入了均衡管理，使电池 SoC 接近 95% 或者接近小于 5% 的情况下就开始进行均衡控制，则可以有效避免以上可能出现的安全事故。

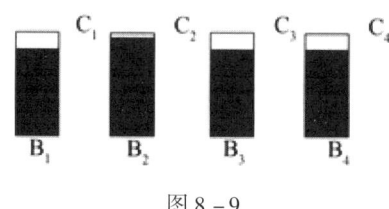

图 8-9

第二，均衡管理能延长电池寿命。

如前所述，电池荷电状态大于 95% 或者荷电状态小于 5%，电池容易发生一些不可逆转的化学反应，从而影响电池的寿命。例如，有一台装载了若干个串联电池的电动汽车，每天行驶大概 200km（大致对应于 80% 的 SoC），我们选取车内串联电池组里面的其中 4 个动力电池样本进行考察。

分为两种情况（如图 8-10 所示）：

第一组电池 [图 8-10（a）] 中，没有加入均衡控制，电池 B_2 的初始状态为 SoC = 100%，最终状态为 SoC = 20%，其余三个电池的初始状态为 SoC = 80%，最终状态为 SoC = 0。那么，由于电池 B_2 经常工作在 95% 以上的区域，电池性能衰减（老化）较快；同理，其余三个电池长期工作在 (0~5)% 的区域，电池性能衰减（老化）也较快。

第二组电池 [图 8-10（b）] 中，由于加入了均衡控制，所有四个电池的最初状态都是 90%，最终状态为 SoC = 10%。与第一组电池相比，每天放出的电荷都相当于 80% 的 SoC，都行驶 200km，但由于电池没有工作在容易发生不可逆转的化学反应的荷电区域，而经过一段时间以后，四个电池的性能衰减就没有第一组电池那么严重。

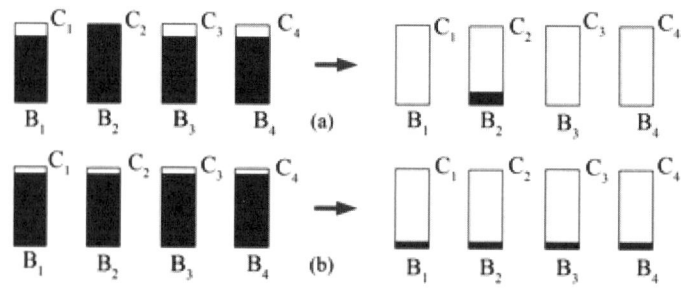

图 8-10

第三，均衡管理能使得电池均匀地衰老，从而使得 SoH 的一致性提高。

SoH 的不一致，对于电池管理系统来说是不利的，它将给原本就困难的电池剩余电量（或 SoC）的评估带来更大的挑战，也将影响到电池组的优化充电管理策略的实施。为了使得电池组内各个电池的 SoH 一致性提高，就尽可能使得那些影响电池衰老的因素对于各个单体电池而言是公平的;通过实施均衡控制管理,保证各单体电池的放电深度一致,就是使得电池均匀衰老的有效手段。

不妨看回图 8-10 的例子,在该例子中,由于实施了均衡控制,使得电池在工作过程中放电深度保持了较好的一致性,不仅可以如上所述,能够提高电池组的整体循环寿命,还可以使得整个电池组均匀衰减,每个电池的 SoH 较为接近。

8.1.3 均衡控制管理的难点

从上面的分析可知,在动力电池组内加入均衡控制管理是重要的。然而,均衡管理策略的制订与执行并不简单,本小节尝试对其难点进行讨论。我们先来看看最理想的情况:对于一个由 n 个电池组成的动力电池组而言,从 8.1.1 小节的基本模型可以看出,如果在任何时刻都能清楚地知道每个电池的容量 C_k、荷电状态 S_k,那么均衡控制的算法是非常简单的。然而,C_k 和 S_k 这两个变量并不能够在任何时刻都能准确获取,这个就是均衡控制的困难所在。

首先,每个电池的荷电状态(SoC)S_k 的评估是困难的。这点已经在前面 7.3 节里面进行了讨论。这里需要强调的是,在过去某些简单的电池均衡算法中,是以电池的电压作为均衡依据的,即认为电压较高的电池需要失去电荷,电压较低的电池需要补充电荷。这样的想法是存在偏差的,因为电池均衡的依据应该是电池的剩余电量或者荷电状态。电压的监测和判断是简单的,但电池的剩余电量或者荷电状态的评估却是相对困难的。

其次,获取每个电池的容量 C_k 也是困难的。原因在于以下两个方面:其一,电池容量 C_k 受 SoH 的影响。一般来说,电池经过化成以后,一旦装车使用,其性能会不断衰减,有效容量不断减少。然而,每个电池的有效容量均有差异,要获得其 SoH 的值,必须要对每个电池单独进行一次充满并马上进行放空,对于已经装车使用的电池,这样的评估难以经常对每个电池单独进行。其二,实际的 C_k 受未来工况限制。即使能知道每个电池的 SoH,由于难以预计汽车的未来工况,电池实际的有效容量难以获取。

8.2 均衡控制管理的分类

电池均衡控制的方法多种多样,而且新方法层出不穷,对这些均衡控制管理的方法进行分类是比较困难的,因为采用不同的分类标准将导致不同的分类结果。以下尝试采用表格的形式把常见的一些分类标准以及相应的类型进行归纳。

表 8-1 均衡控制管理的分类

序号	分类标准	主要类型
1	按均衡电路的拓扑结构分	集中式均衡、分布式均衡
2	按照均衡的作用过程分类	放电均衡、充电均衡、双向均衡
3	按是否对电池所带的电荷进行保护的角度来分	耗散型均衡、非耗散型均衡
4	按均衡控制的触发时机	主动均衡、被动均衡

应该指出的是，均衡方案的分类没有绝对的标准，按不同分类标准划分的各个方法之间也没有明显的界限。同样的一种方法按照"是否保护电荷"的标准属于"非耗散型均衡"，而按"作用过程"来分则又可以被称作"充电均衡"。各个方法之间也没有绝对的优胜者，应该是根据实际需求及成本预算等多方面因素选择最合适的方案。而非耗散型均衡、双向均衡等是未来高性能均衡方案的主流。

以下各小节将分别对表 8 – 1 的内容进行论述。

8.2.1 集中式均衡与分布式均衡

按均衡电路的拓扑结构分类，可以分为集中式均衡方案和分布式均衡方案。

集中式均衡方案是指整个电池组公用一个均衡器，通过逆变分压等技术对电池组能量进行分配，以实现单体电池与电池组之间的能力传递的能量均衡方式。而分布式均衡方案中，均衡模块是由个别电池所专用。

图 8 – 11 所示为一个典型的集中式均衡拓扑结构，在这个结构中，电池组内所有的电池都可以利用同一个均衡器（均衡电容）来进行均衡操作。

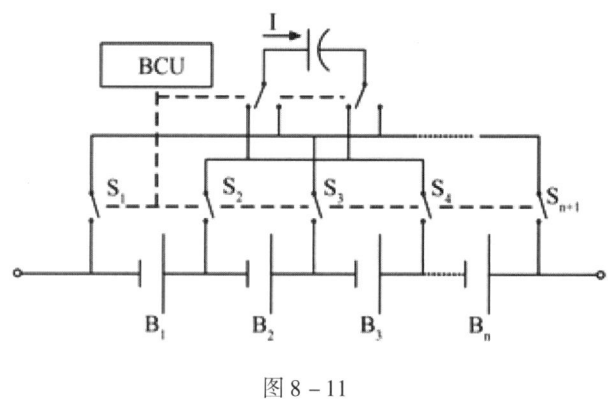

图 8 – 11

图 8 – 12 为一种典型的分散式电池均衡拓扑结构，图中，通过在每个电池上并联一个旁路电阻，并利用一个电子开关控制均衡操作。

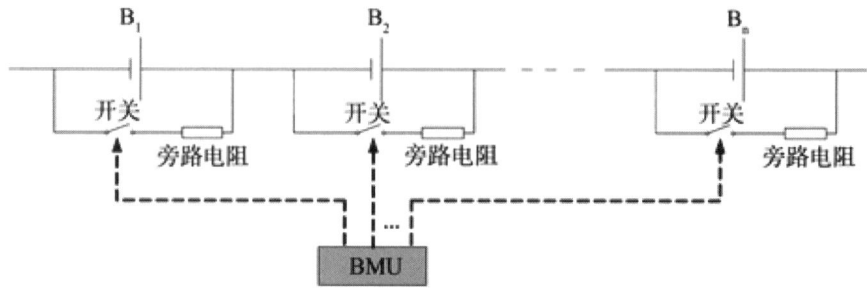

图 8 – 12

比较以上两种均衡方式，集中式均衡方案能迅速地集整个电池包之力为待均衡的个别电池转移能量，所配置的公用均衡器的性能较好，故均衡速度较快，而且从整体来说，集中式的均衡模块的体积也比分散式的（总和）更小；然而，集中式均衡方案中，各个电池之间形成竞争关系，多个电池的均衡操作不能并行地进行，而且各电池与均衡器之间需要大量的线束连接。可见，集中式均衡方案不太适用于电池数量较大的电池组。

8.2.2 放电均衡、充电均衡与双向均衡

按照均衡的作用过程不同，可以将均衡控制管理分为放电均衡、充电均衡和双向均衡。

放电均衡方式是指在放电过程中实现各个单体电池间的均衡，以保证放电过程中能够将电池组中每个电池的剩余容量放至0，而不会出现有的电池已放电完全而有的电池尚有电量的情况。放电完全之后，用恒定电流以串联充电的方式对电池组进行充电，直到电池组中有任何一个电池的剩余容量达到100%时结束充电。整个过程可以用图8-13来表示。

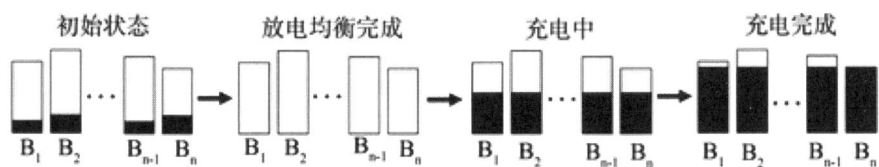

图8-13 放电均衡方式

从图8-13可以看出，放电均衡方式可以保证每一次充进电池的电量都可以完全释放出来。但是在充电过程中，根据"短板原理"，只能以最小容量的电池为截止上限。在充电过程中就并不能完全利用电池组的容量。

放电均衡的缺点是能量损耗过多，不便于在任何时候都开始进行（例如在电池剩余容量还比较多的情况下，进行放电均衡代价过大）；而且，放电均衡需要把电池剩余容量放空，从而提高了放电深度，有可能影响电池的循环寿命。

充电均衡方式是指在充电过程中采用上对齐均衡充电方式实现各个单体电池间的均衡，以保证充电过程中能够将电池组中每个电池的容量都充至100%，如图8-14所示。

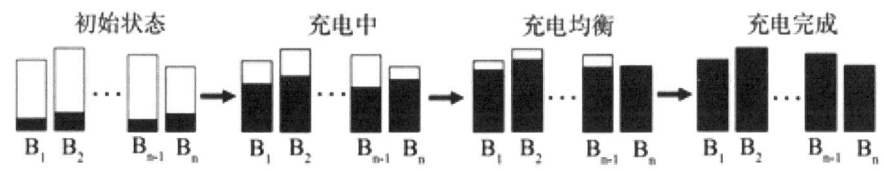

图8-14 充电均衡方式

充电均衡方式可以保证每一个单体电池的实际容量在充电过程中都发挥出功效。但是，充电均衡方式对放电过程没有做任何控制，其放电过程满足木桶原理，整个电池组的放电容量取决于容量最小的电池。与放电均衡相反，充电均衡对于在电池组处于任何荷电

状态前提下都适用。

双向均衡方案则是综合了放电均衡方案和充电均衡方案两者的优点，在充电和放电过程中都引入均衡控制。既能保证每一个电池都能放电到 SoC 为 0，又能保证每一个电池都充电到 SoC 为 100%。由于加入了放电均衡过程，因此，这种方案同样存在能量损耗过多，容易损害电池等问题，然而，这种方法有利于对电池的最大容量进行评估（即有助于得到每个电池的最大容量 C_k），可以在对电动汽车进行保养的过程中，利用这种方法来对电池的健康状况进行诊断。

关于利用耗散型元件进行充电、放电均衡的比较，在 8.3 节将会有更详细的讨论。

8.2.3 耗散型均衡与非耗散型均衡

按照在均衡过程中，是否努力尝试按照对电池组的能量进行保护，可以将均衡控制方案分为耗散型均衡和非耗散型均衡两种。

耗散型均衡方案是指利用并联电阻等方式将电池组中荷电状态较多的电池的能量消耗掉，直到与组内其他电池达到均衡。该方法的实现过程如下：定时检测各个单体电池的电压，当某些单体电池的电压超过电池组平均电压时，接通这些高能电池的并联电阻，使它们的一部分能量消耗在并联电阻上，直到它们的电压值等于电池组平均电压。耗散型均衡方案控制逻辑简单，硬件上容易实现，成本较低，是早期均衡控制最常用的方案。但是，这种方法就是以消耗电池组的部分能量为实施手段的。另外，电阻耗能的同时会发热，对于电动汽车而言，存在通风不好导致过热形成的安全隐患。

非耗散型均衡（也称作无损均衡）是指利用中间储能元件和一系列的开关元件，将电池组中荷电状态较高的电池的能量转移到荷电状态较低的电池中去，以达到均衡目的的方案。无损均衡方案用到的中间储能元件一般有电容和电感两种。无损均衡正好可以弥补耗散型均衡的缺点，但它也存在着控制逻辑电路复杂等方面的缺点。

需要指出的是，非耗散型均衡只是在均衡控制策略的制订初衷上尽可能保留电池中已有的电荷及能量，但由于器件损耗，非耗散型均衡并不能做到真正的无损。然而，不管怎么样，同样的初始状态，采用非耗散型均衡的总体能耗要比耗散型均衡策略要小，因此非耗散型均衡是未来发展的主流。下面 8.4 节还将重点介绍一种基于能量转移的非耗散型的均衡策略的案例。

8.2.4 主动均衡与被动均衡

在早期的英文文献中，出现了以下两种相对的均衡方法："active balancing" 与 "passive balancing"。关于这对概念的两种争议性的理解，就在于对这两个英文术语的中文翻译上。以下分别进行讨论。

1. 理解为"积极的"和"消极的"均衡方式

第一种理解，把 "active" 翻译为"积极的"，"passive" 翻译为"消极的"。基于这样的翻译，所谓的 "active balancing" 实际上就等同于我们前面所说的"非耗散型均衡"（non-dissipative balancing），而 "passive balancing" 就相当于"耗散型均衡"（dissipative balancing），这是当前英文文献里面对于 "active balancing" 和 "passive balancing" 这两个概念研究的主流方向。

从中文上也很容易理解。因为耗散型均衡采用把快要充满了的电池的能量消耗掉，以便对那些没有充满的电池继续充电的方法来进行的，从能量保护、电荷保护的角度来说，这种方法不采取任何积极的措施，因而是消极的；而非耗散型均衡虽然严格而言也会有能量的损耗，但是从策略上，这种方法尝试尽量把电池中已有的电荷、能量保护起来，而并不任其白白浪费掉，因此是"积极的"。

2. 理解为"主动的"和"被动的"均衡方式

由于 active 这个单词的一词多义现象，第二种理解，就是把"active balancing"理解为"主动均衡"，而把"passive balancing"理解为"被动均衡"。两者的区别在于均衡控制的"触发时机"上。

首先来看一下两种被动均衡的情况。

第一种情况，当动力电池组进行串联充电，充电的末期发现个别电池达到了电压上限，不能再充，这时候，不均衡已经成为事实，没有其他选择，只好触发均衡控制保证对每个电池进行充满，因此这是"被动的"。第二种情况，当动力电池组进行串联放电，放电的末期发现个别电池达到了电压下限，不能再放，这时候，不均衡也已经成为事实，虽然电池组中还有若干电池有剩余电量，但不能继续释放了，此时如果触发均衡控制算法，把电荷从"有电"电池转移到"没电"电池中，从而保证电池组还能工作一段时间，这样的均衡控制也是"被动的"。

以上两种被动均衡的情况，都是由于不能准确掌握每个电池的剩余电量 S_k 以及最大容量 C_k 而造成的。如果能够随时掌握这两个参数，在预计到"不均衡"的情况即将发生的时候，提前触发均衡控制，就可以使得原本出现在电池组充电或者放电末期的不均衡现象提前消除，从而节约了充电时间或者有效增加了电池组的最大放电能力。在这种情况下，均衡控制策略是具有预见性的，是"未雨绸缪"的，也是主动的。

当然，这样的主动均衡的方法是建立在对剩余电量及电池最大容量的准确评估的基础上的，依赖于好的 SoC 估算算法以及 SoH 估算算法，因而具有较大的挑战性。然而，随着这一领域研究的深入，精确的计算方法不断被提出，"主动均衡"的方法也逐渐会变成现实。

3. 本书的一些建议

基于以上的讨论，这里给出本书的一些观点。

第一，把属于非耗散型的"active balancing"翻译为"积极均衡"，而不要再使用"主动均衡"的概念。当前，不少中文论文的标题带有"主动均衡"的字眼，然而，其中所讨论的方法是对电池电荷采取积极保护措施的"积极均衡"。这些论文应该考虑把"主动"改为"积极"。

第二，要加强对真正意义上的主动均衡的研究。不妨结合图 8-15 来进行分析，图中所示为一个由 4 个电池组成的动力电池组，在电池组放电接近末期的时候，发现电池 B_2 的剩余电量明显多于其余 3 个电池，如果继续放电将会出现电池 B_2 被过放电的情况，从而对电池造成伤害，也可能造成安全事故，如图 8-15（a）所示；如果此时能采取真正意义上的主动均衡，在 B_2 电池的电荷没有完全耗尽之前，采取均衡控制，把电荷从剩余电量较多的电池往 B_2 转移，如图 8-15（b）所示，则能够增加电池组的有效放电量，从而提高电动汽车的续航里程。

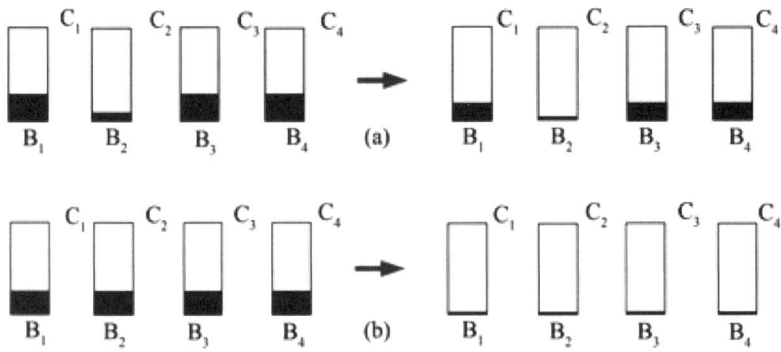

图 8-15 采用主动均衡增加电池组的有效放电量

8.3 两种耗散型的均衡控制管理

本节基于 8.1.1 小节建立的串联电池组模型,对两种耗散型的均衡方式进行比较,比较的指标为均衡所需的时间和电量损耗。

8.3.1 两种待比较的均衡策略

待比较的两种耗散型均衡控制策略基于同样的电路拓扑结构,如前面图 8-12 所示。按均衡电路的拓扑结构分,这属于分散式均衡。本节是基于同样的电路结构实施不同的均衡策略。

1. "先放电均衡后充电"与"先充电后均衡"两种均衡策略

如 8.1.1 节,记电池组中各个电池的初始剩余电量为 S_1、S_2、$\cdots$、S_n,每个电池的容量 C_1、C_2、$\cdots$、C_n,单位均为 Ah。

待比较的第一种方式为"先放电均衡后充电"方式,即先将电池组中每个电池的剩余容量放至 0,然后用恒定电流以串联充电的方式对电池组进行充电,充电至电池组中有任何一个电池的剩余容量达到 100% 时结束充电。参考图 8-13 所示。

待比较的第二种方式为均衡充电方式,则是用恒定电流以串联充电的方式对电池组进行充电,直到电池组中有任何一个电池的剩余容量达到 100% 时,改为涓流对电池组进行充电,直到电池组中所有电池的剩余容量达到 100% 时充电结束,如图 8-14 所示。

2. "先放电均衡后充电"所耗时间估算

进行一次放电均衡后再进行充电的总时间为

$$T_1 = t_{11} + t_{12} \tag{8-1}$$

式中,t_{11} 为放电均衡耗时,即通过并联的旁路电阻用小电流 i_r 将电池组中各个电池的剩余容量放至 0% 所消耗的时间,则有

$$t_{11} = \frac{\max\{S_k\}}{i_r} \tag{8-2}$$

其中,$k = 1, 2, \cdots, n$。t_{11} 的单位为小时。

t_{12} 为均衡放电以后再进行充电的耗时,即用恒定电流 I 对电池组进行串联充电,直到

电池组中任一电池剩余容量达到100%，则有

$$t_{12} = \frac{\min\{C_k\}}{I} \tag{8-3}$$

其中，$k = 1, 2, \cdots, n$。t_{12}的单位为小时。

3. "先放电均衡后充电"电量损耗估算

在整个过程中，电量的损耗发生在放电均衡阶段，充电阶段没有发生电量损耗，因此有

$$Q_1 = \sum_{k=1}^{n} S_k \tag{8-4}$$

4. "先充电后均衡"所耗时间估算

整个充电均衡的时间为

$$T_2 = t_{21} + t_{22} \tag{8-5}$$

式中，t_{21}是对电池组进行恒流串联充电的耗时，记充电电流为I，有

$$t_{21} = \frac{\min\{C_k - S_k\}}{I} \tag{8-6}$$

其中，$k = 1, 2, \cdots, n$。t_{21}的单位为小时。

t_{22}为均衡阶段耗时，即用涓流i对电池组进行串联充电，同时利用所并联的旁路电阻对剩余容量达到100%的电池进行放电，旁路电流为i_r（$i \leq i_r$），这个过程直到电池组中所有电池的剩余容量达到100%时结束，因此有

$$t_{22} = \frac{\max\{C_k - S_k\} - \min\{C_k - S_k\}}{i} \tag{8-7}$$

其中，$k = 1, 2, \cdots, n$。t_{22}的单位为小时。

5. "先充电后均衡"电量损耗估算

电量损耗发生在均衡阶段，每个电池上损耗的电量独立计算，然后整体求和。因此有

$$Q_2 = \sum_{k=1}^{n} [Q_{\max} - (C_k - S_k)] \tag{8-8}$$

式中的$Q_{\max}$相当于电池组内的所有电池之中离充满最远的那个电池所需充入的电量，即

$$Q_{\max} = \max\{C_k - S_k\} \tag{8-9}$$

其中，$k = 1, 2, \cdots, n$。

6. 关于均衡电流的讨论

在以上的推导过程中，我们用i_r来表示均衡电流的大小，基本上是把i_r当成了一个恒定的值来使用。然而，在实际过程中，i_r并非恒定值。从图8-13可见，i_r一方面取决于所并联的旁路电阻的阻值，这是相对固定的；而另一方面，i_r也受电池的电动势与内阻的影响，这两者受每个电池的荷电状态（S_k）及工作温度的影响。

因此，以上的分析可以分成两种层次。其一，把i_r视作恒定值，对整个过程进行粗略的分析，不考虑其间电池电动势及内阻的变化；其二，就是把每个电池的荷电状态及工作温度考虑进去，计算均衡电流的实时的值$i_r(S_k, T)$，T为工作温度。

在本节后面的仿真及实验中，均衡时间及电量损耗估算都是基于前一个层次的，这是因为，磷酸铁锂动力电池的电动势与内阻具有相当长的一个平台区，可以近似认为在此过

程中是比较恒定的。

8.3.2 实验验证

在上一小节中,我们对两种耗散型的均衡控制方法进行了分析,并推导了两种方法的时间消耗以及电量损耗的计算公式。本小节希望通过实验来检验两种均衡策略的有效性,并且检验有关计算公式是否成立。

1. 实验方法与步骤

实验的对象为 A 厂家提供的 8 个同一批次、标称容量为 100Ah 的动力电池,经测试,其实际有效容量均为 110Ah,一致性好。然后按照表 8-2 中的步骤进行实验。

表 8-2 实验步骤

步骤	实施内容
1	将 8 个电池完全放电至 SoC = 0
2	将 8 个电池分为 A、B 两组,把每组的 4 个电池分别串联起来
3	用 3A 的电流对 A 组充电 2 小时,得到 4 个初始电量为 6Ah 的电池样本
4	用 3A 的电流对 B 组充电 1 小时,得到 4 个初始电量为 3Ah 的电池样本
5	分别从 A 组和 B 组各取 2 个电池串联组成 C 组和 D 组,则 C、D 两组各有 4 个动力电池的样本(其中 C 组 4 个电池的初始容量为 6Ah、6Ah、3Ah、3Ah,D 组 4 个电池的初始容量也是 6Ah、6Ah、3Ah、3Ah)
6*	对 C 组执行"先放电均衡后充电"的策略,对 D 组进行"先充电后均衡",以比较两种方法的均衡效果以及时间、电量损耗

*注:以上实验中的第 6 个步骤,旁路均衡电流为 1.5A(如果使用旁路电阻,即使工作电压不一致,仍可用 PWM 控制算法严格保证均衡电流的大小);恒流充电电流为 15A,滑流充电电流为 1.5A。

2. 实验结果

根据以上的实验步骤,得到两组电池的初始电量、最终电量以及损耗电量如表 8-3 所示。

表 8-3 实验中 C、D 两组电池的电量损耗对比

电池组的初始电量(Ah)		电池组的最终电量(Ah)		均衡过程中的电量损耗(Ah)	
C 组的 4 个电池	D 组的 4 个电池	C 组的 4 个电池	D 组的 4 个电池	C 组的 4 个电池	D 组的 4 个电池
6	6	110.502	110.410	5.93	0.14
6	6	110.625	110.180	5.95	0
3	3	110.322	110.324	2.89	2.91
3	3	110.372	110.101	2.95	2.89

另外,利用上一小节的公式可以对均衡所需的时间以及电荷的损耗进行估算,并把估算的结果与实验测得的结果进行对比,如表 8-4 所示。

表 8-4　实验数据与估算表格的比较

	实验耗时（h）	估算耗时（h）	实际电荷损耗（Ah）	电荷损耗估算（Ah）
先放电均衡后充电	11.27	11.33	17.72	18
先充电后均衡	10.759	10.933	5.94	6

3．实验结果分析

从表 8-3 和表 8-4 可以看出，8.3.1 小节中对两种耗散型均衡控制策略从消耗时间和电荷损耗方面的估算公式是可行的。

8.3.3　均衡策略的计算机仿真

上一小节推导了两种耗散型的均衡控制策略的基本数学模型，关于"哪一种均衡策略更好"的问题尚未给出答案。本小节尝试对此问题进行分析和探讨。

1．仿真的评价指标

首先，需要确定一些评判指标来比较两种策略。根据前面的分析，可以用均衡过程中的时间消耗与电量消耗来作为评判指标。

均衡过程中的时间消耗，指的是从开始执行均衡的一刻起，直到均衡完成，不再对任何一个电池进行操作为止，所耗费的总的时间。而电量消耗，指的是在整个过程中，通过旁路电阻消耗掉的电荷总量。

2．仿真的对象

在对均衡策略进行计算机仿真之前，需要明确仿真对象的一些信息，例如均衡电路的参数信息，以及被均衡的电池组的初始状态信息。可以把这些描述对象的参数大致分为两类：第一类是固定已知的参数，例如电池组内电池的个数 n、恒流充电电流 I、涓流充电电流 i、旁路电流 i_r，等等；第二类是随时间变化的实时参数，例如各电池的剩余电量 S_1、S_2、…、S_n，各电池的容量 C_1、C_2、…、C_n，等等。

可见，对于"哪一种均衡策略更好"这个问题难以作出笼统的判断。由于仿真对象的条件参数的排列组合较多，用试验的方法所需要耗费的时间很长，而且材料、设备的耗费也很多。用计算机仿真的办法可以枚举多种可能的情况，从而节约了时间和人力物力等。

3．仿真案例

仿真的对象为 4 个标称 100Ah 的动力电池，其容量可能存在差异性，C_1，C_2，C_3，C_4 可能的取值为 {90，92，94，96，98，100}；其剩余电量的初始值也可能存在差异性，S_1，S_2，S_3，S_4 可能的取值为 {0，2，4，6，8，10}。假设在整个过程中，恒流充电电流为 15A，涓流充电电流为 1.5A，旁路电阻电流也是 1.5A，

利用下面的（MATLAB）程序对不同的条件组合进行仿真：

```
% 通过编程对两种均衡方式的时间、电量损耗进行比较仿真
NUM = 6^8;
results = zeros( NUM,16);
k = 1;
i = 1.5;
I = 15;
ir = 1.5;
for S1 = 0:2:10
    for S2 = 0:2:10
        for S3 = 0:2:10
            for S4 = 0:2:10
                for C1 = 90:2:100
                    for C2 = 90:2:100
                        for C3 = 90:2:100
                            for C4 = 90:2:100
                                results(k,1) = S1;
                                results(k,2) = S2;
                                results(k,3) = S3;
                                results(k,4) = S4;
                                results(k,5) = C1;
                                results(k,6) = C2;
                                results(k,7) = C3;
                                results(k,8) = C4;
                                results(k,9) = max([S1,S2,S3,S4])/ir;          % t 11
                                results(k,10) = min([C1,C2,C3,C4])/I;          % t 12
                                results(k,11) = results(k,9) + results(k,10);  % T1
                                results(k,12) = S1 + S2 + S3 + S4;             % Q1

                                Qmax = max([C1-S1,C2-S2,C3-S3,C4-S4]);
                                results(k,13) = min([C1-S1,C2-S2,C3-S3,C4-S4])/I;    % t 21
                                results(k,14) = (Qmax-min([C1-S1,C2-S2,C3-S3,C4-S4]))/i;  % t 22
                                results(k,15) = results(k,13) + results(k,14);       % T2
                                results(k,16) = Qmax-(C1-S1) + Qmax-(C2-S2) + Qmax-(C3-S3) +
                                    Qmax-(C4-S4);                                    % Q2
                                k = k + 1;
                            end
                        end
                    end
                end
            end
        end
    end
end
```

仿真得到的结果总共有 1679616 行，截取其中一些部分如表 8-5 所示。

表8-5 两种耗散型的均衡控制策略的计算机仿真结果（节选）

电池初始值 $[S_1,S_2,S_3,S_4]$	四个电池容量 $[C_1,C_2,C_3,C_4]$	放电均衡阶段 t_{11}	充电阶段 t_{12}	T_1	电量损耗 Q_1	恒流充电阶段 t_{21}	均衡充电阶段 t_{22}	T_2	电量损耗 Q_2
0,0,0,0	90,90,90,90	0.00	6.00	6.00	0.00	6.00	0.00	6.00	0.00
0,0,0,0	90,90,90,92	0.00	6.00	6.00	0.00	6.00	2.66	8.66	6.00
……									
0,0,0,2	90,90,90,90	0.00	6.00	6.00	0.00	6.00	8.00	14.00	18.00
0,0,0,2	90,90,90,92	0.00	6.00	6.00	0.00	6.00	10.66	16.66	24.00
……									
6,8,8,4	92,92,92,100	5.33	6.13	11.47	26.00	5.60	16.00	21.60	34.00
6,8,8,4	92,92,94,90	5.33	6.00	11.33	26.00	5.60	2.67	8.27	2.00
……									
10,10,10,10	100,100,100,92	6.67	6.13	12.80	40.00	5.47	10.67	16.13	8.00
10,10,10,10	100,100,100,94	6.67	6.27	12.93	40.00	5.60	8.00	13.60	6.00
10,10,10,10	100,100,100,96	6.67	6.40	13.07	40.00	5.73	5.33	11.07	4.00
10,10,10,10	100,100,100,98	6.67	6.53	13.20	40.00	5.87	2.67	8.53	2.00
10,10,10,10	100,100,100,100	6.67	6.67	13.33	40.00	6.00	0.00	6.00	0.00

按照均衡的时间损耗以及电量损耗，对各种条件下的仿真结果进行统计，得到下面的表格。

表8-6 两种均衡控制策略的时间损耗及电量损耗比较

	样本总数	1679616
时间损耗比较	$T_1 > T_2$ 的行数	750474
	$T_1 = T_2$ 的行数	9930
	$T_1 < T_2$ 的行数	919212
电量损耗比较	$Q_1 > Q_2$ 的行数	772350
	$Q_1 = Q_2$ 的行数	114666
	$Q_1 < Q_2$ 的行数	792600

从表8-5、表8-6可以得到以下一些初步结论：

第一，时间损耗和电量损耗与电池的最大容量和均衡前电池的初始状态有关，具体应该采取何种均衡策略要视具体的状况而定。

第二，从统计结果来看，当各电池的剩余容量都不多（例如，少于10%）的前提下，"先放电均衡后充电"的策略均稍微优于"先充电后均衡"。

以上的结论对于电动汽车动力电池管理系统的均衡控制策略具有实际的指导意义。

8.4 基于能量转移的均衡控制管理

耗散型的均衡控制存在两个方面的不足：一方面，均衡的过程是通过消耗电池的剩余电荷来进行的,不考虑对这些电荷进行保护,造成资源浪费;另一方面,由于电荷消耗的过程会造成发热,处理这些热量给整车设计带来了新的挑战。因此,近年来非耗散型的均衡控制方法越来越受到重视。本节将对一种具有代表性的非耗散均衡方法进行讨论。该方法基于两个相邻电池之间的电荷、能量转移来进行,在一定程度上节约了能源,也减轻了均衡过程中发热量大而对整车热管理所造成的负担。最近,也有人把本节所述的均衡控制方法称作主动式均衡管理,但本书并不完全认同,笔者认为,是否属于主动式均衡应该由均衡控制触发实施的时机来判断,本节所述的方法仅仅是非耗散型均衡控制方法的一种。

8.4.1 技术特色及发展历史

从文献中可以看到,人们早就开展了关于非耗散型的均衡控制方法的研究。以下是几种具有代表性的例子。

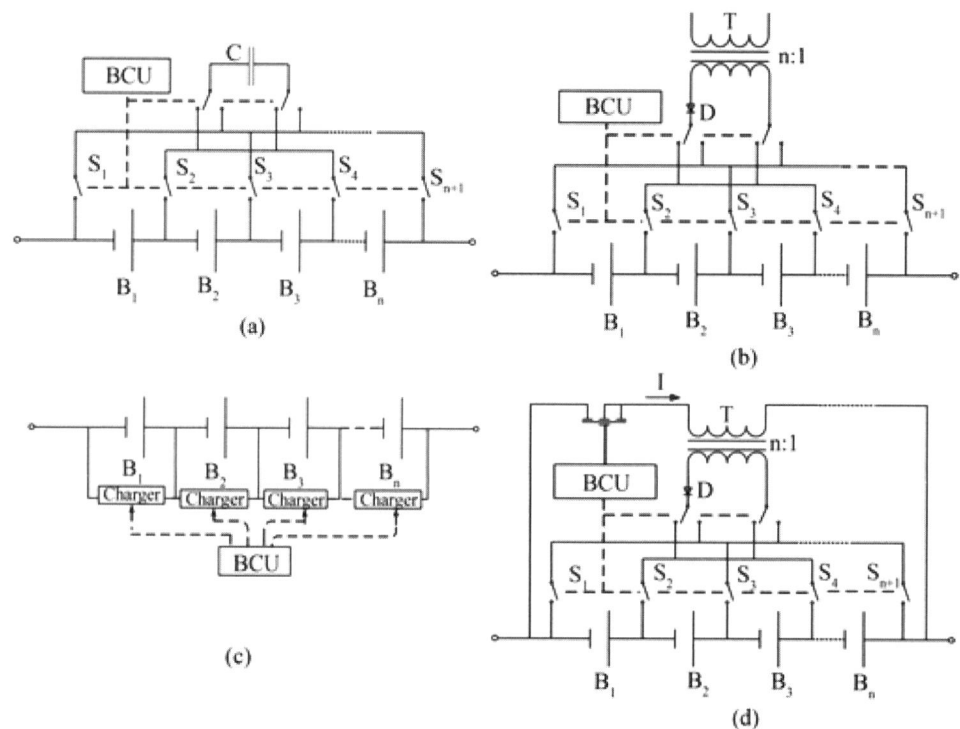

图 8-16 几种具有代表性的非耗散型均衡控制电路

图 8-16 (a) 的电路是由 $n+1$ 个电子开关与一个转移缓存电容 C 组成的,电子开关的开闭由 BCU 统一控制。这种方法的基本思路是,通过缓存电容 C,把电池的电量从电压较高的某个电池转移到电压较低的电池中去,从而达到均衡的目的。这种方法的缺点在于四个方面:其一,能量转移只能依据电池电压进行。这点直接从电路图中可以看出,然而,正如前面讨论的那样,均衡的依据,应该是电池当前的荷电状态以及电池的最大容量,而不应该是单纯的电压。其二,这种方法只能转移对应于电压差的少部分电量。例如电池 B_1 的电压为 3.432V,电池 B_2 的电压为 3.332V,那么,电荷转移过程将会在电容两

端电压达到 3.332V 的时候停止,此时电容还带有很多的电量,但无法继续向电池 B_2 进行转移,这样不仅可能浪费能量,而且可能导致均衡速度慢。其三,电容的漏电、自放电可能造成较大的电量损失。如果选择电容不当,在均衡过程中由于电容的漏电、自放电,可能造成大量的电荷的损失,而使得该方法的效率低。其四,电容 C 在整个电路内是唯一的,多个电池之间形成竞争关系,均衡控制无法并行处理,即某一个时刻只能对某一个电池进行均衡控制操作。

图 8-16 (b) 的电路是由一个独立的充电单元与 n+1 个电子开关组成的,电子开关的开闭由 BCU 统一控制。这个电路的基本思想是,利用充电单元,为"落后"电池进行单独充电,从而达到均衡的目的。这种方法的优点是,电量损失少,能量效率高。而这种方法的缺点是使得整个电池管理系统的体积较大,成本较重。同时,由于充电单元是竞争资源,无法对多个电池同时进行均衡控制,均衡速度可能较慢,如果电池组内有 10 个电池,其中一个电池先达到充电上限,此时需要对另外 9 个电池分别轮流补电,则需要占用大量的时间。

针对图 8-16 (b) 电路补电慢的缺点,图 8-16 (c) 的电路试图为每个电池配置一个独立的充电单元,由 BCU 控制每个充电器是否工作。这种方法能以最小的能量损失快速完成动力电池的均衡,但缺点是体积大、成本高,而且,由于每个充电单元的元器件多,使得电路的故障率也比较高。

图 8-16 (d) 的电路也是针对图 8-16 (b) 的一种改型,通过一个开关电源电路,试图用整个电池组的能量为某个"落后"电池补电。这种方式与图 8-16 (b) 方案相比可以在一定程度上降低成本,减少连线,但是,仍然无法实现快速均衡控制管理。

以上所述的各种非耗散型的均衡控制方案各有优势和缺点。实际上,在过去 10 年左右,工程师和学者们做了大量探索性的工作,各种新颖的均衡控制方案层出不穷,然而许多新的方案尽管有很好的想法,实现起来却受限于现有的器件性能。结合笔者的经验,一种较为可行的方案是基于相邻电池的能量转移的,下一小节将对此进行更为详细的介绍。我们在较为早期的文献里查到了类似的思想。2002 年,Hsieh 等人提出了一种基于相邻电池能量转移的方法,如图 8-17 所示。

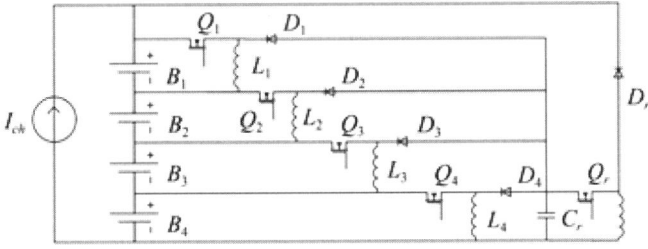

图 8-17 Hsieh 等人提出的一种基于相邻电池能量转移的方法

2003年，Zhao等学者对此方案进行了改进，如图8-18所示。

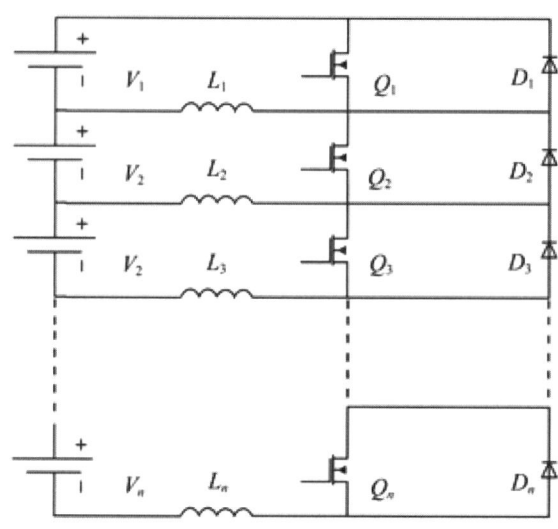

图8-18　Zhao等学者提出的改进方法

在此之后，学术界不断对类似的方案进行改进。真正把这一思想做成产品的是Gary Davison等人于2002年创立的PowerPrecise公司，他们提出了名为PowerPump和PowerLAN的解决方案，面向各类应用，其中也包括了电动汽车领域。这是一个相当好的产品级的方案，然而当年PowerPrecise公司限于自身实力，并没有能大力推广。

美国TI公司于2007年10月完成了对PowerPrecise公司的收购，并于2008年10月在原来PowerPrecise公司方案的基础上推出了三款电池管理集成电路，使得这一技术的实用性更强。然而，这一系列的产品至今未能被我国大部分电动汽车整车或零部件厂商所接受，其原因在于，该系列产品希望实现一个通用型的BMS解决方案，对二次开发支持不够。例如，芯片只面向某些类型的电池，不适用于磷酸铁锂、钛酸锂等较为新型的电池。又例如，芯片只具备电量计量、电荷均衡和安全保护等功能，用户难以在其基础上开发出其他更为丰富的功能，也难以扩展其信息交互接口。

8.4.2　一种基于相邻电池电量转移的均衡控制

本小节将介绍一种笔者较为推崇的均衡控制方案，即基于相邻电池能量转移的均衡。

1. 硬件结构

一种可行的基于相邻电池能量转移的均衡硬件电路如图8-19所示，该电路参考了TI公司针对"bq78PL114S12"芯片所提出的典型的电路拓扑结构，是一种有效的解决方案。为了说明方便，所画的硬件电路图只涉及了5个动力电池，而事实上，该方案可以扩展为对更多的电池实施管理。

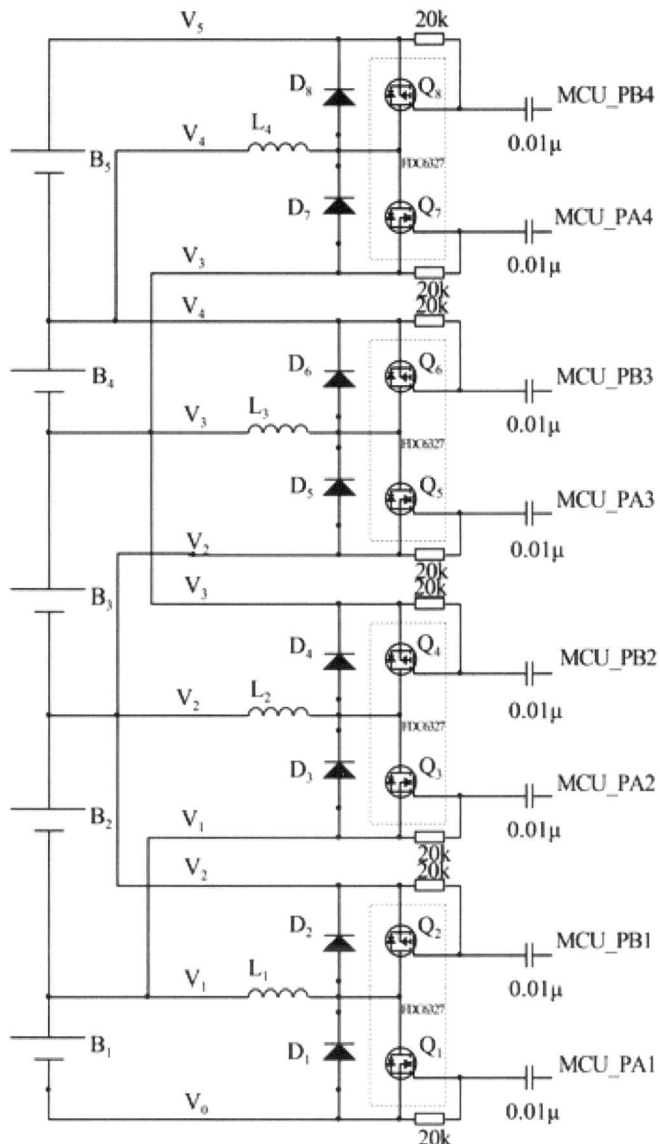

图 8-19 基于相邻电池电量转移的均衡控制电路

图中，各回路的电感、受控的场效应管等构成了一个典型的 Buck Boost 电路，回路中，场效应管的控制端由 MCU 的 I/O 口进行控制。某个时刻，如果 MCU 根据已有条件判断需要把电池 B_3 的电荷向 B_2 进行转移，则应该在 MCU_ PB2 产生以下的控制序列。如图8-20所示。

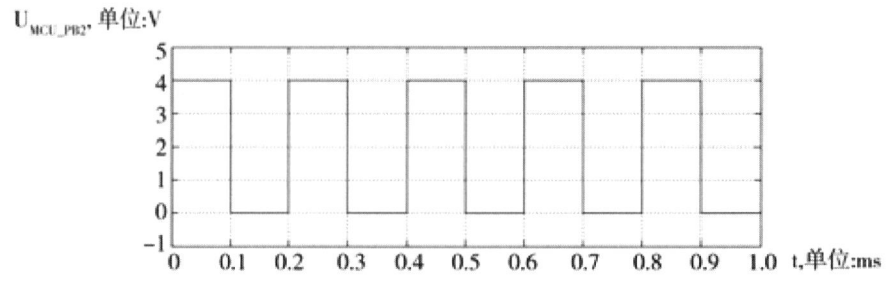

图 8-20　MCU_PB2 引脚的控制时序图

由于 MCU 与 MOSFET 栅极之间有电容的分割，故 Q_3 维持关闭的状态；Q_4 则在 MCU_PB2 变化的作用下受到通过电容的高频控制信号的影响而有规律地开关。当 Q_4 导通时，电感 L_2 中的电流上升，处于充能状态；然后，当 Q_4 截断，由于电感的特性，经过 L_2 的电流不能突变，电流沿着 D_3、Q_3、L_2 和 B_2 组成的回路慢慢衰减，进而实现了对 B_2 的充电。由于电路的拓扑结构以及元器件的特性都设计为对称的，因此任何时候，都可以根据需要，通过 MCU 控制电量在相邻的电池之间进行转移。由于采用了 Buck Boost 电路，电荷转移的速度不会受制于相邻两个电池的电压差，转移的过程也不会因为相邻两个电池的电压达到一致而停止。

2．软件控制策略

基于以上硬件电路所进行的均衡控制策略相对简单，大致分为以下几个步骤：

第一，对相邻的电池进行两两比较，判断是否需要电荷转移，生成一个控制状态向量表。状态向量表中，那些需要进行电荷转移的控制位被置为"1"，否则被置为"0"。

第二，执行一个电荷转移的控制例程，该例程根据状态向量表各个控制位的状态来改变 MCU 相应的 I/O 口的输出，为需要进行电荷转移的控制端产生类似于图 8-20 的波形。该例程的执行根据需要将持续一段时间。

第三，停止例程，重新回到第一步，进行循环判断。

需要注意的是，在执行第二步的时候，由于电池两端的电压处于不稳定状态，因此，不一定能够对是否需要进行电荷转移作出判断，所以需要静止一段时间以后再进行判断。

3．该解决方案的优势

从以上的分析可以看出，采用基于相邻电池电量转移的均衡控制的方法有以下好处：

第一，非耗散型，尽可能珍惜电池中已有的电荷。与耗散型的均衡控制相比，该方法从保护电荷、节约能源的角度设计，尽可能避免浪费。

第二，可以在任何时候执行。由于采用了 Buck Boost 电路，该均衡控制可以在电池组处于"不工作（静止）"、"充电"、"放电"等各种状态下执行，而不像某些控制策略那样，只能在充电或者放电的末期执行。

第三，并行处理。从上面的描述可知，在把电池 B_3 的电荷向 B_2 进行转移的同时，允许把电池 B_3 的电荷向 B_4 进行转移，也允许把电池 B_4 的电荷向 B_3 进行转移，从而提高了均衡控制的执行效率。

第四，器件相对简单，可靠性高，有利于控制成本。根据以上的硬件电路结构可知，该方案采用了电感、MOSFET 管等常规器件，相对于某些大型集成电路芯片而言，可靠性高，成本较低。

8.4.3 均衡控制的试验与仿真

为了检验上一小节的方法的有效性，我们需要进行一些试验以及基于试验结果的计算机仿真分析。通过试验，可以获得每一步能量转移均衡控制的效率，通过计算机仿真，可以获得经过若干步的基于电荷转移的均衡处理以后电池的状态，从而判断此方法是否有效。

1. 电荷转移效率的测试

利用五个容量一致性非常好（容量差别小于 0.2%）的标称为 40Ah 的动力电池 B_1、B_2、B_3、B_4、B_5 作为试验样本，试验按照以下步骤进行（由于环境温度对电池有效容量有着明显的影响作用，因此，测试均在一个密闭的恒温环境内进行，温度保持在 25℃）：

a) 容量标定

根据 4.2 节的方法对五个被测电池的容量进行标定，将得到的容量记为 C_1、C_2、C_3、C_4、C_5，测试中，充、放电电流倍率均为 0.2C，放电截止电压为 2.2V

b) 再次充满

在完成容量标定后，再次对电池进行充满，其操作可参考 4.1.3 节第（4）点

c) 串联放电

把五个被测电池串联起来，以 0.2C 的倍率进行放电，持续 2 个小时

d) 电荷转移

利用本节所描述的均衡电路对串联电池组进行电荷转移操作，在 MCU 的控制下，电荷由 B_1 向 B_2 转移，同时电荷由 B_4 向 B_3 转移，电池 B_5 保持静置，电荷转移的平均电流约为 3A，转移时间持续 2 个小时

e) 暂停，静置

保持电池在不充放电状态，持续半个小时

f) 放空

以 0.2C 的放电倍率对五个被测电池分别进行恒电流放电，截止电压为 2.2V。这个步骤主要用于评价 5 个电池的剩余电量

g) 测试结束

通过以上步骤，可以得到电荷转移前、后各个被测电池所带的电量，从而可以判断利用相邻电池进行电荷转移的效率，如表 8-7 所示。

表8-7 电荷转移效率测试结果

	B_1	B_2	B_3	B_4	B_5
标定容量	45.23	45.34	45.19	45.20	45.33
转移前电量（估）	29.23	29.34	29.19	29.2	29.33
转移后电量	23.27	33.85	33.64	23.10	29.33
转入（+）、转出（-）电量	-5.96	+4.51	+4.45	-6.10	0
电荷转移效率（%）	75.7		73.0		-

从表中的数据可知，利用相邻之间电池电量转移，单步效率可以达到75%左右，当然，在具体执行过程中，由于电池内阻不同，均衡电流大小不同，硬件电路的元器件性能不同，实际的效率也有所差异，上表的结果只是一个参考案例。不难理解，转移过程中电荷的损耗来自于电池的内阻，元器件的欧姆损耗，因此效率与均衡电流相关。这样也带来一对矛盾必须注意：在电池和元器件相同的前提下，均衡电流大，则均衡速度快，但热损耗也大，因此均衡速度与效率在此构成了一对矛盾。

2. 均衡控制过程的仿真分析

本书第六章提出了一个磷酸铁锂电池的等效模型，并基于MATLAB/Simulink工具实现了这个模型。如果利用这个电池模型，并配置相应的等效电路，则可以对整个均衡控制过程进行仿真。通过这样的仿真，可以对整个均衡过程中任意一个时刻每个电池的状态进行监控。在此基础上，可以制订出合适的均衡控制策略。当然，一个有效的仿真过程可以节约实验时间并避免试验电池的损耗，但其前提是，要对电池的性能和电路元件的参数进行比较精确的设置，否则就会出现"仿而不真"的尴尬。

由于第六章已经对具体的仿真步骤进行了详细说明，此处不再赘述。

3. 均衡的有效性分析

通过第六章所述的计算机仿真，可以掌握某个均衡控制的过程，然而，这个过程是以电池组处于某种特定的初始状态为前提的。在仿真之前，需要对每个电池设置初值，仿真的过程需要一定的执行时间。如果电池组内电池的个数比较多，初始状态的排列组合也比较多，利用以上方法遍历每一个均衡过程是不现实的。为了检验均衡的有效性，还需要编写一个程序，遍历每种电池的初始状态，对于不同初始状态下均衡处理的时间消耗与电量损耗进行预测，从而得到一个仿真结果表格，以下为一个可供参考的仿真结果表格。详见表8-8。

表8-8 均衡的有效性分析结果(截取)

电池的初始容量										均衡过程的电量损耗(安时)	均衡控制所用时间(小时)
B_1	B_2	B_3	B_4	B_5	B_6	B_7	B_8	B_9	B_{10}		
…	…	…	…	…	…	…	…	…	…	…	…
9	9	7	5	5	5	5	5	5	5	3.28	3.81
5	5	5	5	5	5	5	5	9	9	2.62	3.78
9	9	5	5	5	5	5	5	5	5	2.62	3.81
5	5	5	5	5	5	9	9	9	9	5.17	6.20
9	9	9	9	5	5	5	5	5	5	5.17	6.20
5	5	5	5	5	5	7	9	9	9	4.51	3.52
9	9	9	7	5	5	5	5	5	5	4.51	3.54
5	5	5	5	5	5	5	9	9	9	3.85	3.52
9	9	9	5	5	5	5	5	5	5	3.85	3.56
…	…	…	…	…	…	…	…	…	…	…	…

注：假设电池组由10个动力电池组成。

第九章 动力电池的信息管理

本章将面向电动汽车介绍动力电池的信息管理,由三部分组成:首先介绍如何利用汽车仪表来显示有关的电池信息;其次,介绍如何通过车载通信网络实现电池管理系统与车上其他控制系统之间的信息交互;最后,针对电动汽车的特点,介绍电池数据库的设计,以便电池管理系统能根据电池的历史数据来估算电池当前的状态,并利于电池系统的保养与维护。

9.1 电池信息的显示

电池信息的显示,一直是电池管理系统的重要功能之一。通过仪表,电池管理系统能够把电池当前的状态告知相关人员。一种老式的电池仪表如图 9 – 1 所示,该仪表能有效地向操作员显示电池的剩余电量,以帮助操作员判断是否需要对电池进行充电或者停止充电。仪表面板上还划分了几个不同的区域,用于帮助人们通过充电电压回弹来判断某个电池是否已经到了它循环寿命的上限。

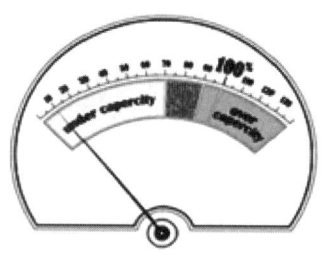

图 9 – 1 一种老式的电池信息显示仪表

当然,上面的仪表并非针对电动汽车设计,本节将讨论如何通过电动汽车上的仪表来显示动力电池组的有关信息。首先明确一下有哪些信息需要通过汽车仪表来显示,然后对两种通过仪表显示信息的方法进行讨论:一方面,可以通过对传统仪表的改造升级来显示电池的相关信息;另一方面,可以针对电动汽车的特点,利用当前比较成熟的液晶显示技术,重新为电池管理系统开发仪表。

9.1.1 汽车仪表上所显示的电池信息

汽车仪表上所要显示的电池信息大致可以分为以下三类。

1. 正常行车状态下需要显示的信息

在电动汽车行车过程中,需要为驾驶员提供的信息主要包括:电池温度信息,电池组的总电压、电流信息,剩余电量信息,预估剩余里程信息等。这些信息的刷新率不需要太高,如电压、电流信息,每秒钟刷新一次,而剩余电量信息每 10 秒钟刷新一次,对于驾驶员而言完全足够了。这样并不会对电池管理系统的 BCU 造成过多的负担。

2. 正常的驻车充电信息

在电动汽车停车、插上充电插头以后，将开始对动力电池组进行充电。此时，需要通过仪表向驾驶员传达相关的充电信息，如电池组总电压、温度信息，充电电流大小的信息，剩余电量信息，预计充电结束时间信息等。对于比较高级的电池管理系统，还需要显示充电模式信息，如快充模式、慢充模式、是否加入均衡控制等信息。以上信息的显示，同样对刷新率要求不高，刷新率在 1~10 秒都是可以接受的范围。

3. 危险告警信息

无论在行车过程中还是在驻车充电过程中，若电池管理系统监测到异常情况，都应该通过仪表向驾驶员或者操作员及时报告。这些告警信息包括过电压告警，过电流告警，过温度告警，剩余电量不足告警等。还包括一些故障失效信息，例如通信网络失效，自检失效等。此时不仅需要通过显示的方式告警，可能还需要结合声音告警等手段。

9.1.2 基于传统仪表板的改造升级

由于传统汽车仪表上显示的一些信息在电动汽车上不复存在或显得不太重要，因此，可以在原来传统汽车仪表的基础上进行一些修改，使得动力电池的信息能够在改造后的仪表中得到体现。以下是一个具体的例子。

图 9-2 (a) 是一个传统的汽车仪表。对于电动汽车而言，"油量表" 已经没有意义了，而发动机转速与水温表的重要性也没有传统汽车中的明显。因此，可以把这三个表分别用于显示电池的剩余电量 (SoC)、工作电流、工作电压等，如图 9-2 (b) 所示。而仪表中部的车速表以及里程表对于电动汽车和传统汽车的意义是一致的，可以完全保留。

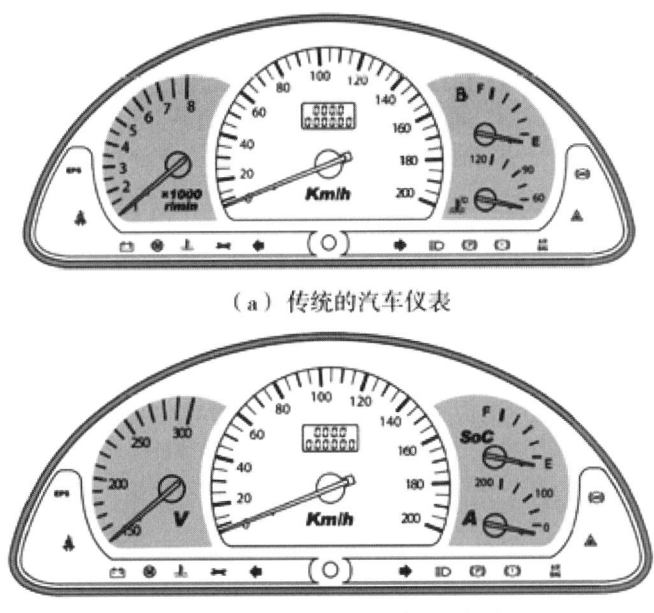

(a) 传统的汽车仪表

(b) 改造后的电动汽车仪表

图 9-2 把传统汽车仪表改造为电动汽车仪表

把传统仪表改造为电动汽车仪表的好处是，风格与传统汽车一致，符合人们的使用习惯，而且改动的工作量小，不需要对仪表重新进行设计。

9.1.3 新式仪表板的设计

当前，随着技术的发展，利用液晶显示屏作为汽车仪表从成本及可靠性两方面来说都成为可能。因此，当前在许多新型的汽车上均采用液晶显示屏来显示车辆的相关信息。其好处在于以下几个方面：第一，界面友好，信息量大。利用液晶显示屏设计的仪表风格活泼，并支持多种字符、图形的排列组合，因此，可以非常灵活地向驾驶员传递信息。第二，设计灵活，升级方便。面向液晶显示屏，可以通过编程的方法对仪表进行定制式的设计，并可以根据需要对仪表进行软件升级，更新界面，符合当前汽车的个性化使用趋势。第三，不少液晶显示屏支持触屏输入，互动性好。传统仪表的互动性较差，新型的液晶仪表则可便于用户与汽车控制系统进行互动。

以下结合笔者的工作经验，谈谈关于新式仪表板设计的一些建议。

（1）应该结合汽车仪表的其他功能，综合显示汽车行驶的相关信息，取代传统仪表。

电动汽车的仪表除了包含动力电池组的信息，还应该显示汽车的其他相关信息。例如：车速信息，里程信息，灯光控制信息，档位信息，等等。图9-3就是一个典型的电动汽车仪表，包含有汽车的基本信息以及电池组的剩余电量信息。这样一来，就可以完全通过液晶屏来显示相关信息，突破了传统仪表的风格。

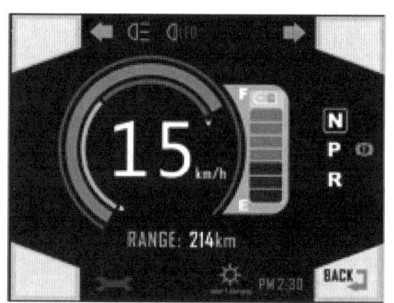

图9-3 包含多种信息的电动汽车仪表

（2）分屏显示动力电池组的不同类型的信息。

由于电动汽车仪表的灵活性，可以根据车辆处于不同的状态而用不同的界面来传递信息。例如，如果电动汽车处于停车充电状态，此时车速信息、档位信息等都显得不再重要了，可以通过如图9-4（a）的界面来反映电池组的充电信息。

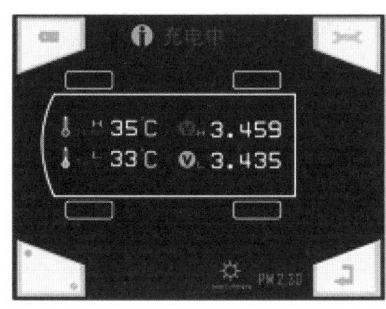 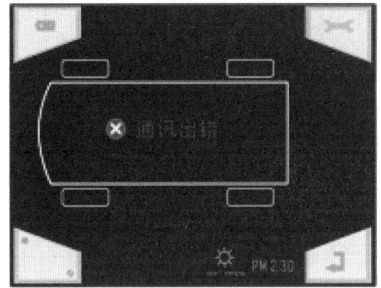

(a) 充电状态　　　　　　　　　(b) 出错告警状态

图 9-4　仪表根据不同状态采用不同的显示方式

图 9-4（a）中，可以有效地向驾驶员传递与充电相关的信息，包括：电池组中最高温度点温度值，最低温度值，单体电池最高电压值，单体电池最低电压值，充电电流大小，充电模式以及预计充电完成时间等信息。另外，在电池管理系统与整车控制器发生通信错误的时候，也可以通过另外一个界面来通知驾驶员，如图 9-4（b）所示。

（3）结合手触屏，方便用户查询特定信息。

当前，许多液晶屏都支持通过触屏方式输入信息，有利于与驾驶员的互动，因此，可以考虑在汽车仪表上支持手触屏功能。图 9-3 与图 9-4 的界面中，四个角上有四个灰色的图标，就是为方便驾驶员随时对电动汽车及电池的状态进行查询而设置的，驾驶员通过触碰这些图标，可以获得相应的系统信息。

9.2　系统内外信息的交互

信息交互是许多 BMS 系统都需要具备的基本功能，而并非电动汽车特有的。例如，当前几乎每个笔记本电脑的锂电池模块都配置了 BMS，其中大部分都支持把电池当前的状态信息传递到电脑主板并通过操作系统或特定软件传递给使用者。电动汽车 BMS 的特别之处，在于它所管理的电池个数比较多，BCU 往往需要通过两级总线同时与系统内部的 BMC 以及系统外部的其他车载设备进行信息交互。

9.2.1　系统内与系统外的信息交互

本节所讨论的"系统"，指的是电池管理系统。在讨论如何进行信息交互之前，首先要明确信息交互的主体以及进行信息交互的内容，即需要明确电池管理系统需要"和谁"交互"什么信息"。以下分两个方面进行讨论。

（1）系统内的信息交互。

结合第三章的内容可知，系统内的信息交互主要指的是 BCU 与 BMC 之间的信息传递问题。一方面，BMC 需要把采集到的每个电池的信息传递给 BCU；另一方面 BCU 需要向 BMC 传递控制信息（例如：是否对某个电池进行均衡控制等）。系统内的信息交互具有以下特点：

第一，通信的信息总量与频度较为固定，可预知。例如，BCU 定期向 BMC 发去轮询信息，而 BMC 每一秒钟负责把采集到的电池的电压、温度信息向 BCU 进行汇报，都属于常规动作，突发性通信较少。

第二，对可靠性的要求较高。如果在信息传递过程中出现错误，可能造成较为严重的事故。例如，某个电池明明处于正常状态，但 BMC 向 BCU 所发送的信息产生了通信错误，BCU 误认为某个电池可能存在安全问题，从而一方面向驾驶员告警，另一方面会通过整车控制器，使得整台电动汽车慢驶并最终停下来。又例如，在不需要进行均衡控制的情况下，BCU 向 BMC 发送的通信帧发生错误，对电池进行了不必要的均衡操作，可能导致某个电池的能量最终被耗完。

（2）系统外的信息交互。

电池管理系统作为电动汽车中的一个重要部件，需要通过车载通信网络与车上的其他控制单元进行信息交互。根据每台汽车的硬件设计以及软件控制策略的不同，系统外的信息交互对象可能存在较大的差异，一些常见的对象有：整车控制器、电机控制器、汽车仪表、充电机等。下表列举的是在某台电动汽车中，电池管理系统与其他控制单元之间进行信息交互的内容以及信息流向。

表 9-1　某电动汽车 BMS 系统外信息交互内容及流向

信息交互的内容	信息流向
电池组整体状态信息 （总电压、总电流等）	BMS→整车控制器
	BMS→电机控制器
	BMS→汽车仪表板
电池组最大允许放电电流信息	BMS→整车控制器
	BMS→电机控制器
电池组安全告警信息	BMS→整车控制器
	BMS→汽车仪表板
高压预充电信息	电机控制器→BMS
充电请求信息	BMS→整车控制器
充电允许信息	整车控制器→BMS
充电电压、电流控制信息	BMS→充电机
充电机运行信息	充电机→BMS

9.2.2　利用分级车载网络进行信息交互

早期的时候，某些电池管理系统的设计者希望利用整车通信网络来传递电池管理系统的信息。也就是说，整台电动汽车只有一个通信网络，BMS 的系统内信息交互与系统外信息交互都通过同一个网络来进行。后来，人们逐渐发现这样做存在以下弊端：

第一，BMS 系统内的常规通信负荷量较大，有可能影响其他控制单元之间的通信质量。

第二，不利于信息安全。例如，有些电动汽车通过外置的充电机补充电量，需要通过总线网络与 BMS 进行信息交互,如果该网络又是 BMC 与 BCU 进行信息交互的网络,则电池管理系统内的信息将会被外置的设备所侦听到,不利于信息安全。

第三,不利于网络节点号与通信优先级的分配,影响了整车通信网络的可扩展性。一般来说,整车控制网络由整车厂负责设计,而 BMS 内部网络由 BMS 的供货商负责设计。如果共用一个车载通信网络,则需要知道对方的所有节点号及通信优先级的配置情况,但由于 BMS 内部的通信节点可能较多,对节点号资源占用过多,将会对整车通信网络的设计计造成较大限制。

为了避免上述的问题,当前,较多采用的是分级网络来进行信息的交互。图 9-5 是一个典型的通过分级车载通信网络来进行 BMS 系统内、外信息交互的解决方案。需要作出以下几点说明:

首先,图中"整车通信网络"里只列举了部分可能的信息交互对象作为示意,在实际的汽车中,可能还包含许多其他的单元,例如安全气囊控制器,ABS 刹车控制器等。

其次,图中的车载通信网络被分为两级,第一级是"整车通信网络",第二级是"BMS"内部网络,实现了两个网络之间的信息隔离。事实上,在某些系统中,还可以分为三级、四级的通信网络,以保证信息的有效隔离。

再次,两个车载通信网络可以采用不同的通信协议,BCU 在这两个网络中,扮演着"网关"的角色。

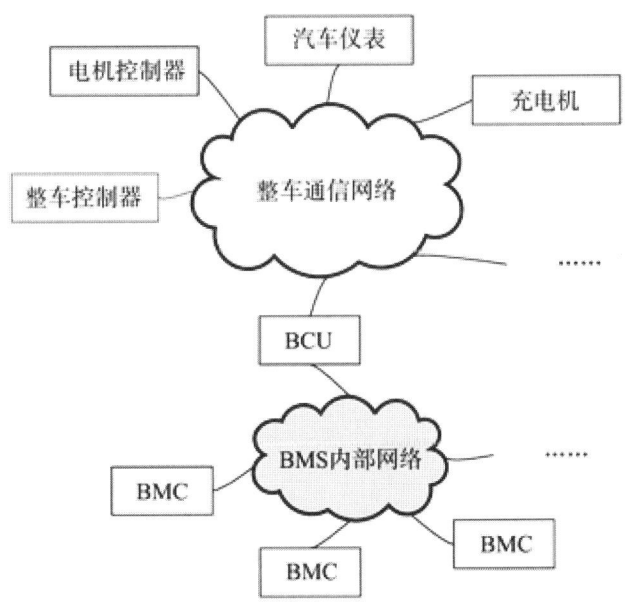

图 9-5 利用分级车载通信网络实现 BMS 内、外信息交互

9.2.3 利用 CAN 总线实现信息交互

前几年,在笔者接触动力电池管理系统之初,对于系统的通信网络有多种可能的选择,也做过多方面的尝试。目前,我们的体会是:CAN 总线并非解决 BMS 系统通信的唯

一选择，可以有其他的解决方案；然而，CAN 总线是一种较为成熟的解决方案，可以节约开发周期，兼容性较好。因此，虽然从成本与稳定性方面来看 CAN 总线未必最优，但从开发周期与可扩展性而言，CAN 总线值得推荐。

在早期的计算机术语中，"总线"和"网络"的概念是有所区别的。然而，近年来，随着现场总线技术的发展，在工业控制网络中，"总线"与"网络"这两个概念的边界变得越来越模糊，而 CAN 总线就是在汽车工业中，构成控制网络的成熟解决方案。因此，本节所说的 CAN 总线网络，实际上就是车载通信网络的一种重要实现方案。

BMS 的信息交互问题并非电动汽车所特有的，在其他非车载的 BMS 中，常见的解决方案主要有：

1. RS232

两台设备间的一种串行数据通信标准，电缆长度（通信范围）可达 12.5 米。独立的发送线和接收线提供全双工通信模式。数据传输速率可达到 20000bps 以上。

2. RS485

多个设备之间的串行数据传输标准，电缆长度可达 1000 米（最多可以挂接 32 个通道），通常采用半双工方式。数据传输速率高达 100kbps 到 10Mbps（具体速率取决于电缆的长度），常见于 BMS 系统外信息交互。

3. I^2C 总线

I^2C 是 "Inter – Integrated Circuit" 的缩写，设计最初是为了用于系统内部模块间通信，而不是外部通信。这是一个双向、半双工、两线同步总线。它运行数据速率高达 3.4 Mbits／s，适合主–从应用程序。可以有多个从芯片，但主芯片只能有一个，并且只有主芯片才可以启动数据传输。通常用于嵌入式内部系统通信，常见于 BMS 的系统内信息交互。

4. FlexRay 总线

FlexRay 总线标准是较新的通信标准，用于应对比较复杂的控制设备的需求，如电驱动、电转向、电刹车以及计划在未来的汽车上使用的更加先进的引擎管理系统。双通道架构为它提供容错能力，每个通道的最大数据传输率达到 10Mbps，支持同步和异步数据传输。FlexRay 总线每帧数据的有效载荷是 CAN 总线的 20 倍。

与诸如 CAN 系统这样的事件触发系统不同，FlexRay 基于一种名为时分多址（TDMA）的时间触发架构，在这种架构中，通信被切分成固定大小的时隙。因此，TDMA 能保证高优先级的信号在预定的、循环的时段通过一个通道同步传输，而不需要连续的低优先级信号，只在总线空闲时获得总线进行异步传输。因此，FlexRay 总线支持快速响应动态控制系统。所以，FlexRay 总线支持快速响应动态控制系统，而不仅仅是 CAN 总线那样简单的传感器和执行器获准。

5. SM 总线

SM 是 System Management 的缩写，它是一种两线的、100kHz 的串行总线，是为低功耗的智能电池系统设计的，用于智能电池以及所连带的充电器，但它没有像 CAN 和 LIN 总线那样的控制设备连接到电源线的能力，也很少用于车载通信网络。

与以上五种总线标准相比，选择 CAN 总线构建的车载通信网络在电动汽车上显得更加有优势，其好处在于以下几个方面：

第一，较高的通信速度。
第二，采用差分总线配置，抗电磁干扰能力强，更适合用于电动汽车上。
第三，帧结构合理，信息单元长度适中，具有严格的信息安全性。
第四，具有总线裁决机制，能为不同的节点及通信帧分配适当的通信优先级。
应用 CAN 总线解决 BMS 系统内外信息交互需要注意以下几个方面的问题：

1. 隔离问题

由于芯片供电、通信总线供电以及电池的电压监测这三个问题，电池管理系统有产生短路的风险，因此，需要对 CAN 总线通信采取电气隔离，这一问题已经在前面 5.2.4 小节详细进行了分析，这里重新强调一下，以引起读者的重视。

2. 通信速率与负荷的问题

通信速率与通信的可靠性常常是一对矛盾，因此，我们并不赞成在设计车载通信网络的时候一味地追求高的通信速率。实际上，在通信负荷可预知的车载网络中，在能满足通信负荷需要的前提下，适当降低通信速率，对于提高通信的可靠性是很有好处的。上一小节分析了利用分级车载网络进行信息交互的好处，就"BMS 内部网络"而言，由于电压采集、温度采集的采样频率和信息位数都可以是固定设好的，通信负荷是可以预测的，因此可以通过仿真分析，选择适当的通信波特率。

由于车载通信网络的可靠性非常重要，近年来有许多商业软件都可以对 CAN 总线的设计和测试进行辅助。而对于 BMS 系统的 CAN 总线通信的初步分析，也可以考虑采用"NS2"平台进行仿真，这是一个开放性的免费软件，能够在软件上对于通信负荷进行有效的仿真分析。

3. 严格的物理层测试

CAN 总线的稳定性取决于两个方面：其一是总线的通信带宽（速率）是否能够完全满足通信负荷的需要；其二就是在电气上，CAN 总线的物理层实现是否可靠。对于后者，常常需要通过严格的物理层测试来保证。就车载通信网络而言，目前并没有一个统一的完整覆盖 CAN 总线各个通信层次的测试规范，作为 BMS 的设计者，在进行通信网络测试的时候，应该依据现有的标准或协议（例如 ISO—11898 或 J1939）进行。

物理层的测试可以有两个方面的思路：第一，通过示波器等手段，监测在最大通信负荷前提下，显性电平和隐性电平是否符合标准，这样的测试，可能需要遍历各种"发送方"与"接收方"的排列组合，特别是要顾及到在总线的最近端与最远端的节点。第二，通过抗干扰测试设备，模拟在实际工作中，电动汽车上的其他设备对 CAN 总线的干扰，监测在较强干扰情况下，CAN 总线通信是否存在"丢帧"的情况。这些可能的干扰包括通过电源耦合过来的传导干扰，以及通过无线电波传递过来的辐射干扰。

对于电动汽车而言，驱动电机及其控制器、DC/DC 或者 DC/AC 变换器，由于采用了大功率的开关元件，都可能是干扰源，因此对 BMS 的通信总线的抗干扰测试，可结合这些干扰源的特性进行。

9.3 电池历史信息存储与分析

早期的电池管理系统并不重视电池历史信息的存储。随着对这一领域研究的不断深入,历史信息的存储及其分析逐渐得到了重视。本节主要解决两个方面的问题:其一,讨论如何保存电池的历史信息;其二,谈谈如何对电池的历史信息进行事后分析。

9.3.1 历史信息存储的必要性

在电池管理系统中,历史信息的保存是有必要的,其原因在于以下四个方面。

第一,在电动汽车研发阶段,掌握动力电池的历史信息对于电动汽车的调试具有重要的意义。例如,就汽车安全性而言,通过对历史数据的分析,可以掌握电池工作过程中,电压、温度的变化规律,分析是否存在安全隐患。又例如,就汽车性能而言,通过对历史数据的分析,可以对电池的能量消耗情况进行测算,以便分析汽车的续航里程;同时,也可以对实际行车过程中电池的一致性进行评估和分析。

第二,对于电动汽车的产品而言,电池的历史信息是故障诊断以及对电池进行维护保养的依据。对于动力电池组的检修和保养,今后将成为电动汽车定期维护的重要工序。应该为电动汽车的维修点配备相应的计算机及软件,对电池管理系统所保存的历史数据进行采集和分析,从而判断电池的健康状况并决定采用的保养措施。例如,如果个别电池的性能衰减特别厉害,应该对该电池进行更换。还可以根据历史信息判断电池的一致性,来决定是否对电池组进行一次全面的诊断或者整体均衡处理。

第三,电池历史信息有助于进行精确的剩余电量评估。正如第七章所谈到的那样,电池在某一时刻的剩余电量与之前相当长一段时间内的历史信息有关。保存电池的历史信息对于电池的状态评估有着重要的意义。例如,我们常常利用开路电压来估算电池的剩余电量,然而这样做的前提在于电池在过去几分钟内都处于不工作的状态下。如果遇到驾驶员刚刚拔出钥匙以后又重新插回去启动汽车的情况,如果没有保存电池历史数据,就会用重新启动时的开路电压作为剩余电量估算的初始值,由于此时电池电压可能仍然处于回弹状态,利用此时的电压估算剩余电量的误差较大。

第四,电池历史信息可作为电池均衡管理的依据。动力电池在出厂以后,其性能和容量都会存在一定程度的衰减。与其他电池使用环境相比,电动汽车动力电池的使用环境更加复杂,因此在电池使用一段时间以后,每个电池的衰减程度可能并不完全一致。通过对电池历史数据的分析,可以计算出当前时刻每个电池的实际容量,从而为电池均衡控制提供依据。

9.3.2 历史信息存储的实现

历史信息的存储通常可以按照下图 9-6 所示的方法进行。即 BMC 把采集到的每个电池的信息传递给 BCU,然后 BCU 根据需要,经过筛选以后把数据进行保存。图中,数据保存的路线有两种方式,其中实线箭头代表第一条路线,虚线箭头代表第二条路线,两个点画线虚框分别代表嵌入式车载系统及 PC 计算机。

路线一适用于电动汽车的研发阶段,车上安装有基于 PC 架构的测试设备。此时,BCU 通过通信接口把从 BMC 采集得来的数据传递给 PC 计算机,电池实时数据库物理上建立在 PC 计算机上,以数据库文件格式存储于海量硬盘中。

路线二不依赖于车载的 PC 计算机,对应图中第二种传输方式。实时数据库建立在车载电池管理上位机的 FLASH 存储器中,数据以最为紧凑的方式(RAW 文件)进行保存。

可在电动汽车行驶一段时间后,将数据导入 PC 计算机进行保存或分析。

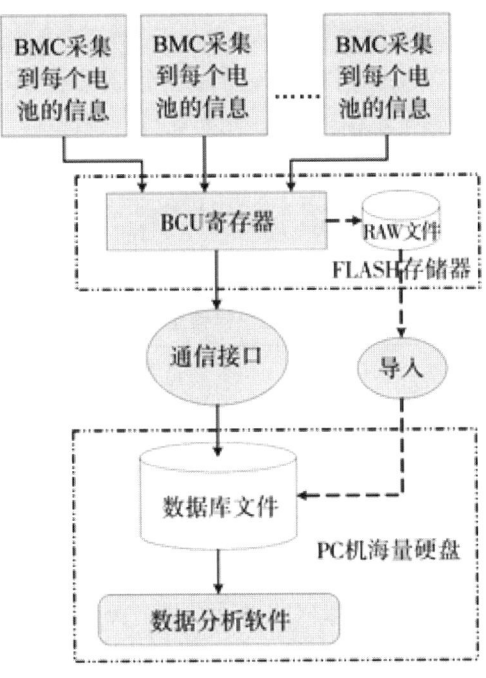

图 9-6 一种电池历史信息存储的实现方案

就电池历史信息存储,还有一些小问题值得注意。

首先,以上的做法为常规的实现方法。最近,也有不少工程师提出,在每个 BMC 上也配置 FLASH 存储器,以冗余的方式多备份一套数据。这样的冗余有两点好处:一方面,冗余的备份有利于防止数据丢失,因为电动汽车的通信网络常常因为受到干扰而变得不可靠,而且 BCU 可能有许多紧急的任务,如果暂时来不及处理 BMC 的数据就可能造成数据丢失;另一方面,在电动汽车的电池组当中,单个电池是允许替换的,如果由 BMC 来保存单体电池的数据而由 BCU 来保存整个电池组的数据,则能够避免因为电池更换而造成信息的不对应。

其次,在早期的试验阶段,笔者尝试采用普通数码产品常用的存储卡(如 CF 卡、SD 卡等)来保存车载数据,后来发现,这样的存储卡长时间在电动汽车上使用是不可靠的,容易因为存储卡的损坏而造成数据丢失。因此,作为电动汽车的核心零部件,电池管理系统中应该选用更可靠的 FLASH 芯片,并需要比较完善的可靠性设计。

表 9-2 和表 9-3 为单体电池信息与电池组整体信息的保存格式的示例。

表 9-2 单体电池信息保存格式

字段名	描述	是否键值	数据宽度
CellID	电池 ID 号	Y	1 字节
TimeID	时间 ID 号	Y	3 字节
Temper	电池温度值	N	2 字节
Volt	电池电压值	N	2 字节
State	电池均衡状态	N	1 字节

表 9-3 电池组整体信息保存格式

字段名	描述	是否键值	数据宽度
TimeID	时间 ID 号	Y	3 字节
Time	系统时间	N	3 字节
Current	总电流值	N	2 字节

不妨利用一个具体的例子对信息保存的可行性进行测算。假设电池组中包含 100 个动力电池,每个 BMC 每秒钟为每个动力电池上报一次数据,根据上面的设计,个体信息表每秒将增加 100 条记录,整体信息表每秒将增加 1 条记录。根据数据表 9-2、表 9-3 所规定的数据宽度,每秒钟产生的数据量为

$$(1+3+2+2+1) \times 100 + (3+3+2) = 908 \quad (字节) \tag{9-1}$$

每小时产生的数据量为

$$908 \times 3600 = 3268800 \approx 3.3M \quad (字节) \tag{9-2}$$

对于每小时 3.3M 字节的信息量,从存储能力及处理速度来看,现有的无论嵌入式硬件平台还是 PC 计算机均能完成。

9.3.3 历史信息的分析处理

前面讨论了如何实现对电池历史信息的保存。本小节将对历史信息的后处理分析进行一点讨论。

图 9-7 为电池历史数据保存及后处理分析数据流图。图中,实时数据库是通过通信接口直接从 BMS 获取的、未经过加工处理的、数据格式比较紧凑的原始数据,有可能在 FLAH 芯片中以 RAW 文件的形式进行存储。而为了方便对历史信息进行检索,在进行电池历史信息分析之前,需要把实时数据库的索引信息提取到信息总表中,构成历史数据库,而历史数据库是保存在 PC 计算机上,以数据库文件格式保存的。

第九章 动力电池的信息管理

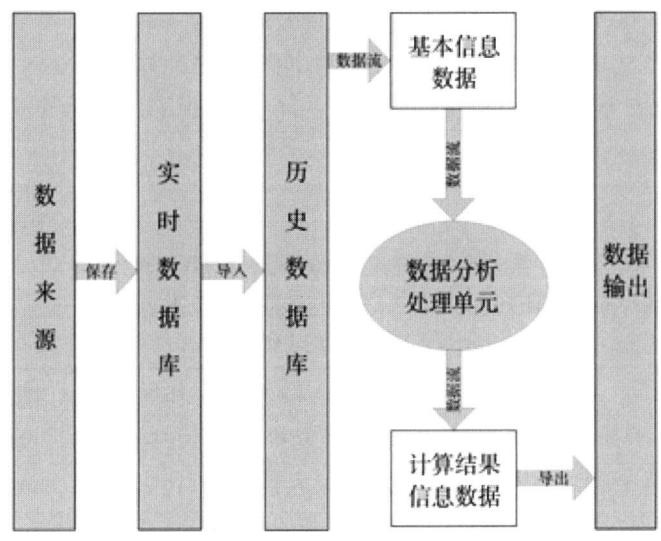

图9-7 电池历史数据保存及后处理分析数据流图

从历史数据库中，可以直接获得电池的许多基本信息数据，数据分析处理单元的主要作用，就是在这些基本信息中进行数据挖掘，从而得到较为丰富的派生数据，如图9-8所示：

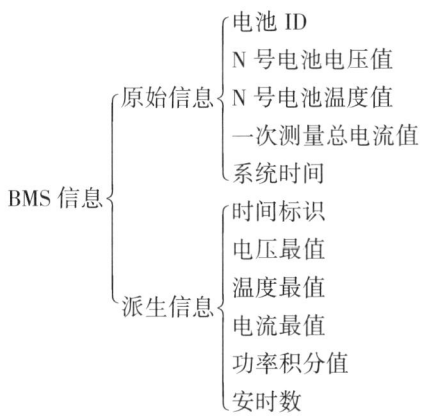

图9-8 原始信息与派生信息

实际上，从原始信息派生出来的信息可以是非常丰富的，上图所示只是很少一部分的可能的信息。其他要派生的信息，可以根据具体研究、分析的需要编写分析软件来得到。

以下是最基本的一些派生信息的范例：

（1）显示指定的某次行车的基本数据信息；
（2）搜索某个电池在一次试车试验中的基本数据信息；
（3）计算一次试车试验中10个最小电压值及电池ID；
（4）计算一次试车试验中10个最大电压值及电池ID；
（5）计算一次试车试验中10个最高温度值及电池ID；
（6）计算一次试车试验中10次最小电流值及时间；

(7) 计算一次试车试验中 10 次最大电流值及时间;

(8) 计算一次试车试验中一段时间内的功率积分或安时数。

经过软件分析处理以后的电池数据信息,可以按照报表、图形等多种形式进行输出,如图 9-9 所示。

电动汽车电池组单次充电最值统计报表

实验时间:2008 年 6 月 6 日 16 时 47 分　　实验状态:　　实验人:

最低的 10 个电池号及其相应的电压　　最高温度的 10 个电池号及其温度　　最大电流及其出现时间

电池号	电压	出现时间	电池号	温度	出现时间	电流	出现时间
184	2.674	17:47:11	106	38.7	17:48:51	104.0	17:47:10
192	2.674	17:47:11	184	38.7	17:44:09	102.0	17:47:08
142	2.694	17:47:11	186	37.9	17:48:09	94.0	17:47:06
186	2.791	17:47:11	158	37.5	17:44:09	92.0	17:21:12
62	2.830	17:47:11	132	37.4	17:44:09	91.0	17:46:59
130	2.923	17:47:11	160	37.2	17:44:09	91.0	17:04:19
176	2.943	18:41:14	104	37.0	17:44:09	91.0	17:47:07
24	2.948	17:47:11	108	37.0	16:50:30	89.0	17:47:04
106	2.967	18:41:14	82	36.9	17:47:58	89.0	16:59:51
160	2.972	17:47:11	110	36.9	17:44:09	88.0	17:46:28

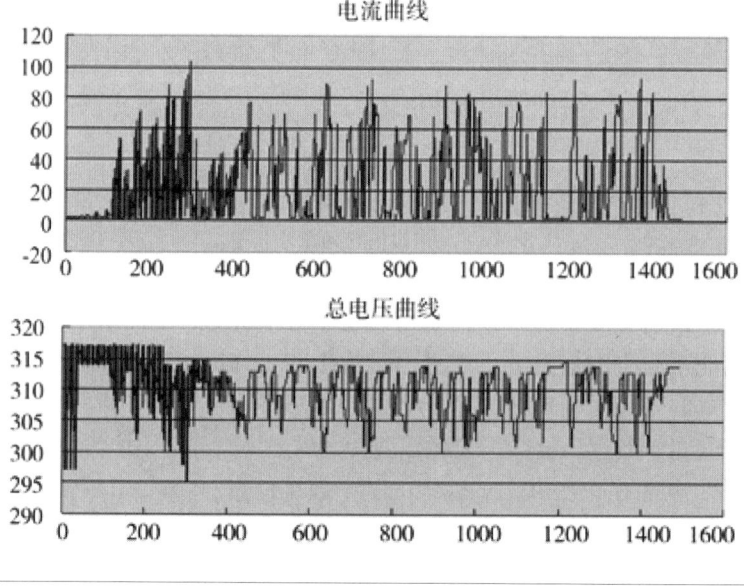

图 9-9　某次电动汽车行车数据报表范例

第十章　总结与展望

本书尝试把笔者这几年在工作实践中的所思所想总结出来与同行们分享。由于作者水平有限，加上成稿时间匆忙，错漏在所难免。在前面的 9 章内容中，我们尝试结合实际，总结一些关于电动汽车动力电池管理系统设计的要点，根据这些要点，基本上可以构造一个"可用的"动力电池管理系统了。

然而，正如第二章所提到的那样，电动汽车电池管理系统的功能是多种多样的，不同的汽车需要构造不同的 BMS，差异性较大，因此，本书还有很多相关的内容未能涉及；同时，随着这一领域技术的关注度不断提升，新技术发展迅速，笔者还未能来得及把这些内容收录书中。

作为本书的末尾部分，这里尝试提出一些展望，希望能在今后的研究工作中对这些内容继续进行深入研究，从而进一步推进我国电动汽车先进技术的发展。这些工作包括以下方面：

1. 电池包的热管理技术

热管理是动力电池的重要研究课题。然而，热管理是一个综合解决方案，需要与整车的机械设计，整车控制系统设计综合起来进行，但核心的管理工作还是应该由电池管理系统来进行。

2. 关于电池成组方案的讨论

电动汽车的动力电池组应该怎样配置，这也是值得探讨的话题。首先是如何选择电池组的电压等级的问题。其次就是串并联方式的问题。如果采用容量较大的电池，可以减少电池的个数，但是，由于每个电池的尺寸庞大，在位置空间比较珍贵的电动汽车上，电池的布置较为困难。但如果采用容量较小的电池，串并联线路复杂，容易引起故障。

3. 车载电池管理系统功能的简化及地面诊断系统的结合

虽然现在大部分的 BMS 都希望把功能做得更加强大，但是不妨从另外一个方面想，能不能把 BMS 的功能做得简单可靠。事实上，随着动力电池生产工艺的改进，电池的一致性和可靠性不断提高，将来的 BMS，是否可以只具备简单的安全保护功能，而把电池诊断和均衡管理等工作交给地面设备。

4. SoH 的评估

电池老化程度评估是目前的一个难题，本书并没有对这个问题展开深入的分析。

5. 优化充电管理的问题

我们发现，由于充电控制不正确，常常把好的电池充坏，又或者不能发挥电池的最佳性能。以往人们对于充电的理解是，把充电插头连接到电池组的正负极两端，但并不重视充电过程中 BMS 与充电机之间的信息交互问题。

参 考 文 献

[1] DOE/ID-10597 Rev. 3 – 2001, PNGV Battery Test Manual [S].

[2] IEC 61982 – 3 – 2001, SECONDARY BATTERIES FOR THE PROPULSION OF ELECTRIC ROAD VEHICLES-Part 3: Performance and life testing (traffic compatible, urban use vehicles) [S].

[3] SAE J1798 – 1997, RECOMMENDED PRACTICE FOR PERFORMANCE RATING OF ELECTRIC VEHICLE BATTERY MODULES [S].

[4] QC/T 743 – 2006, 电动汽车用锂离子蓄电池 [S].

[5] Alzieu J, Smimite H and Glaize C. Development of an Onboard Charge and Discharge Management System for Electric-Vehicle Batteries [J]. *Power Sources*, 1995, 53 (2): 327 – 333.

[6] Chen M and Rincon-Mora G A. Accurate Electrical Battery Model Capable of Predicting Runtime and I-V Performance [J]. *IEEE Transactions on Energy Conversion*, 2006, 21 (2): 504 – 511.

[7] He H, Xiong R, Zhang X, et al. State-of-Charge Estimation of the Lithium-Ion Battery Using an Adaptive Extended Kalman Filter Based on an Improved Thevenin Model [J]. *IEEE Transaction on Vehicular Technology*, 2011, 60 (4): 1461 – 1469.

[8] Hsieh Y C, Moo C S and Tsai I S. Balance Charging Circuit for Charge Equalization [C]. *Power Conversion Conference*, 2002, 3: 1138 – 1143.

[9] Kutkut N H and Divan D M. Dynamic Equalization Techniques for Series Battery Stacks [C]. *In Proc. 18th Telecommunication Energy Conference*, 1996: 514 – 521.

[10] Lee D T, Shiah S J, Lee C M, et al. State-of-Charge Estimation for Electric Scooters by Using Learning Mechanisms [J], *IEEE Transaction on Vehicular Technology*, 2007, 56 (2): 544 – 556.

[11] Lee Y S and Cheng M W. Intelligent Control Battery Equalization for Series Connected Lithium-ion Battery Strings. *IEEE Transactions on Industrial Electronics*, 2005, 52 (5): 1297 ~ 1307.

[12] Liao C, Li H and Wang L. A Dynamic Equivalent Circuit Model of LiFePO4 Cathode Material for Lithium Ion Batteries on Hybrid Electric Vehicles [C]. *5th IEEE Vehicle Power and Propulsion Conference*. IEEE, 2009: 1662 – 1665.

[13] Meethong N, Kao Y H and Tang M. Electrochemically Induced Phase Transformation in Nanoscale Olivines Li1-xMPO4 (M = Fe, Mn) [J]. *Chemistry of Materials*. 2008, 20: 6189 – 6198.

[14] Moo C S, Hsien Y C, Tsai I S, et al. Dynamic Charge Equalization for Series-connected Batteries [J]. *Electric Power Applications*, 2003, 150 (5): 501 – 505.

[15] Plett G L. Extended Kalman Filtering for Battery Management Systems of LiPB-Based HEV Battery Packs Part 3: State and Parameter Estimation [J]. *Power Sources*, 2004, 134 (2): 277 - 292.

[16] Snihir I, Rey W, Verbitskiy E, et al. Battery Open-Circuit Voltage Estimation by a Method of Statistical Analysis [J]. *Power Sources*, 2006, 159 (2): 1484 - 1487.

[17] Szumanowski A and Chang Y H. Battery Management System Based on Battery Nonlinear Dynamics Modeling [J], *IEEE Transaction on Vehicular Technology*, 2008, 57 (3): 1425 - 1432.

[18] Valer P, Henk J B, Dmitry Da, et al. Battery Management Systems: Accurate State-of-Charge Indication for Battery-Powered Applications (Philips Research Book Series) [M]. *Germany: Springer*, 2008.

[19] Welch G and Bishop G. An Introduction to the Kalman Filter [D], *University of North Carolina*, 2004.

[20] Zhang J, Ci S and Sharif H. An Enhanced Circuit-Based Model for Single-Cell Battery [C]. *Applied Power Electronics Conference and Exposition (APEC) IEEE*, 2010: 672 - 675.

[21] Zhao J, Jiang J and Niu L. A Novel Charge Equalization Technique for Electric Vehicle Battery System [J]. *Power Electronics and Drive Systems*, 2003, 2: 853 - 857.

[22] 陈清泉, 孙逢春, 祝嘉光. 现代电动汽车技术 [M]. 北京: 北京理工大学出版社, 2002.

[23] 陈清泉. 现代电动车、电机驱动及电力电子技术 [M]. 北京: 机械工业出版社, 2005.

[24] 陈清泉, 詹宣巨. 21世纪的绿色交通工具——电动车 [M]. 北京: 清华大学出版社, 2000.

[25] 邓亚东, 刘磊, 田哲文等. 神经网络方法在蓄电池建模中的应用 [J]. 武汉大学学报 (工学版), 2005, 38 (4): 17 - 19.

[26] 冯旭云, 魏学哲, 朱军. MH/Ni 电池等效电路模型的研究 [J]. 电池, 2007, 37 (4): 286 - 288.

[27] 冯毅. 锂离了电池数值模型研究 [D]. 中国科学研究院研究生院, 2008: 35 - 37.

[28] 古艳蕊. 锂离子电池阻抗模型的研究 [D]. 哈尔滨理工大学, 2008: 19 - 21.

[29] 魏学哲, 孙泽昌, 田佳卿. 锂离子动力电池参数辨识与状态估计 [J]. 同济大学学报 (自然科学版), 2008, 36 (2): 231 - 235.

[30] 郑航波. 新型电动汽车锂电池管理系统的研究与实现 [D]. 清华大学, 2004: 35 - 40.

[31] Datasheet of DS-2782 (Maxim-IC) [Z].

[32] Datasheet of bq78PL114S12 (Texas Instruments) [Z].

[33] Datasheet of LTC6802 (Linear Technology) [Z].